다른 부자

다른 부자

박영균 지음

버튼북스

◇◇◇◇◇◇

다른 부자란

소득을 안정적으로 지속시키고

스스로의 부가가치를 늘려가며

지출은 우선순위 하에 통제하고

목적지향적인 저축과

삶의 자유를 위한 투자를 하며

빚에 눌리지 않는 사람

.

.

.

돈을 지배하는 사람이다.

◇◇◇◇◇◇

저자의 글 · 10

돈을 지배하는 사람
'다른 부자'가 되고 싶다면

추천의 글 · 16

'다른부자'를 꿈꾸며

1

돈에 대한
태도를 바꿔라

올인하라, 직업과 일에 올인하라 · 20

당신을 가슴 뛰게 하는 일을 찾아라 · 26

환경을 읽고 흐름을 파악하라 · 37

재財와 산産 · 45

돈을 연구하지 말고 자신을 연구하라 · 51

돈, 불리기보다 통제하는 법부터 배워라 · 57

Plan, Do, See하라 · 61

중요한 돈, 긴급한 돈 · 67

2

지출을 경영하는 12가지 방법

1. 타임 스케줄러의 마법 · 77

2. 통장 나누기 · 84

3. 무조건 40%는 떼고 가라 · 93

4. 돈이 잘 따르는 지갑 관리법 · 99

5. 현금, 체크카드, 그리고 신용카드 · 103

6. 소비자 대출은 절대 하지 마라 · 107

7. 쇼핑 전에는 감정을 읽어라 · 111

8. 구매 리스트를 작성하라 · 116

9. 한 달에 한 번은 반드시 예결산하라 · 121

10. 연봉, 그로스(Gross)에 속지 마라 · 125

11. 생산적 지출의 기획자가 되어라 · 131

12. 진정한 기버(Giver)가 되어라 · 136

3 무조건 저축하고 제대로 투자하라

깃털과 먹이를 바꾸지 마라 · 142

북극곰과 여름 · 148

공짜 점심은 없다 · 153

유일한 공짜 점심이 있다? · 157

그래도 펀드가 답이다, 펀드하라 · 162

자산 배분의 지도를 그려라 · 167

금융상품, 이것만 알아도 충분하다 · 175

금융상품 선택 프로세스 · 183

종잣돈의 정체, 종잣돈의 마술 · 191

종잣돈, 어떻게 마련하나 · 195

4 빚은 자산이 아니다

오즈의 마법사, 그리고 주빌리 은행 · 200

빚은 어디에서 오는가 · 205

부채 매뉴얼 1_ 절제의 자유 · 210

부채 매뉴얼 2_ 교육비, 다시 생각하자 · 214

부채 매뉴얼 3_ 빚 얻어 집을 사야 한다면 · 220

부채 매뉴얼 4_ 빚만 갚지 마라 · 225

5

놓치기 쉽지만 놓치면 안 되는 것들

은퇴, 가보지 않은 나라 · 232

행복한 은퇴를 위한 5. 6. 7 프로젝트 · 237

집은 더 이상 대안이 아니다 · 243

선취자산의 힘, 보험 · 252

연말정산에 해야 할 또 다른 것들 · 258

재테크하지 말고 재무설계하라 · 263

경제를 아는 사람과 경제를 모르는 사람 · 267

부자들의 생각 · 273

경주 최 부잣집 육훈(六訓)을 생각하다 · 278

돈을 지배하는 사람
'다른 부자'가 되고 싶다면

나는 강원도 최북단 조그만 어촌에서 자랐다. 아버지께선 초등학교 2학년 때 돌아가셨는데 서른여덟 어머니에게 남겨진 것은 100일 갓 지난 막내를 포함한 2남3녀 어린 자식뿐이었다. 흔한 말로 나는 가난한 집안, 가난한 동네의 시골 촌놈이다. 로마시대에 태어났다면 '무산계급', '프롤레타리아'라고 불리우기에 충분할 것이다. 나는 그 가난한 어촌에서도 더 가난한 가파른 산동네에 살았다. 또 다른 '무산계급' 친구와 소나무 위에 나란히 앉아 바다와 마을을 내려다 보며 하루를 보내곤 했는데, 고기를 잡으러 오가는 통통배들을 보며 이담에 커서 돈 많이 벌면 서로 무엇을 사줄까를 신나게 이야기했다. 그것이 돈에 대한 소년들의 첫 담론이었는데, 어떻게 벌 것인가보다 무엇을 살 것인가에 관심이 많은 것은 나이가 들어서도 고치기 어려운 것 같다는 생각이다.

나에겐 부자 친지보다 가난한 친지가 더 많고, 부자 친구보다 가난한 친구가 더 많으며, 부자 이웃보다 가난한 이웃이 더 많다. 다만 나에게 훨씬 더 많은 것은 '부자 고객'들이다. 고객들의 자산을 관리한다고 하지만 오히려 그들의 인생과 돈에 대한 철학을 돈을 받으면서 배우고 있다는 생각에 늘 민망할 때가 많다. 때때로 나의 추천 포트폴리오가 시장의 변동성으로부터 비껴가지 못하고 마이너스 수익률로 치달을 때면 더욱 송구스러운 것이다. 어찌되었든 가난하게 자라서 부자들과 일을 하게 된 것은 나에게 큰 행운이라 생각한다.

나는 가난한 내 친지와, 친구와, 이웃들과 자라면서 그들이 게으르고 무능해서 가난해진 것이 아니라는 것을 알게 되었다. 마찬가지로 부자인 고객들과 일하면서 그들이 부도덕하고 탐욕스러워서 부유한 것이 아니라는 것도 잘 알게 되었다. 가난한 사람들과 부유한 사람들은 돈을 지배하는 법칙이 다를 뿐이었다.

가난한 사람들이, 그리고 중산층이 부자가 될 수 있을까? 그 가능성이야 당연히 무한하게 열려 있는 것이 사실이지만, 시대적 환경은 더욱 어려워졌다. 고령화와 신6저(저성장, 저물가, 저고용, 저소비, 저투자, 저금리)시대의 미래는 빈부격차가 더욱 심화된 양극화 시대를 의미한다. 더 나아가 밀폐된 공간에 가스가 차듯 가계 부채는 임계점에 달하고 있다. 여기에 금리인상이라는 라이터 부싯돌의 불꽃이 튀기 시작했다. 어쩌면 우리는 부동산을 필두로 자산시장의 붕괴를 또 한번 목도해야 할지도 모른다. 안타깝게도 그것은 중산층은 가난해지고, 가난한 사람들은 더 가난해질 시대가 다가온다는 것을 의미한다. 그것이 당대에서 그치는 것이 아니라 다음 세대에까지 대물림된다면, 행복은 돈에 있는 것이 아니라 마음에 있다는 말은 더욱 공허하고 무책임해져서 도저히 쓸 수 없게 될 것이다.

그래서 이 책은 가난한 사람들과 어쩌면 가난해질지도 모를 사람들에 대한 진심의 애정을 담아 썼다. 그들 대부분이 나의 친지이자 친구이자 이웃이기 때문이다. 그리고 대부분의 내용은 내가 존경하는 부자들의 조언이며 방식이라 할 수 있다. 곧 부자 입문서다.

　강의 범람은 많은 것을 쓸어가기도 하지만 새로운 것을 가져와 토양을 비옥하게 하기도 한다. 위기는 준비된 사람들의 기회다. 쓸리지 않을 수 있는 시대적 통찰력도 필요하고, 다가올 블랙 프라이데이 시즌에 할인된 자산을 쇼핑할 종잣돈도 부지런히 준비할 필요가 있다. 그러나 그 이전에 부에 대해서도 돈의 양적 개념으로부터 돈의 시스템의 개념으로 패러다임을 변화시키는 것이 우선이다. 그것이 핵심이다. 돈을 빠르게 모으는 것으로부터가 아니라, 돈을 지배하는 방법에서부터 부자는 시작된다.

　그래서 다른 부자다. 다른 부자란 소득을 안정적으로 지속시키고 스스로의 부가가치를 늘려가며, 지출은 우선순위 하에 엄격하게 통제하고, 목적지향적인 저축과 삶의 자유를 위한 투자를 하며, 빚에 눌리지 않는 사람이다. 즉 돈을 지배하는 사람이다.

　수익률은 중요하다. 하지만 나는 오랜 시간 동안 고객들의 자산을 관리해왔지만 수익률의 좋고 나쁨이 그들의 인생을 변화시키지는 못한다는 진리를 발견했다. 그래서 이 책에는 연간 10% 혹은 20%의 수익을 주는 고수익 재테크 상품이 안내되거나, 그것을 달성할 스킬이 소개되지 않는다. 여기에서는 돈의 가장 기본적인 형태인 소득 – 지출 – 저축과 투자 – 부채를 중심으로 구성했다. 또 그 각각을 지배할 수 있는 방법과 가이드라인을 서술했다. 고수익 재테크 방법론이 당신의 인생을 변화시킬 가능성은 크지 않다. 그러나 이 책에서 절실하게 강조하는 소득 – 지출 – 저축과 투자 – 부채에 대한 조언은 반드시 당신의 인생을 변화시킬 것이다. 그래서 나는 이것이 곧 부자의 길로 안내하는 '부자 매뉴얼'이라 부른다. 설령 돈의 양적 측면에서는 부자가 아닐지라도 돈을 지배하는 순간 삶의 만족감과 자유로움 면에서 진정한 부자가 될 것이기 때문이다.

　1장에서 언급되는 '인생무대 3단계'는 소득과 직업에 대한 장기적 비전을 이야기하는 것이다. 또한 '중요한 돈, 긴급한 돈'에 자신의 돈을 놓고 생각해 보는 시간도 매우 의미 있을 것이다. 2장의 '평생 잊지 말아야 할 공식, 원리금 = 원금(1+이자율)^{기간}'은 통제할 수 있는 것부터 통제해야 하는 가장 기본적인 부의 원리를 항상 기억하게 해줄 것이다. '지출을 경영하는 12가지 방법'은 당신이 즉각적으로 가장 확실하게 이루어 낼 수 있는 지출 방법론이다. 3장의 '자산 배분의 지도', '금융상품 선택 프로세스', '종잣돈 만드는 방법'은 저축과 투자를 쉽고 원칙적으로 접근할 수 있게 하였다. 4장의 '부채 매뉴얼'은 빚으로 힘들어 하는 나의 친지와 친구와 이웃들 그 모두의 얼굴을 떠올리며 나의 경험과 배움에 근거하여 정성껏 형식지화하였다. 마지막 5장 '놓치기 쉽지만 놓치면 안 되는 것들'에서는 은퇴, 보험, 주택시장 등에 대해 짧게 다루었지만 말 그대로 놓치면 안 될 매우 중요한 어젠다들이다.

　한가지 자꾸 마음에 걸려 두고두고, 또 몇 번을 생각해본 것이 있다. 본문 〈지출을 경영하는 12가지 방법〉 중 소득에서 40%를 먼저 떼놓으라는 대목이다. 40%는 고소득층 혹은 미혼들의 저축률이다. 일반 가정에서 20% 저축하기도 어려운 시대에 너무 비현실적 수치 아니냐 할 수도 있을 것이다. 참고로 10~20% 저축률을 강조하는 책도 많다. 그 저자들은 모두 미국인이다. 미국의 저축률은 몇 년 전까지 거의 제로 수준이었기 때문이다. 반면 저축률이 40%에 달하는 나라도 있다. 중국이다. 그 이유를 복지 수준이 낮기 때문으로 이야기한다. 사회와 국가가 보장하는 시스템이 취약하므로 개인이 부담해야 할 비용이 크기 때문에 상대적으로 저축을 더 많이 해야 한다는 것이다. 하지만 미국이나 한국 등의 낮은 저축률은 복지 시스템이 잘되어 있기 때문이라기보다는 양극화의 심화에 의한 중산층 붕괴와 고용의 불안정, 과도한 소비지향 문화에 기인한 것이 더 크다고 본다. 근로자 임금상승률이 연간 약 13%에 달하고, 매년 1%씩 도시화되어 서울 인구만큼 도시인이 생기는 중국의 역동성에 비추어 보면 한국의 사회 안전망이 더 나아 보이지도 않는다. 오히려 한국의 신6저 환경은 저축률을 늘려야 하는 이유로 작용하는 것이다. 소비 전반에 대한 평가를 통해 '중요하지 않은 돈'은 단호하게 절제하고, 불필요한 것은 소유하지 않는 의지가 요구된다. 소득이 애초부터 20% 적었다고 가정하면 저축률 30 ~ 40%는 강제화될 수 있을 것이다. 이 수치는 소득의 많고 적음을 떠나 누구에게나 생존을 위한 제안으로 받아들여져야 한다. 지출을 줄여야 하는 고통에 대한 마취제는 인생의 비전과 열정이라는 환각제다. 삶의 비전과 돈의 지배 시스템은 언제나 동행한다. 인생 전체에 대한 꿈과 열망이 그것을 위한 재원을 통제하고 움직이게 하기 때문이다. 이때 나이가 들어가는 것은 돈으로부터 자유로워지고, 꿈으로 다가가는 것을 의미한다. 그래서 나이 들어가는 것조차 즐거워질 수 있다. 그것이 행복 아니겠는가.

애정과 존경의 마음으로 정성껏 집필을 하였으나 모자란 지혜와 모자란 지식은 당장 어쩔 수는 없는 것이다. 부족함 투성이의 책을 내면서도 지면을 빌어 감사해야 할 사람들이 너무나도 많아 또다시 민망하다.

어리고 젊은 나이에 미망인이 되셨지만 우애 깊은 5남매 끝까지 잘 키워주신 강은순 여사님, 존경하고 사랑합니다. 그리고 글 쓰는 기간 내내 혼자 가정을 챙기느라 고생 많았던 아내, 아빠 책을 가장 기다렸던 두 딸 예담과 태라, 감사하다. 사랑한다. 나의 형제자매들과 조카들, 장인 장모님과 아내의 모든 형제자매들에게도 사랑과 감사의 마음 전한다.

책의 많은 내용은 어쩌면 내가 근무하는 회사에 이미 오랫동안 누적된 집단 지성, 집단 지혜에서 차용한 것이리라. 묵묵히 기다려주고, 빈자리를 채워 준 회사 동료 분들, 그리고 항상 뛰어난 능력으로 많은 자료를 챙겨주고 업무를 대체해주는 유상은 실장께도 특별한 감사의 말씀을 드린다.

먼저 간 친구로 인해 부쩍 자주 만나게 되는 고향 친구들 모두 건강하고 풍요하길 소망한다. 그리고 살면서 수많은 사람들로부터 은혜를 입고 도움을 받았다. 살아가는 내내 갚아갈 것이다. 나의 모든 '마스터 마인드'에게 감사드린다.

마지막으로, 부족함에도 불구하고 항상 믿음과 인내로 지켜봐 주시는 고객들께 진심으로 고개 숙여 감사드린다.

2016년을 시작하며

박영균

'다른부자'를 꿈꾸며

『다른 부자』는 진정한 의미의 부자로 입문하기 위한 매뉴얼이다. 저자는 고수익 투자라는 장밋빛 환상을 제시하지 않는다. 신6저 즉, 저성장, 저물가, 저금리, 저출산, 저고용, 저소비 등으로 우리나라의 미래는 암울하기만 하다. 이러한 환경 속에서 일반인들이 부를 이루고 관리하여 증식한다는 것이 거의 불가능해 보이기도 한다. 심지어는 재무적으로 생존하기도 버거운 시대다. 사실 이런 환경에서 '부자 이야기를 한다는 것' 자체가 얼마나 허망한 일인가!

이 책에서는 다른 부자를 이야기한다. 일과 직업에 대한 새로운 가치관, 돈과 소비 지출에 대한 새로운 시각, 저축과 투자에 대한 새로운 제안, 은퇴 후 삶에 대한 새로운 방향 등을 제시하고 있다. 이러한 부자에 대한 새로운 생각들은 저자 자신이 임의로 정한 것이 아니다. 십수 년 동안 부자들과 재무상담을 하면서 현장에서 그들을 관찰하고 그들로부터 배우고 익히고 분석하여 얻은 지혜다.

어떤 분야에서든 고수가 되는 가장 확실한 방법은 '기본에 충실하는 것'이다. 부자가 되는 길도 마찬가지다. 저자가 강조하고 있는 돈과 일에 대한 철학, 소비에 대한 습관, 저축에 대한 원칙, 빚에 대한 엄격함 등이 시작이자 자격이다.

　나는 오랫동안 저자의 철학과 사상을 들어왔고 그의 삶의 방식에
대하여도 관찰해왔다. 그만큼 삶에 대하여 철저하고 원칙적인 사람을
만나기는 어렵다. 그와 교제한다는 것은 내게는 큰 행운이다. 돈과 인
생의 진정한 주인, 다른 부자를 꿈꾸는 사람이라면 저자의 진지한 조
언에 반드시 귀 기울여볼 것을 권한다. 이 책을 통하여 나처럼 그와 사
귈 수 있는 좋은 기회를 얻기를 바란다.

한국재무설계(주) 대표이사

오종윤

돈에 대한 태도를 바꿔라

1

올인하라

─

직업과 일에 올인하라

돈은 어디에서 오는가?

우리 삶에서 처음의 돈은 부모로부터 온다. 기억도 나지 않는 두어 살 때부터 우리는 돈을 받기 시작해서 어느 날 아무 생각 없이 숟가락을 들듯, 아무 생각 없는 우리의 손에 돈이 쥐어져 있다. 그 대부분은 아무 노력 없이 오는 것들이다. 또한 거의 모든 사람들은 그것이 언제 없어져 버렸는지 기억조차 하지 못한다. 나이가 들고 어른이 되어도 노력 없이 온 돈이 우리의 인생에 특별한 변곡점을 만드는 법은 거의 없다.

돈은 일로부터 온다. 부의 강에 파이프라인을 대어 자신의 논밭으로 물을 대는 것과 같다. 열정과 능력이 클수록 파이프라인은 굵어지고 들어오는 물의 양도 많아진다. 사람들은 하루 중 가장 많은 시간을 여기에 사용한다.

돈은 돈 자체로부터도 온다. 들어온 돈을 다 쓰지 않고 예금을 하면 이자가, 주식을 사면 배당이, 상가를 사면 임대료가 들어온다. 돈이 돈을 낳고, 그 돈이 다시 돈을 낳는다. 돈이 주인을 위해 일을 한다. 일하는 돈의 숫자가 커지거나, 돈을 부리는 주인의 능력이 탁월하면 경제활동으로부터 자유롭다고 표현한다.

돈은 다시 부모로부터 온다. 통계적으로는 당대에서 바로 다음 세대에 모두 써버리는데, 받은 것만 쓰는 것이 아니라 자신의 재능과 열정과 비전까지 함께 탕진하는 경우가 많다. 반면 어떤 이들은 이것을 기반으로 더 많은 돈을 만들고, 더 큰 꿈을 꾸며, 사회적으로 더 많은 기여를 한다.

돈이 들어오는 통로 중 한 가지 특이한 것이 있다. 자신의 것을 나누고 비울수록 돈이 더 많이 따라오는 경우다. 방탕한 곳에 쓰인 돈은 나가서 돌아오지 않지만, 연민과 긍휼의 마음으로 베풀어진 돈은 반드시 더 많은 친구들을 이끌고 돌아온다. 사회 시스템도 그렇다. 부가 한 곳으로만 쌓이고 가난한 사람들이 늘어나는 양극화 시대가 오면 부자들의 소득도 다시 줄어들게 된다.

돈이 오는 경로는 다양하다. 그런데 일과 직업으로부터 창출되는 돈을 근간으로 하지 않는 한 다른 모든 돈의 경로는 마치 신기루와 같이 무너지고 만다. 돈이 만들어지는 원리, 쓰여지는 원리, 움직이는 원리 등은 자신의 일, 즉 가장 기본적인 경제활동으로부터 배움이 시작되기 때문이다.

재테크나 자산관리에서 가장 궁금한 것이 무엇인지 설문을 했다. 가장 많은 공통의 대답은 '안전하면서 고수익을 주는 상품'이었다. 그들의 관심사는 '돈 자체로부터 오는 돈'이었다. 그런데 안전하면서 고수익을 내는 상품은 세상 어디에도 없다. 부자들 역시 안전한 고수익 상품에 관심이 많다. 그러나 많은 시간이 지나면서 우리는 같은 결론에 이르게 된다. 안전하면서도 고수익을 가져다주는 세상 단 하나의 상품, 그것은 자신의 업(業)이다.

내가 만난 부자들은 대부분 자신의 업으로부터 탄생했다. 자신의 일을 즐거워하고, 거기에서 보람을 찾고, 그 일을 더 잘하기 위해 집중하고 연구하는 것은 그들의 파이프라인을 더욱 튼튼하게 만들 뿐 아니라 삶의 만족도를 높여준다. 돈을 불리는 일에 관심을 갖기 전에 먼저 본인의 일에 집중하라. 자산은 분산하여 투자하라. 위험을 회피해야 하기 때문이다. 일에는 올인하라. 가장 안전하면서 가장 높은 수익을 가져오기 때문이다.

매슬로우의 5단계 욕구설을 잠시 살펴보자. 가장 기본적인 욕구는 '생리적 욕구'다. 먹고사는 문제다. 이것이 해결되면 먹고사는 문제가 좀 더 안정적이기를 바란다. '안전의 욕구'이다. 이제 좀 살 만해지면 어딘가에 소속되고 싶어 한다. '사회적 욕구'이다. 이제는 그가 속

〈매슬로우의 5단계 욕구설〉

한 곳에서 존중받고 싶어진다. '존경의 욕구'다. 그리고 가장 최상위 욕구가 '자아실현의 욕구'다. 이러한 욕구는 아래로부터 해결되면서 순차적으로 발전된다.

조사에 의하면 부유한 가정의 자녀들이 일반 가정의 자녀들보다 소득에서의 위험도가 높은 직군, 예를 들면 문화·예술 등의 분야에 종사하는 경우가 많다. 쉽게 말하면, 집에서 지원받을 수 있기 때문에 나중에 돈이 될지 안 될지는 몰라도 당장 재미있고 즐겁고 정신적인 풍요로움을 주는 일에 도전할 수 있는 것이다.

반면, 오늘날의 한국은 집에서도 공무원 자녀, 학교에서도 공무원 사관학교를 간판으로 내세운다. 욕구설로 굳이 구분지어보자면, 부유한 가정의 자녀는 상위 욕구를 먼저 추구하며, 일반 가정의 자녀는 하위 욕구를 강요받는다. 투자의 관점에서 본다면 업에 대해 상대적으로 부자인 사람들*의 자녀들이 리스크가 높은 곳에 투자하는 반면, 대체적으로 중산층 미만의 자녀들은 안전한 곳에 투자하는 것이다. 먹고사는 문제가 만만했던 때는 어느 시대에도 없었다. 이유가 어떻고 환경이 어떠하여 지금 어떠한 직업에 종사하게 되었든 그것으로 끝나는 것이 아니다. 이제 그것을 기반으로 상위 욕구를 향해 눈을 들어보자.

상위 욕구는 도전과 나눔과 시련과 성취를 통해 이루어지므로 일에서는 리스크 존으로 들어가야 함을 의미한다. 그래서 일에 올인한다는 것은 리스크 존으로 가는 것이고 이는 반드시 열정을 기반으로 한

---

*   '부자'에 대한 절대적 기준치는 없다. 다만 이 책에서는 KB금융지주 경영연구소 2015년 연례 보고서 〈한국 부자보고서〉에서 기준으로 하는 '미화 (기준) 1백만 달러 이상의 투자자산을 보유한 개인'을 부자로 보는 데 동의한다. 즉 금융자산 약 10억원 이상을 보유한 개인을 말한다. 금융자산이 10억원 이상인 부자들의 평균 총자산 규모는 약 50억원 수준이다.

다. 현재의 일을 더 잘하기 위해, 그 일로 더 많은 사람들에게 이익이 발생하도록 하기 위해 더 발전적인 것에 끊임없이 도전하고 시도하는 것이다. 일 자체를 통해 본인이 보람을 느끼고, 성취감을 느끼고, 그래서 놀이하는 듯한 즐거움이 있어야 가능하다.

이 열정은 일에 대해 전문성을 갖게 한다. 분야가 무엇이든 즐겁고 열정적으로 일하는 사람에게는 전문가라는 훈장이 주어진다. 때로는 라이선스를 통해 공인된 자격을 얻기도 한다. 그에게 해당 분야에 대한 깊은 지식이 켜켜이 쌓여 있음을 많은 사람들이 알게 된다. 지식과 열정이 지혜가 되어 개인 혹은 기업, 또는 사회를 어떻게 긍정적으로 변화시켜 갈 수 있는지를 그와 더불어 모색하려 한다. 지식이 확장된다. 직접적으로 가지고 있는 지식뿐 아니라, 특정 주제에 대한 정보와 지식이 어느 곳에 있는지, 누구에게 있는지, 그리고 그를 어떻게 활용할 수 있는지에 대한 2차적 지식이 생기기 때문이다.

이러한 과정은 다양한 분야의 다양한 사람들과 생산적 관계망을 구축하게 함으로써 더욱 커다란 에너지를 발현하게 한다. 이질적인 분야의 이질적인 지식과 솔루션들이 결합하여 새로운 돌연변이로 탄생되는데 이것을 우리는 흔히 융복합 비즈니스라 한다. 융복합의 재료는 열정과 자기 일에 대한 전문성, 그리고 생산적인 관계망이다. 돌연변이 비즈니스의 주인공에겐 무한한 보상이 기다린다. 더 많은 사람들이 그를 찾게 되고 존중한다. 현재에는 자신의 일이 사회 통념상 보잘것없는 것일 수도 있다. 그러나 그 일에서의 전문성을 갖고 빛을 발하게 될 때, 햇살이 뻗어가듯 수많은 관계와 기회들로 확장된다. 그의 자존감은 드높아지며 인적 자산 가치는 수십, 수백 배로 올라간다.

일에 올인하고 직업에 올인하라. 그 분야에서 먼저 우뚝 서라. 거기에서 최고의 부가가치를 창출하는 사람이 돼라. 그때 비로소 돈 자체로부터 오는 돈도, 부모로부터 오는 돈도, 혹은 행운의 여신으로부터 오는 돈도 모두 담을 수 있는 그릇이 생긴다. 이것이 황금의 강에 자신의 힘으로 수로를 내어 강물을 끌어대는 일이다.

돈은 안전하게, 그러나 업은 위험한 곳에 투자하자.

당신을 가슴 뛰게 하는

—

일을 찾아라

하기 싫은 일을 오직 밥벌이 때문에 한다. 그 일에 그다지 재미도 못 느끼며 그 일에서 더 창조적인 일로 발전시키고자 하는 도전의식이나 열정도 없다. 이렇게 20여 년을 일하며 급여를 받는다 한들 그의 퇴직 이후에는 아무것도 남지 않게 된다. 자신만을 위한 무한한 시간이 펼쳐져도 그것을 채울, 삶을 위한 재원이 준비될 가능성이 없기 때문이다. 그는 은퇴를 할 수 없다. 먹고살기 위해 다시 하기 싫은 그 어떤 일이든 해야 한다. 열정 없는 삶은 하루하루 일하는 모든 시간을 결국 남을 위해 사는 삶으로 만들어 놓는다. 그것은 노예의 삶과 전혀 다를 바가 없다.

역설적이다. 밥 때문에 꿈을 미루었는데, 오히려 꿈을 미룬 삶은 밥그릇마저 가만 놔두지 않는다. 이것은 사람의 라이프 사이클이 달라졌는데 직업과 꿈에 대한 생각이 과거의 패러다임에 갇혀 있기 때문이다.

은퇴하지 않은 일반 가구의 은퇴 후 월평균 적정 생활비는 218만원이다. 이에 반해 부자 가구의 경우는 696만원이다.[*] 현재 한국의 65세 이상 노인 빈곤율은 49.6%이다. OECD 평균보다 4배 수준으로 가장 높다. 일을 그만둘 수가 없다. 그리고 일을 해야 하는 이유의 79.1%가 '생활비를 벌기 위해서'다. 많은 금융기관에서 은퇴시 필요한 자금을 예상하고, 그것을 위해 지금부터 준비해야 할 저축액이 얼마인지, 어떤 은퇴 상품이 좋은지를 이야기한다. 안타까운 것은 실상 그렇게 저축할 여유도 없다는 것이다. 그래서 월평균 적정 생활비 218만원을 충족할 만한 가계도 그리 많지 않을 것으로 예상된다. 그들의 노후는 공적 연금에 대한 의존율이 67%나 되기 때문이다.[**] 즉 국민연금 외에 다른 준비 수단이 매우 부족하다는 것을 보여준다. 불편한 진실은 우리가 노인이 되어서도 노인 빈곤율이 개선될 환경이 아니라는 것이다. 슬프지만, 가난한 미래가 예정되어 있다.

여정을 늘려라

미얀마에서 오토바이로 여행 중인 랜디 코미사는 길 중간에 한 승려를 태우고 오후 내내 150킬로미터를 달려가 목적지에 내려준다. 그런데 그가 처음 태워준 곳으로 다시 데려가 달라고 한다. 해는 저물고 있고 여행 일정엔 차질이 생긴 상황이라 납득할 수 없던 차에 다른 노스님이 수수께끼를 낸다.

"계란을 위에서 떨어뜨려 1미터 정도 지점에서 깨지지 않게 하려면 어떻게 해야 할까요?"

본래 그에겐 목적지에 대한 생각이 전부였다. 그런데 그가 다시 승

---

[*]　　2015년 〈한국부자보고서〉. KB금융지주 경영연구소.
[**]　2014년 사회조사. 통계청.

려를 태우고 처음 지점으로 돌아갈 때 먼지를 잔뜩 뒤집어쓴 채 스님을 태우고 가는 이러한 상황이 행복해졌다. 이 여행을 멈추고 싶지 않았다. 그 순간 그는 노스님이 낸 수수께끼의 답을 알 수 있었다. 그리고 그제야 황혼과 들녘의 모든 아름다운 경치가 눈에 들어오기 시작했다.

실리콘밸리의 철학자, 버츄얼 CEO(Virtual CEO)로 불리는 랜디 코미사의『승려와 수수께끼』중 한 장면이다. 계란을 1미터보다 더 높은 곳에서 떨어뜨리면 1미터 지점에서는 깨지지 않는다. 즉 여정을 늘리라는 것이다. 여행은 목적지가 중요한 것이 아니라 그 여정 자체가 소중하다는 의미다.

이 책에서 랜디 코미사는 벤처 창업을 하려는 한 청년에게 일과 삶에 대해 진정으로 중요한 것이 무엇인지를 깨닫게 한다. 일을 하는 궁극적인 이유를 묻는다. 먼저 일단 돈부터 벌고 성공이란 것을 하고 난 다음에 진짜 하고 싶은 일을 하는 것이 아니라, 일(창업) 자체에 삶의 즐거움과 모두의 유익과 비전, 그것에 대한 열정이 있어야 성공에 이를 확률이 더 높아진다는 점을 짚어준다. 돈을 향한 목표지향적 삶이 아니라 일 자체를 평생의 가치이자 비전, 그리고 평생의 열망으로 삼아 즐길 수 있어야 진정으로 자유로워진다는 조언은 실리콘밸리의 수많은 창업자에게 하나의 교과서처럼 자리매김되었다.

만약 무한한 시간이 주어지고, 무한한 돈이 있다면 가장 하고 싶은 일들은 무엇입니까?

이것은 사실 꿈과 비전과 계획에 관한 것이다. 그리고 삶의 궁극적인 목적에 관한 질문이기도 하다. 여기에 대한 구체적인 답을 하지 못한다면 일을 하면서도 정작 중요한 그 이유에 대해 놓치고 있는 것이다. 일을 하는 사람들의 시간은 무한하지 않다. 그들의 돈도 무한하지 않다. 무한한 시간도, 무한한 재원도 없기 때문에 시간도 쪼개고, 자원도 쪼갠다. 한정된 시간 속에 담을 수 없는 일들은 미루어진다. 한정된 재원으로 할 수 없는 일들도 미루어지거나 포기된다. 그런데 미루어지거나 포기되는 일들이 별로 가치가 없거나 덜 중요해서가 아니다. 사실 그 대부분은 가족과의 대화, 놀이, 건강, 사회적 봉사와 기부, 자기계발, 집필, 문화 예술활동 등 인생에서 더 중요한 항목일 경우가 많다. 왜 더 소중한 것은 늘 뒤로 미뤄질까?

사람들은 무한한 시간을 얻고, 충분한 재원을 준비하는 것을 이상적인 은퇴라고 이야기한다. 그런데 역설적이게도 그렇게 미루거나 포기했던 소중한 꿈이나 비전이 완전히 잊힌 채 무한한 시간을 마주하게 된다는 것이다. 채울 것이 없다. 게다가 이러한 상태라면 그냥 매일 등산하고 자전거만 타는 소박한 삶도 허락되지 않는 경제적 상태가 될 가능성이 높다. 이때 하루하루 주어진 시간은 오히려 고통스러운 보너스에 불과하다.

열정이 솔루션이다

노스님의 수수께끼는 대안 없는 미래, 대안 없는 현실에 반짝이는 영감을 준다.

죽는 순간까지 일을 한다. 그런데 마지막까지 무언가를 하려면 그것은 즐거워야 한다. 늘 가슴이 뛰어야 한다. 그리고 더 잘하기 위한 열정이 샘솟아야 한다. 하지만 대부분의 사람은 본인이 진정으로 원하는 일을 하고 있지는 않다. 먼저 직업이 필요했기 때문이다.

그래서 삶의 여정을 다시 세팅하는 과정이 필요하다.

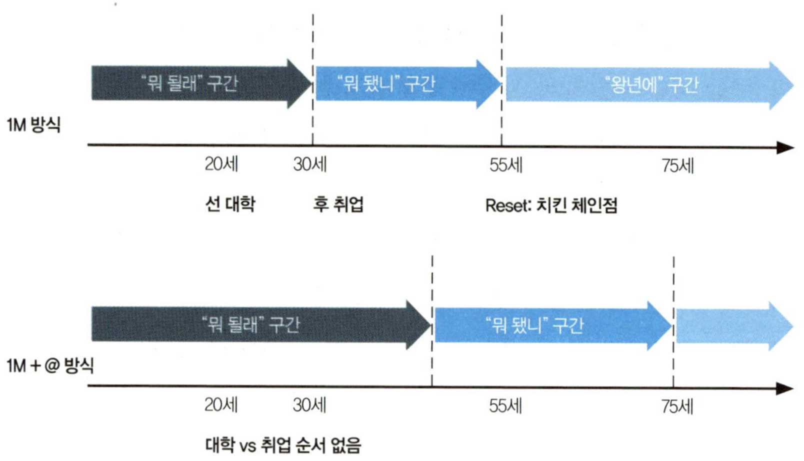

우리는 어릴 때부터 사회인이 되기 직전까지 "나중에 뭐가 될래?" 라는 질문을 과제로 짊어지고 산다. 무언가가 되어 있어야 하는 마감 시한은 대략 서른 살이다. 그래서 모든 청소년들의 인생 프로세스는 대부분 비슷하다.

고등학교 졸업→대학 입학→취업준비→대학 졸업→대기업 취업

꿈은 대학 입학 후로 유보되고, 다시 취업 후로 미뤄지더니 그 이후 에는 시간에 의해 풍화되어 소멸된다. 서른 이후부터는 사회적 포지 션에 대한 질문으로 결론은 '뭐가 됐니?'다. 대략 30대부터 50대까지 이 사회적 포지션으로 어떤 이는 고개를 들고 살고, 어떤 이는 고개 숙 이면서 산다. 퇴직을 하고 난 시기는 예상한 대로다. 돈이 부족하고, 체력도 부족하고, 가족간 커뮤니케이션도 부족하다. 무언가를 다시 하고 싶은데 할 줄 아는 것이 별로 없다. 좋아하는 게 무엇인지도 모른 다. 그래서 이때는 과거 자신의 사회적 포지션에 대한 회상, "내가 왕

년에는…”이라는 말로 위로하기 일쑤이다.

이번에는 삶의 여정을 좀 늘려보자.

“뭐가 될래?”의 구간, 즉 무언가가 되고자 모색하는 시기를 40~50대까지로, 그리고 “뭐가 됐니?”의 구간을 그 이후 죽을 때까지 평생으로 늘리는 것이다. 입학이나 취업 자체를 목적으로 마감 시한을 두고 쫓기듯 살아가는 것이 아니라 삶의 패러다임을 궁극으로 자신의 가슴을 뛰게 하는 일을 찾고, 그것을 평생의 업으로 경제적 욕구와 자아실현의 욕구를 충족하며 사는 것으로 전환한다. 이것을 다음과 같이 3단계로 나누어볼 수 있다.

	<in the Rehearsal Room> ➡	<on the Stage> ➡	<get a Curtain Call>
시기	55세	75세	95세
사회적 포지션	직업인	프로페셔널 시니어	구루 시니어
정체성	도전하고 부딪히는 사람 연습, 모색, 도전	가슴 뛰는 일을 하는 전문가 열정, 즐거움, 행복	노하우를 전수하는 스승 지식과 지혜의 전수
직업	본업 : 8시간의 직장생활 시간선택제, 동아리, 대학원 가슴 뛰는 일에 1만시간의 법칙	즐거운 일을 자유롭게 즐거운 일로 봉사 즐거운 일에 가족 참여	즐거운 일을 자유롭게 즐거운 일을 콘텐츠화 즐거운 일을 전수
가치	돈 > 사업 소득	돈 < 즐거움	돈 < 즐거움 = 존경
소득원	급여, 사업 소득	페이, 개런티, 컨설팅료, 강의료, 인세	강의료, 인세

1단계, In the Rehearsal Room

학업을 마치고, 취업을 한 시점부터 정년까지의 기간이다. 3단계 중 가장 긴 기간인 셈이다. 예전에는 이 시기에 직업이 뭔지, 직위가 뭔지, 돈이 얼마나 있는지 등으로 ‘성공했다,’ ‘아니다’를 판단한 것이 사실이다. 그러나 시대가 바뀌었다. 게임 시간이 길게 연장되었다. 삶의 변동성은 여전히 크다. 남은 시간이 40년이고 그 시간은 지금까지 직업활동 기간의 거의 두 배에 해당한다. 게다가 이 시기엔 본인이 진정으로 원하는 일이 아니라 돈을 벌기 위해 재미 붙이고 보람 찾으며 일하는 경우가 대부분이다. 그래서 인생 전체로 놓고 보면 본 게임이 아니라 연습하고 도전하고, 무언가를 모색하는 시기에 불과하다. 그래서 나는 마치 배우가 끊임없이 연습하고 실력을 기르고, 최고의 작품을 위해 실수를 거듭해가면서 땀으로 마룻장을 적시는 연습실(Rehearsal Room)에 있는 인생으로 표현한다. 아직 막이 올라가지 않은 것이다.

진정으로 자신의 가슴을 뛰게 하는 일을 찾지 못한다면 본 공연이 시작되어도 무대에 오를 수 없기 때문에 이 시기는 매우 중요하다. 현재 하는 일이 열정을 샘솟게 한다면, 그래서 즐겁고 행복하다면 그 일을 더 열심히 해야 한다. 그런데 내가 하는 일을 평생 할 것이 아니라면 이제부터 가슴 뛰는 일에 1만 시간의 법칙을 적용해야 한다.

시계추처럼 회사 다니고, 일과처럼 술 마시고, 무표정하게 TV 보다가 잠자리에 들 상황이 아니다. 남들 다 배운다는 걸 따라 할 것이 아니다. 본인이 늘 좋아하던 것, 생각하면 설레고 가슴 뛰던 것, 돈 생각하지 않고 어떤 일을 한다고 했을 때, 평생 해도 좋을 것 같은 일을 찾아야 한다. 그리고 단순하게 취미로 즐기는 수준을 넘어 전문가 수준이 되기 위해 시간과 비용을 투자해야 한다.

말콤 글래드웰은 전문가가 되는 데 필요한 시간을 대략 1만 시간이라고 이야기한다. 하루 3~4시간이면 10년이 걸리고 하루 8시간이면 5년 이내의 기간이다. 이 시간은 단순히 물리적 시간을 의미하는 것이 아니라 집중하는 시간을 말하는 것이다. 진정으로 좋아하는 것이라면 저절로 집중될 것이지만 말이다.

그럼에도 불구하고 이 시기에는 경제활동이 우선순위가 될 것이다. 급여 등의 소득을 위해 때때로 본인이 정말 즐거워하고 갈망하는 일을 미루고 포기하기 쉽다. 하지만 열정 또한 재산이며 불려야 할 대상이다. 동아리 활동을 하기도 하고, 필요하다면 학업을 연장하는 것도 좋다. 퇴근 후 시간을 내는 것은 당연하다. 더 나아가서, 가능하다면 현재 직장에서의 업무 시간 조정도 시도해본다. 경우에 따라 시간 선택제 등도 과감하게 활용할 수 있다고 본다.

여행을 좋아한다면 테마별로, 혹은 지역별로, 혹은 계절별로 계획을 잡아서 여행을 하고 마치 책으로 낼 것처럼 세세하게 기록한다. 전체 역사 속에서 그 지역의 역사와 문화적 특성을 연결해 이야기를 찾아 나선다. 그 과정에서 나만의 스토리들을 만들어낸다.

음악을 좋아한다면, 그 중에서도 팝을 좋아한다면 앨범을 사고, 듣고 부르는 것에서 그치지 말고 그 시대적 배경과 가수의 삶, 그 장르에 대한 이해를 하고 더 나아가 영향을 준 음악사조, 계보와 연표 등을 체계적으로 정리한다. 동일한 시대에 다른 나라의 노래나 장르와도 연결하여 이야기의 그물망을 짠다. 이러한 콘텐츠들은 시간이 지나면서 지식이 늘고 삶의 내공이 더하여 숙성될수록 돈으로 추산할 수 없는 가치를 갖게 된다.

좋아하는 것을 그냥 취미로 하면 안 될까? 만약 그 취미가 평생 하고 싶은 것이라면, 평생 가능한 경제 시스템을 만들든가, 그 취미의 전문가가 되든가 둘 중 하나를 해야 한다. 후자는 스스로의 의지에 의해 가능하지만 전자는 의지만으로 되지 않는다. 더 중요한 것은 좋아하는 분야에서 진정한 전문가가 되면 그것을 즐기기 위한 평생의 경제 시스템도 동시에 만들어진다는 사실이다.

2단계, On the Stage

드디어 무한한 시간이 생겼다. 은퇴 자금은 부족하지만 아직 육체적으로 건강하다면 청년기 못지 않는 활동이 가능하다. 고령 사회가 되고 퇴직자 및 은퇴자가 늘어나므로 취미 활동 인구도 늘어날 것이다. 당신이 'In the Rehearsal Room(리허설 룸)' 시기에 1만 시간 이상 투자한 취미 활동은 이미 전문가 수준이다. 은퇴한 베이비부머는 예전 세대와 달리 지적 호기심이 높고 구매력도 있다. 그들은 자신들이 관심 있는 분야에서 특별한 이야기와 특별한 전문가적 식견이 있는 당신을 찾게 될 것이다. 처음엔 조언을 구하고, 깊어지면 컨설팅을 의뢰하고, 그 사람들이 모여서 강의를 요청할 것이다. 미술사에 조예가 깊은 당신은 그들의 미술 여행 프로그램에 동반 가이드로 초청을 받고 세계적인 박물관과 미술관을 다닐 수도 있다. 팝에 대하여 평론가급인 당신이 음악 감상실 겸 소일거리로 운영하는 조그마한 LP바엔 당신과 같은 나이의 고객들이 하나둘 늘어나고, 어느 때인가부터 매주 정해진 날 음악을 즐기며 강의를 진행하고 있을 수도 있다.

이 시기는 돈보다 즐거움의 가치가 크다. 평생 즐거워하고 행복한 일이므로 그저 용돈벌이로도 충분하다. 그런데 시간이 지나면서 이 일은 오히려 돈 때문에 일해야 했던 리허설 무대 시기보다 더 많은 소득을 가져다주기도 한다. 이때의 소득 경로는 기존에 우리가 생각하고 있던 페이, 개런티, 컨설팅료, 강의료, 인세 등 보다 다양해진다.

이제 당신은 시간이 없거나 돈이 없어서 미루었던 소중한 일들을 자유롭게 할 수 있다. 가슴 뛰는 일에서 전문가가 되었고 그 일로 소득이 발생하며, 그 일을 통해 봉사를 하고, 그 일에 가족들도 참여시켜 유대 관계를 더 넓히게 된다. 그래서 인생이라는 무대에 주인공으로 당당히 서 있는 본인을 발견하게 될 것이다.

우리나라의 경우 대부분의 사람들이 퇴직 후 다시 경제활동을 시작한다. 재취업이 어려우니 퇴직금으로 자영업을 시작한다. 치킨집, 제과점, 커피 전문점, 식당 등이 주종목인데 비교적 개업이 쉬운 만큼 이미 레드오션이다. 실패 가능성은 80%를 넘는다. 실패한다는 것은 40년 이상 꾸려가야 할 가계의 재무상태가 심각한 위험에 처한다는 것을 의미한다.

나는 일반적으로 일하는 시기를 리허설 무대에, 그리고 퇴직 후 약 75세까지 액티브 시니어로서의 시기를 본격적으로 가슴 뛰는 일을 하는 메인 무대로 비유를 했다. 이것을 공감하고 실제로 그렇게 삶을 다시 세팅하려면 '은퇴하지 않는 은퇴'로 패러다임을 전환해야 한다. 그렇지 않으면 당신 역시 궁극적으로 치킨집의 대열에 서 있는 자신을 발견하게 될 것이다.

3단계, Get a Curtain Call

공연이 끝나면 배우들은 무대 뒤로 사라진다. 관객들은 박수와 환호를 통해 배우들을 무대로 다시 나오게 한다.

70대 후반이 되면서 육체적 에너지는 앞의 단계에 비해 적어지겠지만 일에 대한 노하우는 더욱 깊어진다. 자신의 분야에서는 구루이며, 삶의 지혜와 통찰을 다음 세대에 이전하는 인생의 스승이다.

당신은 오랜 경험을 통해 쌓은 노하우를 정제된 콘텐츠로 만들 수 있다. 이러한 콘텐츠는 책이 되기도 하고 블로그가 되기도 하고 강의가 되기도 한다. 당신은 더 이상 돈을 위해 일을 하는 것은 아니지만 광고료, 저작권료, 강의료, 인세 등 수입이 지속적으로 발생할 수 있다. 거기에 다른 대다수의 사람들과 달리 삶을 지속적으로 업그레이드하면서 인생을 완주한 데 대한 존경까지 따라올 것이다.

　삶의 프레임을 이러한 '3단계'로 인식한다는 것은 마치 예술가의 삶과 비슷하다. 그들은 좋아서 그것을 하고, 생을 마감하는 순간까지 예술하는 것을 멈추지 않기 때문이다. 소수의 사람들이 그렇게 산다. 그래서 '3단계'는 누군가에게는 뜬구름 잡는 이야기일 수도 있다. 하지만 누군가는 용기를 갖고 소수의 길, 열정의 길을 선택하여 갈 것이다. 그것은 곧 부자로 가는 길이다. 그리고 오로지 자신의 몫이다.

환경을 읽고

—

흐름을 파악하라

세계 최초로 지구상의 극지점 세 곳(남극점, 북극점, 히말라야 정상)을 모두 등정한 산악인 허영호 씨가 북극점을 등정할 때 일이다. 열두 시간을 쉬지 않고 얼음 위를 걸었는데 위도상 변화가 거의 없었다. 겨우 200미터 이동한 것이다. 계기가 고장난 줄 알았는데 알고 보니 열두 시간 걸어간 만큼 빙하가 거꾸로 이동한 것이다. 다음날 역시 열두 시간을 걸었는데 오히려 5킬로미터 뒤로 밀려나 있었다. 그는 실패 이후 재도전하여 결국 북극점을 등정하는 데 성공한다.

도도히 흐르는 거대한 시대적 조류를 일컬어 메가트렌드라고 한다. 그것은 사회 전 부문에서의 커다란 변화를 의미한다. 거대한 강물의 물줄기를 돌릴 수는 없다. 언젠가는 터져서 다시 제 갈 길을 가기 때문이다. 메가트렌드도 세상의 많은 힘들이 모여서 흘러가는 것이라 누군가가 바꿀 수 있는 것이 아니다. 우리는 마치 얼음 위를 걷는 탐험대와 같다. 얼음 밑으로 움직이는 조류는 조용하여 체감하기가 어렵다.

그래서 의식하지 않으면 느낄 수가 없다. 다만 내부에서의 작은 조류는 역동적이지만 전체로서 변화의 흐름은 서서히 진행되므로, 우리가 메가트렌드를 통찰하게 된다면 다행히 시대의 변화에 대해 준비해갈 시간은 있다.

우리가 메가트렌드를 알아야 하는 이유는 그것이 생존의 조건이기도 하거니와 동시에 도약의 기회이기 때문이다. 세상의 흐름이 보이기 시작한다면, 그리고 미래에 대한 예상도를 그릴 수 있다면 우리가 하는 공부, 우리가 하는 일이 그 방향에 놓일 것이고 좀 더 많은 부와 좀 더 많은 성취감을 얻을 수 있을 것이다. 본업은 메가트렌드 안에서 도전하고 변화하고 융합해야 한다. 만약 메가트렌드 안에서, 당신을 가슴 뛰게 하는 일을 찾고, 여기에 열정적으로 올인할 수 있다면 그것은 부와 성공의 길에 이미 성큼성큼 들어서고 있음을 의미한다. 메가트렌드는 '황금 강(Gold River)*' 그 자체다. 좀 긴 호흡으로 시대를 바라보면 일을 통해 어떻게 더 많은 부를 창출할 것인가가 보이고, 동시에 더 늘어난 소득으로 어디에 투자하여 2차 소득을 올릴 것인가가 보일 것이다.

변화의 원인은 크게 두 가지다. 먼저 시장의 중심축이 이동하고 있다. 글로벌 역관계가 선진국에서 신흥국으로, 인구학적으로는 전 세계 베이비부머가 시니어 세대로 접어들고 있다. 원인의 또 하나는 기술 패러다임의 전환이다. 기술과 제품과 산업간 융합화가 이루어지는 것, 화석 에너지에서 그린 에너지의 시대로 이동하는 것 등이다.

인구 구조가 변화하고 있다는 것은 이미 많은 곳에서 언급되고 있으므로 새삼스러운 이야기가 아니다. 하지만 인구 구조가 변하여 무

---

* 『어떻게 부자가 되는가』에서 조지 클레이슨은 소득의 원천을 '황금이 흐르는 강'으로 표현했다.

엇이 달라졌는가는 구체적이고 정확하게 이해해야 한다. 베이비부머의 수요가 어떻게 달라졌는지, 그 수요는 사회와 경제를 어떻게 변화시킬 것인지, 실제 그 증거들은 무엇인지, 우리에겐 어떠한 기회와 리스크가 있는지 알아야 한다.

그래서 '무인도에서 오직 한 가지 정보만 받을 수 있다면 나는 인구 구성의 변화에 대한 정보를 택하겠다'라는 채권왕 빌 그로스의 말은 너무나도 유명하다.

일반적으로 베이비부머라는 소비자의 니즈에 부합되는 모든 비즈니스는 성공했고, 그들의 니즈를 충족하는 모든 자산의 가격은 급등했다. 베이비부머는 과거의 실버세대와 달리 구매력과 지성, 복합적 감성 등을 지녀 뉴시니어로 불린다. 이제 수요 시장의 중심축은 뉴시니어로 대변된다. 그들은 새로운 시장을 만들 뿐 아니라 기존의 시장을 재편한다. 이 과정에서 기회를 얻는 사람도 있지만 베이비부머가 과거에 쓰고 버리는 것을 비싸게 구매하는 사람들은 자산의 손실을 입게 된다. 자산 시장으로 보면 특히 부동산에서 이미 나타나고 있다.

그들의 정신과 마음에 비해 육체는 노화되고 있다. 헬스케어와 안티 에이징 산업이 국가 또는 글로벌 잠재 성장률의 두 배 이상으로 성장해가는 것은 당연한 일이다. 특히 2015년의 경우 복제약, 바이오 기술, 의료 기술 부문의 연간 성장률은 10~25%로 추정된다. 다시 말하면 3~7년 사이에 이 산업은 사이즈가 두 배로 커진다는 것을 의미한다.

헬스케어는 기술과 산업간 융복합의 구심점이다. 첨단 기술, 의료 기기, 제약 산업, 관광 산업 등이 융합하여 성장 기반을 강화시킨다. 뿐만 아니라 건설회사와 자동차회사, 욕실 및 주방 용품회사, 전자회사, IT회사 등 산업 전반에서 헬스케어 시장에 뛰어들고 있다. 헬스케어가 우리의 모든 시간과 공간을 초월하여 기본적인 생활 환경으로 갖추어지는 시대로 가는 것이다. 결국 헬스케어는 의사와 약사, 간호사의 일이 아니라 로봇공학을 공부하는 학생에게도, 통계를 가르치는 교사에게도, 인터넷 소프트웨어 개발자에게도, 바이올린을 연주하는 예술가에게도 연관된 산업이 되었다. 여기에서 그동안 보지 못했던 수많은 직업들이 탄생할 것이다. 그것은 곧 기회의 땅이자 부(Wealth)의 보고다.

스마트시티(Smart City)와 메가시티(Mega City)는 도시화의 주요한 키워드다. 2015년 현재 인구 1천만 명이 넘는 메가시티는 전 세계적으로 22개이다. 2025년까지 약 30여 개로 늘어날 것으로 예상된다. 이러한 거대도시는 사람과 자원을 더욱더 유입시키면서 정치, 경제, 사회의 중심으로 나서게 되는데 지식 정보화 서비스 산업으로 진화하면서 그 영향력과 비중이 더욱 커지고 있다. 메가시티는 인구만 많은 것이 아니라 스마트시티, 에코 시티(Eco City)로 건설되고 또한 업그레이드되고 있다. 주택과 건물, 자동차와 도로와 교통 시스템, 물과 에너지의 활용, 보안 시스템, 쇼핑과 문화 공간 등 모든 인프라와 모든 사물이 친환경 기술로 상호 연결되어 도시의 전반적 시스템이 지능화되는 것이다.

이러한 도시의 하드웨어를 영위하는 스마트한 도시인에 대해서도 주목해야 할 일이다. 그들의 가구는 주로 몇 명인지, 무엇을 먹고 즐기는지, 출근 문화는 어떤지, 그들에게 부족해서 채워주어야 할 것은 무엇인지 등에 대한 답은 곧 비즈니스의 기회 요인이라 할 수 있다.

신형 도시화로 표현되는 스마트시티의 역동적 주자는 중국이다. 중국 자체가 또 하나의 메가트렌드다. 글로벌 호황이 끝난 뒤 중국의 목표 시장은 중국 자신이다. 13억 내수시장을 두텁고 안정적으로 발전시키는 것이 12차 5개년 계획(12·5규획)에서 천명되었고, 그동안 일관되게 이를 위한 사전 정지 작업을 해왔다. 그리고 2016년부터 시작되는 13·5규획에서도 여전히 신형 도시화는 내수시장 확대를 통한 중국의 성장 동력으로 역할할 것으로 보인다. 이를 통해 수출 중심에서 내수 균형으로, 도시 중심에서 도농 균형으로, 굴뚝 중심에서 친환경 첨단 산업으로 이동하고, 더불어 중국 인민들의 소득을 2010년 대비 두 배로 올리겠다는 전략이다. '일대일로(一帶一路, One Belt One Road)'는 그 정점에 있는 대형 플랜이라 할 수 있다.

중국은 자본주의화되고 있지만 여전히 공산당이 주도하는, 그러나 검증된 능력과 검증된 집단 리더십에 의해 경영되는 독특한 나라다. 서구적 시각으로는 발견할 수 없는 강력한 포텐셜이 있다. 중국의 역사를 이해하고, 그들의 문화를 존중하며, 그들의 말을 알고, 그들의 감성에 공감할 역량이 있다면 그 사람은 중국으로부터, 또는 그들과 파트너십을 확대해야 하는 한국의 기업들로부터 더 많은 기회를 제공받을 수 있을 것이다.

국가간의 가치 사슬도 이미 변했다. 일본에서 핵심 부품 및 소재를 한국이 구입하여 중간재를 생산하고 중국은 이를 조립·생산하여 미국과 유럽에 판매하는 분업 관계의 판도가 깨졌다는 것이다. 미국과 유럽은 이제 소비할 여력이 없고, 중국은 저임금을 기반으로 한 노동 집약 산업에서 제조업 강국으로 변모했다. 한국의 제조업을 이미 앞서고 있는 것으로 보인다. 중국의 노동 집약 산업 구조에서 가장 큰 재미를 봤던 한국 제조업은 시장을 상실한 상황에 처한 것이다. 과거에 중국시장이 필요로 했던 것이 중간재였다면 이제 중국시장이 필요로 하는 것이 무엇인지에 대해 한국 기업들은 빠르게 산업을 조정해야 한다. 그러나 이것은 시간이 걸리는 문제다. 한국은 이미 한·중·일

제조업에서 산업별 경쟁력이 가장 취약한 나라가 되었고, 자국 부가가치 창출 능력도 가장 빠르게 저하되고 있다. 최근 5년간 한국의 자본재 기업들의 주가지수가 반 토막, 3분의 1토막, 심지어 10분의 1토막까지 추락하고 있는 것은 이러한 상황을 잘 말해주고 있다.

중국의 거대한 내수는 매우 매력적이다. 오히려 중소기업들의 진출이 더 빠르고 유연할 수 있다. 그런 환경에서 일하는 직원들은 장사와 비즈니스를 더욱 역동적이고 직접적으로 배울 수도 있을 것이다. 그런데 부모들은 여전히 추락하는 대기업에 입사하라고 응원하고, 대기업에 다니는 자식을 자랑한다. 청년들의 눈높이는 죽어 있는 대기업에 고정되어 있다. 죽은 고래는 파도에 떠밀려도 살아 있는 멸치는 파도를 거스른다.

더불어 한국 사회의 고령화와 과도한 부채는 저성장, 저물가, 저고용, 저소비, 저투자, 저금리의 신6저(低) 현상을 고착시키고 있다. 혁신적인 기술 개발, 정부 정책의 변화, 사회 시스템의 개혁이 이루어지지 않는다면 매우 긴 시간을 잃어버릴 수도 있다. 미국식 자본주의 모델이 아니라 새로운 경제 모델, 새로운 공동체 모델이 끊임없이 요구될 것이다. 기존에 소수의 사람들이 소수의 가치관과 철학으로 시도하던 다양한 삶의 모델들이 조금씩 빛을 발하게 될 것이다.

변화의 강물은 많은 것을 쓸어가기도 하지만 낡고 썩은 것도 함께 쓸어간다. 그때 주변의 토지는 더욱 비옥해지고 새로운 생태계가 만들어진다. 가난하고 평범한 사람들이 부자의 대열에 동참하게 되는 가장 큰 기회가 되는 것이다.

아래는 시대적 조류를 크게 분류하고, 다시 더 작은 변화들로 분류하고, 각 키워드에서 생각을 더 진전시키는 것에 대한 예시다. 신문과 각종 리포트, 경제 다큐멘터리 등을 볼 때마다 변화에 대한 촉을 세우

다섯 가지 주요 메가트렌드	인구 구조의 변화	베이비부머는 무엇을 필요로 할까?	몸이 원하는 것 / 정신이 원하는 것 / 감성이 원하는 것
		뉴 시니어 시장은?	의, 식, 주 등 일상에서 필요로 하는 것 기업이 하기 좋은 것 vs 개인이 하기 좋은 것
		부동산 트렌드는 어떻게 변해갈까?	본업으로 하기 좋은 것 vs 부업으로 하기 좋은 것 융복합에서 생기는 돌연변이 산업은?
		헬스케어, 안티에이징 산업은 어떤 기회가 있을까?	기존 병의원, 한의원, 제약회사, 화장품회사 등은?
	스마트시티 &메가시티	도시가구는 어떻게 재편될까?	
		각국의 도시화 정책(smart city)의 전략은?	그들은 무엇을 필요로 하나? 1~2인 가구에 대응하는 비즈니스 기회는 무엇일까?
		직업은 어떻게 변해갈까?	모자르는 것은 무엇이고 남는 것은 무엇일까?
		도심형 주거지와 상가는 어떻게 바뀌어갈까?	새롭게 출현하는 도심형 서비스업은 무엇일까?
	중국	중국은 어떻게 변화해갈까?	중국의 13자 5개년 규획은 무엇을 지향하나? 중국의 Smat City 정책은 무엇이 있나?
		우리나라는 향후 어떠한 영향을 받을까?	중국 내수시장에서의 Demand는 구체적으로 무엇인가? 중국 변화에 따른 우리나라의 기회요인은?
	기후변동성 심화	에너지 문제는 어떻게 고조될까?	대체 에너지와 관련 서비스업은?
		재난 · 재해에 대응하는 새로운 비즈니스는?	안전 관련 비즈니스는 어떤 것이 생길까? 재난 · 재해가 없고, 기후가 온화한 지역은?
		식량 수급 변동성에 대한 대안은?	농업은 어떻게 변할까?
	모바일	모바일에 의한 산업 트렌드는?	IT와 모바일에 의한 산업간 융복합에서 무엇을 볼 것인가?
		정치, 경제, 문화, 심리에 어떤 영향을 줄까?	새로 생겨날 직업과 없어질 직업들은?
	시사점	메가트렌드에서 우리의 생존 조건은 무엇일까?	자산운용에 영향을 미치는 요인은 무엇인가?
		자녀들의 미래는 어떻게 접근해가야 하나?	자기계발과 부가가치 극대화를 위해 무엇을 해야 하나?

고 정리하라. 환경의 변화를 읽지 못한다면 미래는 멸종하는 공룡과
도 같다. 그리고 황금 강의 거대한 흐름을 보라. 맞서지 말고, 조용히
자신의 논밭으로 물줄기를 내라.

재財와 산産

돈을 지배하고 부자가 되고자 한다면 먼저 재산에 대한 개념부터 정립하는 것이 중요하다.

일을 하면 소득이 생긴다. 이것이 산(産)이고 Income이다. 소득의 일부를 잘 모아서 채권이나 주식이나 부동산 등을 살 수 있다. 이것이 재(財), 즉 부(Wealth)다. '재'에서는 다시 소득이 발생한다. 채권에서는 이자가, 주식에서는 배당이, 상가에서는 임대 소득이 생긴다. '산'이 '재'로 전환되고 '재'가 다시 '산'을 낳는다. 많은 사람들이 '재'를 꿈꾼다. 그것이 있으면 돈이 자신을 위해 일하는 시스템이 되므로 노동으로부터 자유로울 수 있으리라 기대한다. '재', 그것을 '부(富)'라고 한다.

그런데 메가트렌드라는 거대한 강은 모든 것을 쓸어가기도 하고 많은 것을 가져다주기도 한다. 어떤 사람에게는 죽음의 강이며, 어떤 사람에게는 황금의 강이다. 메가트렌드가 만들어내는 변화의 곡선이 곧 경제 주기, 경제 사이클이다. 그것은 기술의 발전과 산업의 혁명에 의하기도 하고, 좀 더 짧게는 수요와 공급에 의한 재고 사이클이기도 하다. 특히 긴 사이클과 짧은 사이클이 만나서 함께 올라가는 구간에서는 모든 자산의 가격이 치솟는다. 곳곳에서 축배의 노래가 들린다.

부의 효과(Wealth Effect)는 그동안 모아둔 주식이나 채권 혹은 부동산 등 자산 가격이 올라서 덕분에 소비가 늘어나고 신용(빚)이 팽창하는 것을 말한다. 주식을 샀는데 급등하여 기분이 좋아져서 저녁때 동료들에게 술 한잔 사는 것, 살고 있는 집이 급등하여 마음 든든해진 터에 고급 자동차로 교체하는 것 등은 흔하고 대표적인 부의 효과다.

그런데 이러한 부의 효과는 필연적으로 버블을 만들어갈 수밖에 없다. 그리고 거품이 만들어지고 다시 꺼지는 현상이 반복된다. 이를 경기의 팽창과 수축, 즉 경제 사이클이라 말하기도 하고 파동이라고 말하기도 한다. 이 파동의 진폭은 급격하고 불안정하며 깊어지고, 발생 빈도 역시 늘어나고 있다. 90년대 말 아시아 외환위기, 2000년대 초 IT버블, 2008년 금융위기, 2011년 유럽 재정위기 등에 따른 변동성을 생각하면 될 것이다. 이것을 한 미래학자는 월드 스패즘(World Spasm), 즉 세계적인 경련 현상이라고 표현했다. 중요한 것은 이 경련 현상이 더 자주 반복적으로 발생되면서 그동안 열심히 모은 '부'를 불리기는커녕 지켜가는 것조차 매우 힘들어졌다는 것이다.[*]

그래서 미래의 변화에 주목하는 사람들은 '부의 효과 시대'가 마감되고 '소득 효과 시대'로 전환되었다고 한다. 황금 강의 흐름을 통찰하면서 물길을 내어 물의 일부를 끌어들이는 것, 즉 변화의 키워드를 포착하여 비즈니스의 기회로 만들고 이를 통해 소득을 확장시키는 것이

---

[*] 최윤식, 『2030년 부의 미래지도』.

미래의 부를 이해하고 내 것으로 만드는 핵심이라고 판단한다. 즉 '소득 효과'는 곧 소득원을 안정적으로 장기적으로 다원화시키는 것을 의미한다. 월드 스패즘의 시대에는 재테크보다는 산테크를 하는 것이 훨씬 효과적이고 현명한 일이 될 것이다.

그렇다면 현재 발생되는 소득에서 산테크는 어떻게 시작할까?

재무제표는 그 회사의 재와 산에 대해 체계적으로 정리한 재무보고서다. 우리는 한 기업의 재무제표를 보면 그 회사가 잘되는 회사인지 아닌지, 건강한 회사인지 아닌지를 알 수 있다. 가계에도 재무제표가 필요하다. 기업과 같이 할 필요는 없지만 재무상태표와 현금 흐름표는 수시로 작성해야 한다. 그것은 가계의 경제적 상태와 지향에 대해 직관적인 통찰을 준다. 이는 돈 되는 그 어떤 정보와 노하우를 아는 것보다 중요하므로 반드시 짚고 가야 할 부분이다. 가계의 경영자가 가계의 재무제표에 대한 통찰이 없는 것은 한 기업의 경영자가 회사의 재무제표를 모르는 것과 마찬가지로 말이 안 된다.

재무상태표는 보통 금융자산과 비금융자산(부동산자산), 부채 등으로 구분한다. 과거로부터 현재까지의 재무적 성적표에 해당되는 것이다. 인생이라는 큰 산을 완주하기 위한 재무적인 건강 상태라 할 수 있다. 현금 흐름표는 소득의 유입과 유출에 대한 내용이다. 미래 성적표를 예상케 하는 선행 지표다. 현재의 식습관, 운동 습관, 기타 건강 관리 등으로 볼 수 있다.

재무상태표는 가계의 재(財), 즉 Wealth에 대한 것이고, 현금 흐름은 산(産), 즉 Income의 현황에 관한 것이다. 지금까지 이룬 부가 클수록 좋겠지만 그것으로 재무상태가 건강하다고 보지는 않는다. 매월 소득이 높을수록 좋겠지만 그것으로 현금 흐름이 건강하다고 보지 않는다. 문제는 재무상태표에서의 균형이며, 현금 흐름에서 지출의 성격, 부채 상환의 성격, 저축률 등의 균형이다.

부모로부터 상속을 받는 경우 '재'가 묵직해진다. 가지고 있던 토지가 개발이 되어 보상을 받는 경우에도 그렇고, 오래전에 구입한 아파트가 재건축 이슈로 급등하는 경우에도 그렇다. 본인의 벤처 기업에서 열심히 일을 하면서 우리 사주를 매입해둔 것이 회사가 성장하고 상장하면서 수십 배로 상승하는 경우에도 그렇다. 재무상태는 어느 순간에 매우 좋아지는 경우가 있다. 재무적인 성적표가 상위 그룹으로 껑충 올라오는 것이다. 하지만 재무상태가 좋다고 현금 흐름이 좋은 것은 아니다. 현금 흐름이 건강하지 않은 경우 그들의 재무상태표의 점수는 필연적으로 악화된다. 결국 현재의 자산 규모가 크고 좋다는 것이 미래에도 반드시 그러할 것이라는 보증 조건이 되지는 못한다. 변화의 강이 쓸어갈 수도 있고, 구멍난 소비 습관으로 새어나갈 수도 있다.

반면 현금 흐름이 좋은 사람들은 재무상태도 좋을 것이라는 생각은 늘 맞다. 현금 흐름은 삶의 문화 및 태도와 연관되어 있기 때문에 현재 현금 흐름이 좋은 사람들은 이미 과거에도 소득과 지출과 저축이 짜임새 있게 이루어져 왔기 때문이다. 당연히 향후에도 그러한 흐름이 이어질 가능성이 높다. 현재의 재무상태가 안 좋아 재무적 성적표가 낙제점에 가깝다고 하더라도 그들의 현금 흐름이 건강하다면 적어도 2~3년이 지나면 재무상태표는 반드시 개선되는 경우를 많이 보아왔다.

그것은 마치 건강한 사람이 늘 과로, 과식, 과음, 흡연하고, 운동도 하지 않는 경우 시간이 흐르면서 건강 지표에 다양한 적신호가 생기는 것과도 같다. 마찬가지로 현재 건강 상태가 좀 좋지 않더라도 몸에 맞는 음식을 먹고, 몸에 맞는 운동을 하고, 음주와 흡연을 절제하고,

주치의의 조언을 존중하는 경우 건강이 서서히 회복되고 오랫동안 건강하게 살아가는 이치와도 동일하다. 재무상태표가 저수지라면 현금 흐름표는 저수지로 들어오는 다양한 도랑물이며 저수지에서 나가는 다양한 배수로라 할 수 있다. 재무상태가 사람의 몸이라면 현금 흐름은 피가 만들어지고 손끝 발끝까지 공급되고 순환되어 정화되는 혈관계와도 같다.

부자 3대 못 간다는 말이 있다. 이는 막대한 '재'를 잘못 투자해서 생기는 결과가 아니라 2세, 3세의 '산'에 대한 능력 저하, 즉 현금 흐름의 악화로부터 생기는 결과가 대부분이다. 고객들의 자산을 관리하면서 나의 경험은 늘 동일한 방향으로 결론을 얻어왔다. 재무상태표는 과거로부터 현재까지 재무적 인생의 반추에 불과하다. 현금 흐름표는 현재로부터 미래로 향하는 인생에 대한 태도를 보여준다. 우리가 돈을 지배하고 돈으로부터 자유롭게 살기를 원한다면 먼저 현재 발생되는 가계의 소득 효과부터 잡아야 한다. 그렇지 않으면 그 모든 것은 불가능하다.

부의 효과에서 소득 효과로 전환하는 방법은 무엇일까?

먼저 그 시작은 업(業)에 평생의 열정을 갖고 리스크 존에서 기회를 찾아보는 것으로부터 시작해야 된다.

둘째는 소득의 일부를 반드시 저축하여 이를 '재'로 전환시켜야 한다.

셋째, 그 '재'는 '산'을 지속적으로 발생시키는 것이어야 한다. 따라서 막연한 개발을 기대하는 재개발 분양권보다는 조그마한 상가가 낫고, 대박을 노리는 테마주보다는 안정적인 배당이 나오는 배당주가 바람직하다.

넷째, '재'를 구축할 때 레버리지[*]는 가능하면 지양해야 한다. 월드 스패즘의 시대에는 손실을 더욱 확대시킬 가능성이 높기 때문이다.

다섯째, 이러한 과정을 통해 종합 소득 중 소득원을 복수로 구축해 가야 한다. 이자 소득, 배당 소득, 임대 소득(사업 소득에 포함), 사업 소득, 근로 소득, 연금 소득, 기타 소득 등을 세법상 종합 소득이라 한다. 의미 있는 소득원이 다각화될수록 더 안정적이고 자유로워질 수 있는 것은 당연하다.

---

[*]　레버리지(Leverage) :지렛대(Lever)가 힘을 덜 들이고 훨씬 무거운 것을 들어 올리듯 빚을 활용하여 적은 자기 자본으로도 더 큰 투자를 하여 손익을 확대시키는 것을 의미한다.

돈을 연구하지 말고

—

자신을 연구하라

20대 초반. 나는 시골의 가난한 홀어머니의 자식이었지만 지금 생각하면 돈이 비교적 충분했던 편이었다. 운이 좋아 돈이 잘 따라주었기 때문이다. 등록금이 필요하면 전액 장학금이 생겼고, 책값과 용돈이 필요하면 독지가가 나타나 후원해주었다. 살 집과 생활비가 필요하면 입주 과외 자리가 생겨서 학생을 가르치면서 월급을 받고 다녔다. 친구들과의 모임에서 술값 계산도 자주 했고, 자질구레하게 씀씀이가 헤펐다. 돈은 늘 생기고 늘 그대로 흘러나갔다.

그 시절엔 시대에 격하게 비판적이었고, 잘사는 사람을 증오했고, 돈을 경멸했다. 늘 필요할 때 돈이 생겨주었기 때문에 돈은 내가 부르면 언제든 달려오는, 그러나 결코 고결하지 않은 것이라 생각했다. 그래서 계획해서 모아야 한다는 생각을 해본 적이 없었다. 덕분에 나는 30대 후반까지 그 대가를 혹독하게 치렀다. 어느 날 정신을 차려보니 그토록 경멸하던 돈이 나를 지배하고 있었다. 그때 나는 알았다. 돈을 지배하지 못하면 반드시 돈에 지배 당할 수밖에 없는 것을 말이다. 돈은 자신을 경멸하는 자를 반드시 모욕하고 지배한다.

그것을 깨닫고 난 후부터 나는 돈에 대한 태도를 바꾸었다. 돈을 존중하기 시작했다. 그리고 진정으로 사랑하기 시작했다. 그제야 비로소 돈도 조금씩 나에게 종속되어, 나를 위해 일을 하기 시작했다. 돈은 마치 호랑이와 같다. 길들여지거나 지배되지 않으면 주인을 물고 삼켜버릴 수도 있지만, 길들여지면 주인을 더욱 명예롭게 하고, 그의 삶을 보호해주기 때문이다.

돈에 지배된다는 것은 어떤 의미일까? 다음의 일화를 통해 깨닫는 바가 있을 것이다.

부자가 되길 바라는 청년에게 '바빌론 부자'가 이야기한다.
"자네는 재봉사에게 바느질값을 치르지 않나? 신발 장수에게는? 먹는 것도 돈을 내고 사지? 돈을 쓰지 않고 바빌론에 살 수 있나? 지난달에 자네 봉급으로 뭘 했나? 작년에는? 어리석은 녀석! 자네는 자신만 빼고 모든 사람에게 돈을 치르고 있어. 남을 위해 일을 하는 이 멍청한 녀석. 주인이 먹고 입혀주는 것 바라고 일하는 노예와 뭐가 다르겠는가! 자네가 번 돈의 10분의 1만 꼭 쥐고 있었다면 10년 후에 얼마를 손에 넣었겠나?"

—『어떻게 부자가 되는가』(조지 클레이슨) 중에서

사람은 벌어들인 돈을 다 쓸 때 돈에 지배를 받는다. 남을 위해 일을 하는 것과 같으니 그들에게 지배되고, 가진 것을 언제나 소비하니 욕망에 지배된다. 기업을 위해 일을 하는 '봉'이 된다. 그리고 이것은 필연적으로 돈이 늘 부족하고, 부채가 늘어나게 만든다.

돈이 가장 우선적인 가치가 될 때도 돈에 지배된다. 돈 자체가 목적이 되면 돈을 벌려는 궁극적인 이유인 가족, 사람, 건강, 정의, 명예, 행복 등이 뒤로 미루어진다. 이것은 때때로 시간당 부가가치가 높은 직업에서 발생되는 함정이다. 시간이 돈으로 환산되고, 한 시간 더 일할 때, 혹은 저녁이나 주말에 일을 더 할 때 벌어들이는 돈이 만만하지 않으므로 비물질적인 가치들이 뒤로 밀릴 가능성이 높아지기 때문이다. 소중한 것은 뒤로 미루지 말라는 말은 언제나 뒤늦은 후회와 함께 느끼게 된다.

또한 꿈을 꾸지 못해도 지배되는 것이다. 돈이 원망이 되고 삶의 질곡으로 다가오면 자신감과 자존감 또한 낮아진다. 현실을 바꾸는 힘을 나약하게 하고 미래에 대한 멋진 그림을 그릴 수 없게 한다. 특히 스스로를 위한 것뿐 아니라 사회적인 가치와 일치하는 꿈은 더욱 어려워진다. 사람들은 자신의 잠재력을 10% 이내에서 사용하면서 인생을 보낸다. 그래서 워렌 버핏*이 충고한다.

모두가 큰 잠재력을 가지고 있다. 물건보다 자신에게 투자하라.

그렇다면 돈은 얼마나 있어야 할까?

사실 세상일은 돈만 갖고 되지 않는다. 하지만 돈 없이 이룰 수 있는 것도 별로 없다. 본인이 이루고 싶은 삶의 로드맵을 수시로 그려보고, 거기에 소요되는 최소한의 재원을 계획하는 것이 필요하다. 무언가를 이루기 위해 준비해가는 그 여정 자체가 사람들에게 행복을 준다. 이것이 '동기 상태 이론'이다. 필요한 시기가 되었을 때 필요한 만큼의

재원이 있으면 되는 것이다. 또한 이것을 계획하는 것이 재무설계 자체이기도 하다.

　돈의 양으로 비교를 하기 시작해도 결코 행복해지지 않는다.
　한 가난한 농부가 있었다. 옆집엔 부유한 농부가 있었는데 어느 날 그 집에서 새로 소 한 마리를 사왔다. 소가 일도 하고 무거운 것도 끌어주었다. 가난한 농부는 그것이 너무 부러워서 새벽마다 열심히 기도를 하기 시작했다. 며칠 후 신이 나타나서 소원을 하나 들어줄 테니 이야기해보라고 하자 농부가 말했다.
　"저 옆집 소를 죽여주세요."
　자신도 잘살게 해달라고 비는 대신 남도 가난하게 만들어달라고 하는 이 우스운 이야기는 세태에 대한 풍자이기도 하지만, 타인과 비교하는 삶 속에서 정작 스스로 잃고 있는 것은 무엇인지, 더 나아가 사회적 손실은 무엇인지를 꼬집고 있다.
　자신의 필요를 충족시킬 정도의 돈만 있으면 충분하다. 그러나 남과 비슷해야 한다는 생각이 극단화되면 상대적 비교를 끊임없이 하게 하면서 스스로를 행복하지 않게 만든다. 그것은 본인이 생각하는 인생의 가치에 기준이 없기 때문이다. 자신의 기준이 없으므로 삶의 기준점이 남에게 가 있는 것이다. 그리고 그 기준이 부를 만들어나가는 분투의 과정보다는 부가 소비되는 과정에만 맞추어져 있기 때문이다. 그래서 욕망의 파도에 끊임없이 흔들린다.
　실제로 부자들은 대부분 검소하다. 그렇게 부자가 되었고, 그렇게 부를 유지해가고 있다. 무절제한 소비에 대한 이미지는 부자들 중 무절제한 소수의 부자들에 대하여 언론이 만들어낸 부정적 허상일 경우가 많다. 그리고 그 대부분은 타인의 관심과 인기로 살아가는 유명한 연예인이나 스포츠 스타들이다.

2014년 〈포브스〉에 의하면 전 세계 40세 이하 중 자수성가형 부자 1위는 페이스북 CEO 마크 주커버그, 2위가 페이스북 공동 창업자이자 현재 아사나의 CEO인 더스틴 모스코비츠다. 마크 주커버그는 필요한 최소한의 물건만 구입하는 소비생활을 한다. 하지만 극빈층이 주로 이용하는 샌프란시스코 종합병원에는 7,500만 달러(약 817억 원)을 기부했다. 더스틴 모스코비츠는 작은 아파트에 살면서 자전거로 출퇴근을 한다. '물건에서 행복을 얻을 수 없다'는 그의 말은 진정한 가치와 행복이 무엇인지 함축하고 있다.

'선택적 가난'의 삶을 사는 사람들을 배우는 것이 필요한 시대라 생각한다. 어쩔 수 없이 가난해진 것이 아니라 욕망을 절제하는 것이다. 법정 스님은 무소유의 삶을 이렇게 얘기했다.

무소유란 아무것도 갖지 않는다는 것이 아니다.
궁색한 빈털터리가 되는 것이 아니다.
무소유란 아무것도 갖지 않는 것이 아니라
불필요한 것을 갖지 않는다는 뜻이다.

무소유의 진정한 의미를 이해할 때
우리는 보다 홀가분한 삶을 이룰 수 있다.
우리가 선택한 맑은 가난은
부보다 훨씬 값지고 고귀한 것이다.
이것은 소극적인 생활 태도가 아니라
지혜로운 삶의 선택이다.

　무소유의 삶은 불필요한 것을 갖지 않고 진정으로 가슴을 채워주는 그 무언가를 찾는 삶이다. 그 대부분은 사회적 가치와 맞닿아 있으므로 주변과 나누고 조화하는 삶을 살게 된다. 일상을 사는 것이 마치 수행하는 사람의 그것처럼 맑고 밝으며 헌신을 통해 내면의 기쁨을 추구한다. 자신에게 남는 부를 그늘지고 고통스러운 이웃에게 기꺼이 나눌 줄 아는 사람들이, 비단 수행자가 아니라도 우리 주변 곳곳에 있다. 돈을 지배하고 돈으로부터 진정으로 자유로운 사람들이다. 물론 선택적 가난의 삶을 사는 것도 막연한 의지가 아니라 자신의 꿈과 재원에 대해서 냉철하게 접근하는 일부터 시작해야 한다. 무엇보다 그러한 철학적 가치관이 있어야 하며 절제된 삶을 사는 훈련이 되어야 가능할 것이다.

　돈은 다중인격이다. 돈 자체는 중립적인데 그것을 소유하거나 추구하는 만인의 삶과 인격이 돈에 투영되기 때문이다. 그래서 돈을 벌기 위해서는 다른 사람들을 연구해야 한다. 어떻게 버는지, 무엇이 다른지, 더불어 그들이 무엇에 쓰는지, 왜 쓰는지를 연구해야 한다. 돈은 사람들의 눈길과 마음을 따라가기 때문이다. 거기에 자신의 비즈니스를 놓아야 한다.

　하지만 돈을 지배하기 위해서는 무엇보다 자기 스스로를 연구해야 한다. 자기 자신의 습관과 인생을 먼저 알아야 한다. 돈을 통제하는 법은 곧 욕망을 통제하는 방법이다. 돈과 욕망의 최적점을 구하는 함수가 있다면 그것이 곧 행복 공식이 될지 모른다.

돈, 불리기보다

—

통제하는 법부터 배워라

직업이 같은 두 친구 A와 B가 있다. A는 부자 부모로부터 경제적 지원을 받는다. 집을 살 때 부모가 보태주고, 생활비의 일부를 지원한다. B는 부모로부터 아무런 도움을 받지 못한다. 그렇다면 시간이 지나면서 그들의 '재'와 '산'은 어떻게 달라질까? 직업이 같으니 아마 소득은 비슷해도 당연히 A의 부가 훨씬 커져 있을 것이다.

20년 전 미국 토마스 J. 스탠리 박사와 윌리암 D. 댄코 박사가 미국의 백만장자 약 2,000여 명을 대상으로 부와 관련한 개인의 태도와 행동 등 250여 항목에 대해 광범위한 연구를 했다. 그중 하나가 그들의 자녀들 중 부모로부터 현금 증여를 받는 그룹과 그렇지 않은 그룹 간의 부와 소득지표에 대한 비교였다.

다음 표는 두 사람이 『백만장자가 되는 법』이라는 책에서 제시하고 있는 내용이다. 이 조사 결과는 매우 충격적이다. 기존 우리의 통념과는 전혀 다른 결과를 보이기 때문이다. 예를 들면, 부모로부터 경제적

• 현금증여 수혜자는 비수혜자에 비해 어느 정도의 부와 소득을 갖고 있는가?

직업	가구당 순자산	순위	가구당 연소득	순위
회계사	57%	10	78%	7
변호사	62%	9	77%	8
광고/마케팅/판매직	63%	8	104%	1
사업가	64%	7	94%	2
중견간부	65%	6	79%	6
엔지니어/건축가/과학자	76%	5	74%	10
의사	88%	4	75%	9
중간관리자	91%	3	80%	5
대학교수	128%	2	88%	4
초.중.고 교사	185%	1	92%	3
평균	81%		91%	

지원을 받는 40세 회계사 가정의 순자산은 부모로부터 지원을 받지 않는 같은 연령대의 회계사 순자산의 57%에 불과하다. 또한 경제적 지원을 받는 회계사는 그렇지 않은 회계사들의 78%에 해당하는 수입을 올리고 있다. 부모의 현금 지원을 연간 소득에 포함하면 동료 회계사들과 비슷한 수준의 소득이 된다. 이것은 교수와 교사를 제외한 대부분의 직종에서 보이는 현상이었다. 경제적 지원을 받았음에도 불구하고 축적된 자산이 적은 이유는 무엇이고, 그들의 연간 소득도 상대적으로 낮은 이유는 무엇일까?

저자들은 그 이유를 저축과 투자보다 소비심리를 더 자극하고, 자신의 재산과 부모의 재산을 명확히 구분하지 않으며, 부채 의존도가 높아지고, 비수혜자들보다 더 적은 돈을 투자하기 때문이라고 했다.

배는 물려받았으나 노 젓고 고기 낚는 법을 배우지 못한 전형이다. 아무리 지원을 받는다 해도 통제되고 관리되지 않는 부는 움켜쥔 모래와 같다는 것을 보여준다. 그래서 이 표는 '부자 3대 못 간다'라는 말에 대한 실증이라고 할 수 있다.

이 책을 번역한 사람은 현재 메디카코리아 이덕한 회장이다. 그의 부친은 종근당제약 창업주 고(故) 이종근 회장이다. 그는 책머리에 다음과 같이 고백했다.

『The Millionaire Next Door』의 첫 페이지를 읽는 순간부터 나는 마치 몇 년 전 돌아가신 아버님의 말씀을 대하는 듯한 착각에 책으로부터 눈을 뗄 수가 없었다. 아버님은 소위 자수성가한 분이셨다. 충청도 시골에서 올라오셔서 제대로 고등교육도 못 받으시고 열심히 노력해서 많은 부를 이루신 분이었다. 그러나 아버님은 검소하고 엄격하셨다. 그런 아버님으로부터 용돈을 타기란 부잣집 막내아들인 본인에게조차도 고역스런 일이었다. 매달 용돈을 주실 때마다 지난 달 용돈 사용 내역을 정리해서 보고해야만 했다. 조금이라도 용도가 불분명한 지출과 낭비한 흔적이 있을 때는 무릎 꿇고 일장훈시를 들어야만 했다. 이러한 관행은 내가 결혼해서 미국 유학을 할 때도 계속됐다. 가끔씩 미국에 유학 중인 막내아들 부부를 방문하실 때마다 빠뜨리지 않고 하셨던 일이 가계부 점검하시는 일이었다.

이덕한 회장을 부러워한다면 부자 아버지를 두어서가 아니라 돈을 통제하는 법을 가르쳐준 스승으로서의 아버지가 있었다는 사실 때문일 것이다. 모든 성공한 사람들, 부를 이룬 사람들, 그중 많은 이들에게 지혜를 주는 현자들의 부의 법칙들을 보자. 5가지 법칙, 7가지 습관 혹은 10가지 법칙은 곧 그들이 부를 이루고 유지하는 지배 매뉴얼이다. 돈의 통제 시스템이다. 그 매뉴얼의 공통된 첫 원칙은 '근검하라' 즉 소비에 대한 통제로부터 시작된다. 이것은 변할 수 없는 부의 법칙이다. 돈은 불려지는 속도보다 빠져나가는 속도가 훨씬 더 빠르기 때문이다.

원리금 = 원금$(1+$수익률$)^{기간}$

이것을 부의 공식으로 풀면 미래 자산$=($소득$-$지출$)(1+$수익률$)^{기간}$이다. 결국 부를 이루는 요소는 4가지다. 소득, 지출(소비), 수익률, 시간이다. 그중 통제 가능한 것을 통제하는 것이 부를 향한 첫걸음이다. 통제할 수 있는 두 가지가 '소비'와 '시간'(저축 기간)이다. 부자들은 끊임없이 그것을 가르쳐준다. 그러나 대부분의 사람들은 소비에 대한, 즉 돈의 통제에 대한 시스템을 갖추는 것은 뒤로 미루고 '수익률'에 대한 에너지를 쏟는 데 먼저 집중한다. 재테크로 돈을 벌고 자유로워진 사람의 수보다 돈 때문에 힘들고, 슬프고, 고통스러워하는 사람들이 압도적으로 많은 이유도 이와 무관하지 않다. 물론 그것이 그 이유의 전부는 아니겠지만 말이다.

이제 우리는 돈을 지배하고, 더 많은 꿈을 꾸고, 더 많이 행복해지기 위한 법칙들을 고민해갈 것이다. 소득에 대하여, 소비에 대하여, 투자에 대하여, 저축하고 투자해가는 기간에 대하여 자신만의 룰을 만들고 그것을 하나하나 지켜가도록 하자. 그것이 곧 돈을 지배하는 매뉴얼이다. 그리고 그 매뉴얼은 틀림없이 부자가 되는 길로 안내할 것이다.

Plan, Do,

—

See하라

계획 없이 산에 오르는 사람은 없다. 계획 없이 마라톤 종주 목표를 세우는 사람도 없다. 잘 세운 계획은 체력을 훨씬 적게 소모시킨다. 배낭에 불필요한 짐을 넣게 하지도 않을 것이다. 속도를 조절하겠다는 계획이 있으므로 초조하지 않을 것이다. 돌발 상황에 대한 대처법이 있으니 불안하지 않을 것이다. 주변의 경관을 즐길 수 있게 하고 훨씬 많은 사색에 젖게 할 것이다. 체력이 약할수록 코스에 대한 숙지와 힘의 안배에 대한 전략전술은 더욱 유용할 것이다.

그런데 이상한 것은 가다 못 가면 내려오고, 뛰다 못 뛰면 중단하고 나중에 재도전하면 되는 일도 치밀한 전략을 세우고, 사전 훈련을 하고, 힘을 안배하는 데, 자신의 인생과 가정의 경제를 운영하는 데 있어서는 이러한 계획을 미룬다는 것이다. 인생과 가정이란, 앞산 오르는 것도 아니고, 동네 한 바퀴 도는 것도 아닌, 평생 단 한 번의 기회인데 말이다.

Plan-Do-See는 경영전략의 프로세스를 말한다. 개인 재무설계의 프로세스도 단순화하면 이와 같다. 돈은 Plan-Do-See의 과정을 통해 통제되고, 삶은 이를 통해 더욱 풍요로워진다.

'Plan'은 계획을 수립하는 단계다. 계획을 잘 수립하기 위해 세 가지를 실천해야 한다.

먼저 본인과 가정의 타임 스케줄러를 작성한다. 동시에 '재'와 '산'에 대한 리스트업을 한다. 이는 삶의 목표를 설정하는 과정으로 볼 수 있다. 그다음엔 삶의 목표에 소요되는 재원과 현재의 재와 산의 균형이 맞는지, 그 간극이 어느 정도 되는지를 진단하고 분석한다. 여기에서 재무목표와 지출 및 저축 등에 대한 현실적 조정이 시작된다. 타인이 아니라 오직 자신과 가정에 필요한 맞춤형 계획을 세워야 한다. 약간 부담은 되지만 실현 가능한 매력적인 목표 수립을 위해 조정하는 과정이므로 매우 중요한 부분이다. 마지막에는 구체적인 설계안 즉 전략전술 계획안이 도출된다. 이것은 부를 향한, 또는 재무적 자유를 위한 Action Plan이다. 특히 설계안에는 소비에 대한 계획, 저축과 투자에 대한 계획, 리스크 관리에 대한 계획 등이 구체적으로 담기게 된다.

'Do'는 계획에 대하여 실천을 하는 것이다. 즉흥적이고 감정적인 것이 아니라 계획안에 의한 실행이다. 'Plan' 단계에서 수립된 설계안을 돈을 지배하기 위한 매뉴얼로 삼는 것이다.

'See'는 계획하고 실행한 것을 정기적으로 점검하고 조정하는 단계다. 모니터링하는 것이다. 급여일 전, 현금 흐름에 대한 결산과 예산은 필수다. 이것은 모든 재무 활동의 기본이다. 총자산에서 부채를 뺀 순자산의 변화도 모니터링 사항이다. 순자산이 늘었다면 저축액이 늘어서인지, 투자한 자산의 가치가 늘어서인지도 파악해야 한다. 순자산 중 금융과 부동산 비중의 변화도 보아야 한다. 그리고 자산의 변화만을 체크할 것이 아니라 매월 세상 돌아가는 것에 대한 기본적인 브리핑을 하는 것도 필요하다.

'Plan'의 단계에서는 무형의 삶에 대해 이미지화하거나 프레임화하면 좀 더 단순하게 정리될 수 있다. 아래 그림은 플래닝 단계에서 우선순위를 결정하기 위해 가정 경제를 네 개의 영역으로 분류한 것이다.

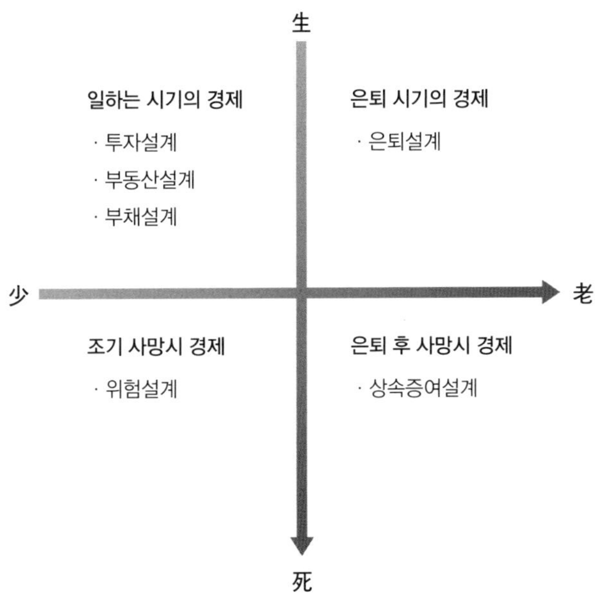

돈을 지배하는 시스템을 만들고자 한다면 그 시작은 여러 가지가 있겠으나 먼저 개인의 경제가 어떠한 영역으로 구성되는지 큰 틀에서 이해한다면 더 쉬워질 것이다.

먼저 수평축은 인생의 시간의 흐름을 의미한다. 좌측은 일하는 시기, 우측은 은퇴 시기다. 수직축의 상단은 생존, 하단은 사망을 의미한다. 이것을 네 개의 매트릭스로 만들면 좌상단은 우리가 열심히 일하면서 수많은 재무적 의사결정을 하는, 바로 오늘 이 순간 순간들의 경제 영역이 된다. 이때는 주로 주택 문제, 교육 문제, 부채 문제, 목돈 마련의 문제 등이 이슈일 것이다.

우상단은 퇴직 또는 은퇴 후 자유롭게 미루었던 꿈과 소망들을 이루어가야 할 시기의 경제다. 기본적인 노후자금 외에, 헬스케어, 여행, 취미 및 여가활동, 사회 봉사와 기여, 가정생활 유지 등 재무적, 비재무적 문제가 응집되는 중요한 시기이다.

좌하단은 일을 해야 할 시기인데 젊은 날에 사망하여 유가족들이 주소득원을 잃고 꾸려가야 하는 경제를 의미한다. 개인 경제에서 가장 리스크가 큰 영역에 해당되나, 사람들은 이것을 인정하기도 싫어하며 인정한다 해도 낮은 확률이라 무시하는 경우가 많다.

우하단은 열심히 일을 하여 가장으로서 경제적 책임을 다하고 노후 생활을 영위하다 사망한 시기의 경제다. 산술적으로 보면 가장 '경제적'이라 할 수 있다. 돈은 벌었으나 오래 쓰지 못해 잉여가 있을 테니 말이다. 그런데 이때에는 남은 재산에 대한 상속과 세금, 그리고 그와 관련한 형제자매 간의 분쟁과 갈등 요소 등이 문제될 수 있다.

그러나 이 네 개의 경제 영역은 어느것 하나 무시할 수 없으며, 닥쳐서 해결할 수도 없다. 우리의 여력이 이 네 개의 영역 모두를 동시에 충족시켜가기에는 역부족일 경우가 많다. 이때에는 우선순위를 정하고 현금 흐름에 맞추어 배분하는 것이 좋다. 일단 우하단은 이미 많은 자산을 보유한 경우, 즉 다음 세대에 물려줄 것이 많은 경우가 아니라면 우선순위에서 제외해도 무방할 것이다.

그러나 우리가 늙어간다는 것, 즉 좌측에서 우측으로 이동해간다는 것은 이미 정해져 있다. 그리고 수직축과 만나는 지점에서 경제활동을 통한 소득이 없어진다는 것도 이미 정해져 있다. 다만 그 지점이 좀 더 좌측으로 오느냐 좀 더 우측으로 유보되느냐의 차이다. 정해져 있는 한 준비는 되어야 한다. 어떻게 준비할 것인가? 돈만으로 하려면 무척 힘들다. 재무적, 비재무적 계획이 필요하다. 그것은 결국 인생 전체에 대한 로드맵과 상통한다.

한편 우리가 늙어가는 것만이 정해져 있는 것이 아니다. 우리는 언젠간 죽는다. 다만 그 시점이 수평축의 우측 한참 끝이기를 원할 뿐이다. 문제는 경제활동을 해야 할 시점에서의 사망이다. 그것은 다만 확률적으로 좀 낮을 뿐이다. 낮은 확률이지만 발생되면 그 재무적 손실은 결코 복구되지 않는다. 모든 투자에서의 리스크도 발생 확률은 낮다. 그러나 우리는 그 규모에 따라 반드시 리스크를 제거하게 되는데, 그보다 더 중요한 소득원의 조기 사망 리스크는 위험 중 가장 큰 위험으로 분류될 필요가 있다.

Plan – Do – See의 프로세스는 모두 중요하다. 하지만 특히 ‘See’의 단계는 가계 경영전략이 완성되기 위해 가장 중요한 무한 과정이다. 모니터링은 일회적 혹은 일정 기간 동안의 시한이 있는 것이 아니라 살아 있는 전 생애 동안 계속되어야 하기 때문이다.

최상의 ‘계획’이 도출되었다고 하자. 그것을 실행하지 않는다면 계획안은 폐지, 혹은 이면지에 불과할 뿐이다. 최상의 계획보다 차선의 실행이 더 낫다. 목표 도달에 더 근접할 수 있으니 말이다. 이번엔 최상의 계획을 최선으로 실행했다고 하자. 그런데 계획은 경제 등 외적 환경에 대한 가정치와 삶의 가치관이나 목표 등 내적 환경에 대한 가설을 토대로 한다. 실행 과정에서의 선택이 반드시 만족스런 결과를 가져오지 않을 수도 있다.

예를 들면 물가 상승률과 금리는 낮게 가정했는데 무슨 이유로 인하여 물가가 폭등할 수도 있고, 이직할 계획이 없었는데 이직하게 되기도 하며, 매월 적립 투자했던 펀드 수익률이 엉망이 될 수도 있다. 시간이 흐르면서 환경은 변한다. 경제환경이 변하고, 가정환경이 변한다. 이러한 환경에 맞게 점검하고 보완하는 과정이 모니터링이다. 환경에 대응해나가는 과정이다. 최상의 계획이 최선으로 실행되었다 하더라도 모니터링 과정이 없다면 낡은 가정과 가설에 불과해진다. 반면 차상의 계획이 차선으로 실행되어도 지속적인 점검과 조정을 통해 가계의 재무적 시스템은 최선의 것으로 변모해가는 것이다.

모니터링의 단계는 자기성찰의 과정임을 잊지 말아야 한다. 예결산 속에서 본인의 소비 습관만이 아니라 부가가치를 높이는 것에 대한 목적의식이 필요하고, 순자산이 증감하는 것을 보면서 세상의 변화 이유도 동시에 알아가야 한다.

중요한 돈
—
긴급한 돈

주말이면 반복되는 아빠의 잔소리를 이제 두 딸은 그대로 외우고 있다.

"정리정돈을 잘 하면 어느 곳에 어느 물건이 있는지 알기 때문에 시간이 절약되겠지? 물건 찾느라 짜증내는 일도 없을 거야. 그뿐이니? 같은 물건을 다시 사지 않기 때문에 돈도 절약되겠지. 그래서 정리정돈이 잘 되어 있는 집엔 늘 복이 들어온단다."

스티븐 코비는 『성공하는 사람들의 7가지 습관』에서 일과 시간을 어떻게 정리정돈 할 것인가를 네 가지 매트릭스로 보여주었다.

그는 '긴급한 것'은 늘 우리 코앞에 있다고 이야기한다. 압박을 주기도 하고 재촉을 하기도 한다. 그래서 즉각적으로 반응을 한다. 반면 '중요한 것'은 성과나 결과와 관련된 것들이다. '중요한 일'은 대부분 가치관, 미션, 비전, 목표의 달성에 기여하는 일이 될 것이다. 대부분의 사람들은 I과 III , 즉 '긴급한 일'들로 많은 시간을 보낸다. 늘 급하

중요함

Ⅰ 긴급하고 중요함	Ⅱ 긴급하지 않지만 중요함
· 위기	· 예방, 생산능력 활동
· 급박한 문제	· 인간관계 구축
· 기간이 정해진 프로젝트	· 새로운 기회 발굴
	· 중장기 계획, 오락

긴급함 ————————————————————— 긴급하지 않음

Ⅲ 긴급하나 중요하지도 않음	Ⅳ 긴급하지 않고 중요하지도 않음
· 인기 있는 활동	· 즐거운 활동
· 눈앞의 급박한 상황	· 바쁜 일, 하찮은 일
· 잠깐의 급한 질문, 일부 전화	· 일부 우편물
· 일부 우편물, 일부 보고서	· 시간 낭비거리
· 일부 회의	

중요하지 않음

게 처리해야 할 일에 매달리므로 피로하고 스트레스에 시달린다. 그것의 탈출구는 수시로 담배를 피우거나 과음을 하는 등 '긴급하지도 않고 중요하지도 않은' 일들이다. 하지만 성공하는 사람들의 시간은 '긴급하지는 않지만 중요한 일'에 집중된다. 여유를 가지고 전략적으로 일을 하므로 예방적이고 생산적이다. 그래서 그들의 시간은 늘 새로운 기회를 창출한다. 스티븐 코비는 '급하지는 않지만 중요한 일'은 효과적인 시간관리의 심장부라고 말한다. 이를 위해서는 본인의 역할과 포지션, 즉 자신의 정체성에 대한 구체적인 정립부터 필요하다. 거기로부터 일과 관련한 목표가 도출된다. 그 목표를 이루기 위한 크고 작은 계획, 그것이 '중요한 일'이다. 그것을 기준으로 일의 우선순위를

정하고 진행 프로세스와 일정을 계획한다. 만약 본인의 시간이 '긴급하고 중요한 일'에 집중되고 있다면 정체성 → 목표 → 계획 → 일정표의 부재에서 비롯되는 것으로 봐야 한다. 미리 계획하고 시스템화해야 한다. 그래서 긴급하고 중요한 일을 긴급하지 않지만 중요한 일로 미리 이동을 시켜야 한다.

일에 몰두하여 있는데 누군가 차 한잔하자고 하여 10분 정도를 할애했다고 치면 사실 다시 생산성 높은 시간과 리듬과 감각을 잇는 데 한 시간 이상이 걸릴 수도 있다. '긴급하나 중요하지 않은' 일들은 주로 '인기 있는 일'들이다. 이를 무시할 경우 우리는 때때로 일정한 대가를 치루어야 한다. 누군가가 섭섭해할 수도 있고, 간단히 대응하면 될 일을 나중에 더 크게 수습해야 할 수도 있다. 중요하지 않았는데, 위기가 되어 처리해야 할 중요한 사안이 되기도 한다. 그래서 우리는 '긴급하고 중요하지 않은 일'을 '긴급하고 중요한 일'로 자주 착각한다. '긴급하나 중요하지 않은' 일은 통제 시스템으로 해결해야 한다. 그것을 해야 할 사람에게 위임하거나, 그 일을 할 자투리 시간들을 한군데로 몰아서 처리하는 것이다.

예를 들면 누군가의 티타임 요청에 대해서는 본인의 휴식시간으로 미루어 약속할 수 있다. 만약 간단한 이메일 답변들을 보내는 일이라면 출근 직후에 일괄적으로, 혹은 퇴근 전 일괄적으로 처리하는 방식도 대표적이다. '긴급하나 중요하지 않은 일'들을 수시로 하게 될 경우 그 일이 '중요한 일'들을 위한 다른 시간을 빼앗아 온다. III 상한의 시간은 한쪽 구석의 적은 시간으로 압축하여 밀어내면 중요한 일을 할 수 있는 덩어리 시간이 확보된다. 그것을 II 의 일로 채워야 한다.

'긴급하지도 않고 중요하지도 않은' 일은 즉시 멈추거나 그만두어야 한다. 막연한 가십거리를 찾는 인터넷 서핑, 불규칙적이고 빈번하게 댕겨오는 흡연 욕구, 매일 반복되는 술자리 등은 당연하다. 크게 중요하지 않은 것에 대한 논쟁 격화, 또는 제품에 대한 사소한 클레임, 불만의 증폭 등도 빈번하다면 IV에 많은 시간을 허비하고 있지 않은지 돌아볼 필요가 있다. 이것은 무능함과 무책임함의 결과로 돌아올 가능성이 높다.

스티븐 코비는 II는 III과 IV에서 끌어와야 하는데, 삶에 대한 원칙과 우선순위 설정, 나아가 패러다임 자체의 변화 없이는 인기 있는 일, 쾌감과 자극적인 일로 가득한 III과 IV의 일에 대해 '못한다'라고 하기 어렵다고 했다.

시간관리에 대한 스티븐 코비의 통찰은 대단하다고 볼 수 있다. 시간은 금이기 때문일까? 돈에도 급하거나 급하지 않은 돈, 중요하거나 중요하지 않은 돈이 있다. 그의 시간관리 매트릭스를 돈관리 매트릭스로 응용을 해도 우리는 또 한번의 통찰을 얻을 수 있다.

먼저 II의 '급하지는 않은데 중요한 돈'은 삶과 가정에서의 정체성으로부터 비롯되어 재무목표가 되고 일정 시점에 반드시 소요될, 그래서 재무설계 과정에서 미리 계획되고 준비될 필수 자금들이다. 자녀들의 학자금, 주택자금 등은 언젠가 소요될 목적자금이다.

은퇴자금은 경제적 자유를 위한 보루다. 목적자금을 달성하거나 경제적 자유의 토대를 위해 기본적으로 만들어야 하는 종잣돈은 돈의 씨앗으로 더할 나위 없이 중요하다. 가족간의 유대와 커뮤니케이션은 행복의 기본 조건이며 여기에도 재원은 필요하다.

소득을 늘리고 안정화시키고 더 오래 즐겁게 일하기 위해 끊임없는 자기계발도 필요하다. 이러한 자금들은 누가 강제하거나 재촉하지 않는다. 긴급하지 않으니까 언젠가, 언젠가로 미루어질 수는 있겠으나 이것이 소홀하게 되면 우리의 재무적 인생은 성공적이라 할 수 없다. '긴급하지는 않으나 중요한 돈'은 II처럼 새로운 기회를 만들어낸다. 그래서 여기에 집중해야 한다. II의 돈에 집중하는 방법은 역시 정체성과 역할규정 → 목표설정 → 계획 → 실행 일정을 전략적으로 실천하는 것이다.

II에 집중하지 않으면 '긴급하지 않으나 중요한 돈'들이 I의 '긴급하고 중요한 돈'으로 이동한다. 이때 재무적 스트레스는 매우 높아지고 삶의 만족도는 떨어진다.

미루지는 않았으나 예상치 못함으로 인해, 혹은 사회적 환경에 의해 '긴급하고 중요한 돈'이 되는 경우가 많다. 가장 대표적인 것은 의료비다. 이직을 위해 일시적으로 실직될 경우의 기본 생활비와 월간 고정 지출도 여기에 속하며, 수개월 전에야 통보받는 전세 인상금도 마찬가지다.

시간관리와 동일하게 I 상한의 돈도 II 상한으로 이동시켜야 한다. 예상치 못한 의료비를 위해 보험을 가입한다. 일시적인 소득 감소나 중단을 대비하여 3~6개월의 생활비에 해당하는 비상예비자금을 준비한다. 전세 인상금 등을 미리 예상하여 재원 조달을 위한 돈의 유동성 계획을 세워야 한다.

'긴급하나 중요하지 않은 돈'은 III과 마찬가지로 인기 있는 활동에 소요되는 돈이 많고, 또 그것을 하지 않았을 경우 약간의 대가를 치뤄야 한다. 마음이 즉흥적으로 따라 움직이고 그래서 역시 '중요한 돈'으로 착각한다. 모 설문조사 앱에 따르면 대부분의 사람들은 가장 아까운 지출 항목으로 경조사비를 압도적인 1위로 꼽았다. 경조사비는 사회적 관계를 위해 필요한 비용이지만 그것이 과해지는 경우 II의 중요한 돈들이 축소되고 만다. 과도한 선물 비용이나 품위 유지비, 소득 수준을 넘어서는 자동차도 동일한 성격이다. III의 돈들은 다른 사람의 우선순위와 기준에 근거하는 경우가 많다. 따라서 이에 대한 본인의 원칙과 가이드라인을 설정하여 일정 비율 안으로 통제하는 것이 필요하다.

III의 돈을 넘어서서 계획에 없던 쇼핑을 소일거리 삼아 반복하거나, 명품이나 사치품 구매, 혹은 최신 제품을 가장 먼저 사용한다는 우월감을 통해 만족감과 쾌감을 얻는다면 IV 중심의 소비가 이루어지고 있는 것이다. '중요한 돈'이 엄격하고 원칙적이지만 생산적인 것이라면 '중요하지 않은 돈'은 즐겁고 쾌락적이지만 소비적이다. '중요한 돈'은 무언가를 이룰 수 있게 하지만 '중요하지 않은 돈'은 무언가를 잃게 만든다. Ⅳ의 돈은 그 지출을 최소화하거나 멈추는 것이 좋다. Ⅱ의 돈을 극대화 하기 위해서는 Ⅲ과 Ⅳ에서 가져와야 하기 때문이다.

중요한 돈은 목적지향적이고 성과를 창출하므로 효과적인 돈이라 할 수 있다. 미리 예측하여 예방하고, 긴급한 돈을 긴급하지 않게 하여 더 적은 돈으로 더 많은 것을 이루게 된다면 그것은 효율적인 돈이다. 인생의 타임 스케줄러를 펴놓고, 무한한 욕망과 필요 중 우선순위를 결정한 후, 한정된 재원을 효과적이고 효율적으로 배분하여 '긴급하지 않지만 중요한 돈'을 극대화 시켜가는 전략적 프로세스가 인생 내내 지속적으로 필요하다. 그 방법이 곧 재무설계다.

2

지출을
경영하는
12가지 방법

우리는 매일 소비한다. 공급자들의 달콤한 구매 권유를 거절할 힘이 우리에게는 거의 없다. 우리는 생각한다. 나는 충분히 이성적이고 합리적인 의식을 가지고 있으니까 나의 소비에 대해서도 언제든 통제할 수 있다고 확신한다. 하지만 그럼에도 불구하고 그 결과는 매달 날아오는 초과된 카드 고지서이기 십상이다.

'지출을 경영하는 12가지 방법'은 중학생인 나의 딸과 조카들에게도, 나름 가계부를 열심히 쓰는 아내에게도, 늘 카드값에 쫓기는 후배에게도, 열심히 재무설계를 하고자 하는 젊은 내 고객에게도 틈틈이 해주었던 이야기들이다.

이 지출 경영 방법들은 이미 대한민국 1% 이내의 상위 자산가 그룹에 속해 있는 고객들로부터 배웠고, 시간이 지나면서 그들의 재무적 인생을 놀라울 만큼 멋지게 변모시켜가는 이 시대 평범한 중산층 고객들로부터 배웠으며, 나름 평범치 않았던 스스로의 재무적 경험으로부터도 배운 소중한 지혜라 할 수 있다.

1

타임 스케줄러의 마법

매년 국회의 예산안 처리는 진통을 겪는다. 11년간 법정 시한 내에 처리된 적이 없을 정도다. 예산안은 곧 다음 해의 지출 계획이다. 국회의원들의 달력이야 4년짜리지만 가계의 달력은 최소 50년짜리다.

일용직 근로자는 하루하루의 먹을거리를 걱정하고, 월급쟁이는 한 달, 중소기업 CEO는 1년, 대기업 CEO는 10년 뒤의 먹을거리를 걱정한다고 했다. 가계의 CEO는 그가 월급쟁이든 뭐든 상관없이 적어도 50년의 타임 스케줄러를 만들어야 한다. 그 장기적인 비전에 따라 예산이 편성되고 지출이 이루어져야 한다. 그랬을 때, 같은 돈을 갖고서도 훨씬 많은 것을 이루어낼 수 있는 마술이 시작된다.

우리는 지리산을 종주할 때도 등산 지도를 펴놓고 사전 계획을 세운다. 대피소까지의 거리, 각 구간별 걸리는 시간, 중간에 쉴 만한 곳, 물을 구할 수 있는 곳, 갑작스런 기상 변화시 대처 방안, 필요한 짐과 필수 식량, 의약품과 장비 등이 결정된다. 그리고 실제 등반 과정에서 힘의 안배와 속도 조절 등이 계획표에 의해 이루어진다. 등산에 서툰

• 인생의 타임 스케줄러

구분		경과 년	現	1	2	3	4	5	6	7	8	9	10	11	12	13	14	15	16	17	18	19	20	21
가족사항	본인	이상철	35	36	37	38	39	40	41	42	43	44	45	46	47	48	49	50	51	52	53	54	55	56
	배우자	김영희	33	34	35	36	37	38	39	40	41	42	43	44	45	46	47	48	49	50	51	52	53	54
	자녀1	이석우	3	4	5	6	7	8	9	10	11	12	13	14	15	16	17	18	19	20	21	22	23	24
	자녀2	이현주	1	2	3	4	5	6	7	8	9	10	11	12	13	14	15	16	17	18	19	20	21	22
재무목표								▶자녀 교육 시기												▶자녀 대학교육				
								▶경제활동기															▶1차 은퇴	
비재무적목표																								

초보일수록, 체력이 약할수록 계획은 더 소중하다. 뿐만 아니라 산에 대해 경외감을 갖는 사람이라면 아무리 베테랑이라도 기본 계획 하에 움직일 것이다. 인생의 타임 스케줄러는 이와 같은 로드맵이자 전략 지도다.

이 표는 본인 및 가족들의 연령에 따라 재무적 혹은 비재무적 이벤트를 기입할 수 있는 인생의 타임 스케줄러다. 먼저 본인의 인생을 크게 두 축으로 나누어 굵은 선을 그어보자. 경제활동을 하는 시기와 은퇴의 시기다. 자녀들의 초·중·고·대학교 시기도 기록해보자. 그들이 결혼하여 독립하는 시점도 표기해보자. 그러면 우리가 책임지고 가야 할 인생은 대략 세 개의 덩어리로 나뉜다. 경제활동기의 인생, 은퇴 시기의 인생, 독립 이전 자녀들의 인생.

경제활동기는 길면 대략 25년, 은퇴 시기는 길면 대략 40년, 자녀들의 독립 이전 기간은 대략 25년이다. 이것은 해야 할 것과 그것을

3	24	25	26	27	28	29	30	31	32	33	34	35	36	37	38	39	40	41
	59	60	61	62	63	64	65	66	67	68	69	70	71	72	73	74	75	76
	57	58	59	60	61	62	63	64	65	66	67	68	69	70	71	72	73	74
	27	28	29	30	31	32	33	34	35	36	37	38	39	40	41	42	43	44
	25	26	27	28	29	30	31	32	33	34	35	36	37	38	39	40	41	42

▶자녀 독립 시기

▶2차 은퇴 시기

충족할 자원이 만들어지는 시간 사이의 심각한 불균형을 의미한다. 웬만큼 벌어서는 이 세 가지 인생의 수지타산을 맞추어가기가 쉽지 않다. 더구나 고령화에 기인한 저성장과 저투자, 그리고 고용의 불안은 우리들의 경제활동 기간을 점점 단축시키거나 그 지속성을 종종 단절시킨다. 본인의 소득 수준에서 과도하게 자녀의 인생에 투자하면 다른 두 개의 인생이, 현재의 삶에만 집중할 경우 늙은 본인의 삶이 문제가 된다.

여기에서 우리는 두 가지를 반드시 기억하자. 먼저 주어진 재원에 맞추어 모든 것을 다운사이징하는 것이다. 소득과 지출의 기름기와 거품을 뺀 상태에서 세 개의 인생에 최적으로 배분함을 의미한다. 그 전제는 다른 사람들의 집, 다른 사람들의 소비, 다른 사람들의 자식 교육과 비교하는 삶이 아니라 자신들만의 삶을 묵묵히 추구해야 하는 뚝심일 것이다. 또 하나는 경제활동기를 어떻게 늘려가고 지속 가능하게 할 것인가? 그리고 그로부터의 소득을 어떻게 더 높여갈 것인가의 문제다. 그렇다면 필연적으로 본인의 삶을 위한 타임 스케줄러에는 자기계발을 위한 계획들이 조금씩 채워질 것이다. 이것이 그 어떤 재테크보다 수익률 높고 가치 있고 가능성 높고 안전한 투자라고 보는 것이다.

살림살이가 그리 만만한 일이 아니라는 것을 우리는 종이 한 장을 놓고 시각적으로 통찰하고 있다. 계속해서 주택을 마련하고 싶은 시기도 적어보자. 또 해외 여행을 하고 싶은 시기나, 그 외 하고 싶은 모든 것과 그 시점을 적어보자. 구체적으로 적어보자. 적을 것이 많다면 그만큼 젊다는 것이다. 해보지 않아서, 해야 할 것이 많아서가 아니라 아직 겁이 없기 때문이다.

반대로 중년의 많은 사람들이 적을 것이 없는 이유는 이미 많은 것을 이루었기 때문이 아니라 하나하나 포기하는 법을 배웠기 때문이다. 나이가 들어갈수록 하고 싶은 목록이 늘어나는 것이 아니라, 젊은 시절 기록했던 목록을 하나하나 버려갈 수밖에 없다면 구멍 난 배에서 소중한 짐을 하나하나 던질 수밖에 없는 것과 무엇이 다를까? 열심히 살지 않아서가 아니다. 목적지에 대한 명확한 방향 설정 없이는 재무적 인생은 새드 엔딩임에 분명하다.

모두 적었다면 허리를 펴고 타임 스케줄러를 보자. 어느 시기에 여백이 가장 많은지 보자. 경험적으로 보면 대부분 은퇴 시기가 시간적 공간은 가장 큰데도 불구하고 적혀 있는 건 여행, 취미생활 등 두 단어를 크게 벗어나지 못했다.

참으로 이상한 일이다. 우리는 월요일 아침 병이 생기고 금요일 밤을 불태운다. 일하는 사람들은 언제나 주말을 열망한다. 그런데 그렇게 열망하는 30~40년의 주말을 기껏해야 목적지 없는 여행, 정체 모를 취미생활로만 채운다. 자녀는 독립했고 내 앞에는 무한한 시간이 펼쳐져 있다. 무한한 자유가 있다. 그 여백에 대한 구체적인 희망 리스트를 우리는 삶의 비전이라 말할 수 있다. 그 여백에 대한 작성 리스트를 구체적으로 갖고 있지 못하다면 나에게 삶의 비전은 무엇인지 이 타임 스케줄러를 놓고 당장 고민해야 한다.

물론 아직 시간이 충분하니까 살아가면서 생각하고 준비하겠다 할 수 있지만 시간은 생각보다 빠르게 지나간다. 3년 만기 적금, 3년 만기 펀드 몇 번 하고 나면, 아이들 정신 없이 학교 보내고, 정신 없이 도시락 싸주고, 정신 없이 학원 몇 번 픽업해주고 나면 코앞에 정년이 다가오고 은퇴가 다가온다. 우리의 뇌는 늘 단순하여 중요한 것보다는 긴급한 것에 우선순위를 두며 살기 때문에 수시로 시간 여행자가 되어야 인생을 객관적으로 통찰하는 힘을 갖게 된다. 인생의 타임 스케줄러만 가끔 썼다 지우기를 반복하는 것으로도 충분하다. 그리고 그 절반은 이미 이루어졌음을 느끼게 될 것이다. 그래서 누군가는 이렇게 이야기한 것이다.

목표가 설정될 때 마술은 시작된다.

타임 스케줄러를 구체적으로 작성하게 되면 향후 몇 년 뒤, 무엇을 위한 자금이, 얼마나 필요하게 될지가 대략적으로 도출된다. 물론 물가 상승률을 감안해야 하지만 그것은 시뮬레이터를 사용하거나 전문가와의 상담으로 보다 정확해진다. 저금리를 감안하면 현재 가치로만 추산하여도 매우 의미 있는 일이라고 본다. 이것이 지출을 경영하는 첫 출발이며 지출활동의 등대가 된다.

각 재무적 이벤트를 위해 저축을 어느 기간 동안 각각 어느 수준으

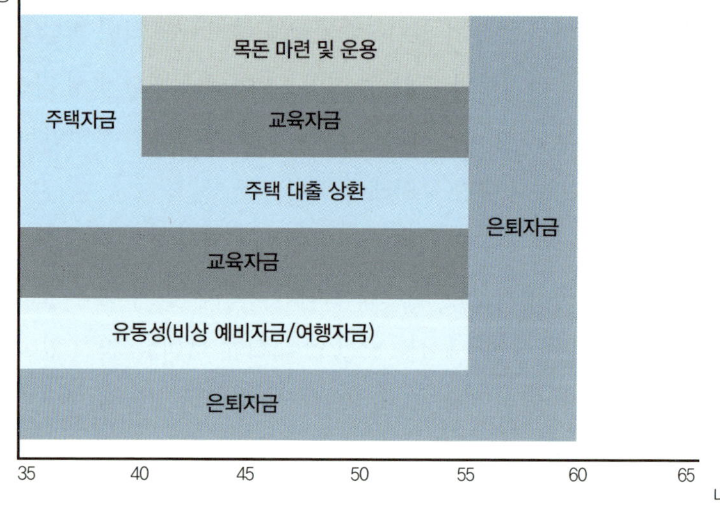

로 해야 하는지, 무엇을 우선순위에 놓고 무엇을 후순위에 놓고 갈 것
인지, 선행 재무목표를 위한 저축이 완료되면 그 잉여자금으로 무엇
에 투자할지 등의 저축 로드맵을 만들 수 있다. 이것을 우리는 저축 투
자에 있어서 '용도별 포트폴리오'라고 부른다.

　사람들의 계획은 모든 에너지를 끌어당기는 힘이 있어서 그 자체만
으로도 훨씬 빨리, 훨씬 많은 것을, 훨씬 높은 가능성으로 이루어지게
한다. 경험에 의하면 이러한 용도별 포트폴리오는 위험 및 수익률에
따른 포트폴리오보다 훨씬 좋은 결과를 만들어주는데, 금융위기, 재
정 위기 등 세계 경제의 변동성 시기에도 순자산을 지속적으로 늘려
갈 수 있었다.

　하지만 대부분의 사람들에게는 여전히 남아 있는 문제점이 있다.
나름 전략을 짜고, 하고 싶은 것을 참아 저축을 한다 해도 여전히 많은
것이 모자른다는 사실이다. 게다가 상시적인 구조조정의 늪에 언제

빠져들지도 모른다. 55세 정년까지 간다 해도 그 나이는 너무나 젊다. 하지만 다른 사람들과 똑같이 치킨집 개업이라는 결론을 낼 수는 없다. 즉, 저축이나 투자가 연간 10% 수익률이 되든 -10% 수익률이 되든 그것이 문제는 아니다. 소득의 지속 가능성에 문제가 생길 때 가장 치명적이라는 사실이다. 그리고 소득 증가율이 삶의 질을 향상시키는데 이것이 부족할 경우 삶의 만족도가 낮아진다는 사실이 중요하다.

그래서 타임 스케줄러를 작성하다 보면 재무계획의 핵심은 본인의 인적 자산 가치를 통한 소득 창출 능력을 유지하거나 증대시키는 것임을 알 수 있다. 이러한 문제의식은 결국 인생을 업그레이드해준다.

비전에 대한 고민이 시작된다. 비전은 구체적인 목표를 만든다. 목표는 다시 더 단기적이고 작은 목표들로 쪼개진다. 그 목표를 이루기 위한 계획이 시작된다. 큰 계획이 작은 계획들로 쪼개지면서 지금 당장 해야 할 액션 플랜을 만들어낸다. 그리고 소모적 지출이 통제되고 생산적 지출이 시작된다.

2

통장 나누기

돈은 지배당하지 않으면 지배하려는 속성이 있다.

방학을 이용하여 고객들의 자녀를 대상으로 2주간의 재무교육 프로그램을 진행한 적이 있다. 영국에 유학 중인 당시 고2 지민이와 용돈관리법에 대해 이야기를 나누었다.

"우리는 1년이 3학기인데 방학에 나왔다가 들어갈 때면 아빠가 120파운드의 용돈을 주세요. 이걸로 12주를 살아야 하니까 일주일에 10파운드씩 쓰죠."

"10파운드를 쓰고 난 나머지 110 파운드는 어디에 있지?"

"그건 여행 트렁크 지퍼 달린 깊은 곳에 둬요. 1주일에 10파운드씩 지갑으로 옮겨요."

"일주일에 10파운드가 모자를 때도 있지 않니?"

"기숙사 밖에서 식사를 할 때가 있는데 그땐 15파운드 정도 드니까 모자라요. 그러면 그다음 주에 5파운드만 써서 맞추어요"

"그런데 훨씬 더 많이 써야 할 때도 있지 않을까?"

"가끔 티셔츠 등을 꼭 사야 할 때가 있는데, 그땐 비상용 체크카드를 쓰죠. 외환은행에 100만원 정도 세뱃돈 모아둔 것 있거든요."

"여행 트렁크에 있는 현금을 그냥 꺼내 쓰지 않는 이유가 있니?"

"규칙적인 패턴을 잃으니까요. 근데 체크카드 쓸 때도 환율이 높으면 가능하면 안 쓰죠."

"대단하구나. 네가 높다고 생각하는 환율, 그리고 낮다고 생각하는 환율은 얼마지?"

"1,900원이면 안 쓰고 1,700원대면 써요."

"만약 일주일에 5파운드만 쓰게 되면 그다음 주엔 기숙사 밖에서 외식하겠네?"

"아뇨, 남은 5파운드는 바로 외환은행에 넣죠."

"용돈을 일주일 단위로 쪼개 쓰는 것, 그리고 10파운드로 제한하는 건 아빠가 가르쳐주셨니?"

"그냥 계획을 하다 보니까 월 단위보다는 주 단위 계획이 정확하고, 10파운드 정도면 대략 충분해서 그렇게 하고 있어요. 아빠도 칭찬은 하시면서도 언제나 딱 120파운드만 주세요."

지민이는 지출에 대한 통제를 사실상 완벽하게 하는 데에 세 개의 통장을 활용한다고 볼 수 있다. 여행용 트렁크는 3개월간의 총수입이자 총지출 통장이다. 지갑은 일주일간의 정기 생활비 통장이다. 외환은행 계좌는 예비자금 통장이다. 학생이라는 특수성에 맞게 본인이 원칙을 지키고 관리할 수 있는 현금 흐름 시스템을 잘 갖추고 있는 것이다.

책이나 인터넷 정보를 보면 재테크는 통장 나누기부터 시작하라고 조언한다. 통장을 나눈다는 건 예산과 결산을 한다는 의미다. 예결산은 연말이나 연초에 연간 총예산을 기본으로 월 단위로 쪼개어 수립할 필요가 있다. 분기별 예결산까지는 어렵더라도 월간 예결산은 반드시 하는 것이 좋다. 예산은 현금 흐름에 대한 계획을 세운다는 것이다. 통장을 나눈다는 것은 계획대로 실행하는 것이며, 결산은 현금 흐름의 계획과 실행에 대해 모니터링하는 것이다.

통장을 나누는 구체적인 이유는 첫째, 관리와 통제의 용이함 때문이다. 둘째는 새는 돈을 막기 위함이다. 셋째는 돈에 역할과 격을 부여하기 위함이다. 이러한 목적을 이루기 위해서라면 통장이 몇 개가 되든 그것이 중요한 문제는 아닐 것이다. 본인이 돈을 통제하기 더 편하고, 돈을 모아가기 더 좋은 방법이 있다면 그것이 곧 답이다.

나와 고객들이 실제로 하고 있는 통장 관리법이다. 크게 소득이 집결되는 급여 통장, 월간 변동 지출을 담당하는 생활비 통장, 저축에 해당하지만 결국은 무언가를 위해 쓰게 될 목적자금 통장, 미래 소득원을 대체하게 될 투자자금 통장 등으로 구분하였다. 이것을 개념적으로 요약하면 아래와 같다.

급여 통장

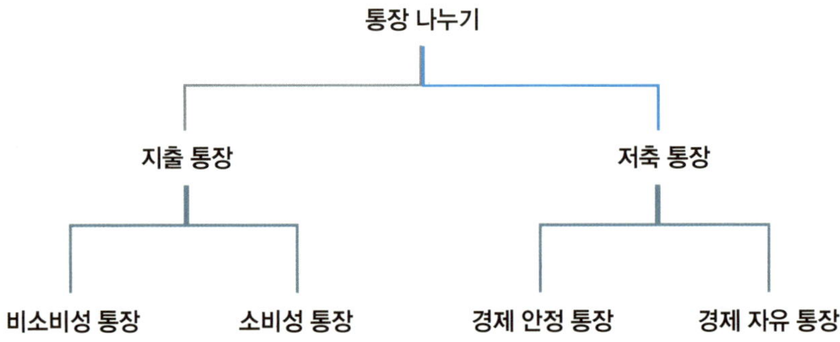

용도	항목	내역	목적
급여 통장 (체크카드)	수입의 배분		*총 현금 흐름 관리 *예결산 통장
	고정 지출 이체	대출이자 보험료 부모 부양비	
	연간 비정기 지출	명절 휴가비 자동차보험료 의료비 등	

용도	항목	내역	목적
A은행	생활비 통장 (신용카드 또는 체크카드 중 선택)	주거관리비 식생활비 육아 및 교육비 교통통신비 의류비 문화활동비 자기계발비 용돈	*변동 지출 통제
B증권	목적자금 통장 (체크카드)	주택자금 교육자금 여행자금 예비자금	*경제적 안정 –미래 필요자금 저축 –비상 예비자금
C증권	투자자금 통장 (카드 X)	연금 종잣돈	*경제적 자유 –쓰면 안 되는 돈

먼저 급여 통장은 현금 흐름의 통로이면서 콘트롤 타워 역할을 한다. 급여 통장을 증권사의 CMA로 하는 경우도 많다. CMA는 수시 입출이 가능하면서도 하루만 맡겨도 이자를 주기 때문이다. 그런데 금리는 낮아도 거래 실적을 통해 신용 관리를 하는 경우 향후 각종 수수료 면제 및 금리 우대 혜택 등이 있으므로 은행의 급여 전용 계좌를 개설하는 것도 좋다. 현금 흐름의 통로 역할이 크므로 평균 잔고가 많지 않으며, 이에 따라 CMA의 금리 효과 대비 실질적인 이익이 더 클 수 있기 때문이다.

급여 계좌에 수입이 발생하면 예산대로, 가계의 재무적 목표대로 배분을 한다. 저축 및 투자 계좌로 이체를 하고, 생활비 계좌로 이체를 한다. 급여 통장에서 지출하는 항목은 두 가지인데 고정 지출과 연간 비정기 지출이다. 고정 지출로는 대출 이자와 보장성 보험료, 4대 보험료 등이 대표적이며 부모님 부양비 등도 여기에 포함한다.

명절이나 휴가 기간에는 지출이 훨씬 늘어나게 되며, 자동차 보험료나 갑작스러운 의료비 등 비정기적인 지출도 급여 통장에서 지출되도록 한다. 급여 계좌에 일상적으로 일정액의 잔액이 있는 것이 좋지만 잔액이 없을 경우에는 목적자금 통장의 예비비를 이체하여 사용하도록 한다. 급여 통장에는 현금 인출이나 비정기 지출을 위한 체크카드를 연동해 사용한다.

생활비 통장

생활비 통장은 같은 은행의 다른 계좌를 활용하면 된다. 월간 변동 지출에 해당되는 것으로 식비, 관리비, 육아 및 교육비, 교통통신비, 용돈 등 주로 가사 관련 비용이 될 것이다. 연말 연초에 가계 예산을 수립할 때 가능하면 자기계발비는 반드시 배분하는 것이 좋다. 한정된 범위에서 월간 생활비를 계획하기 때문에 생산적인 지출 항목이 반영될 경우 소비성 지출은 축소된다. 그리고 이 지출은 반드시 소득의 증가 효과로 되돌아올 것이기 때문이다.

생활비 통장은 신용카드와 체크카드를 병행해서 사용할 수 있다. 다만 신용카드의 통제를 위해 생활비 총액보다 적은 한도로 설정하여 두는 것이 좋다. 사용액, 월간 사용 누적액을 안내받는 문자 서비스는 기본이다.

목적자금 통장

목적자금 통장은 일반적으로 저축 및 투자에 해당되는데 그 본질은 가계의 경제적 안정이다. 다만 저축과 투자의 목적을 분명히 하여 돈에 꼬리표를 붙여놓은 것이다. 예를 들면, 단기적으로는 월간 변동 지출과 고정 지출의 3~6개월간의 비상 예비자금이 있어야 한다. 비상 예비자금은 수익률과 무관하게 원금 손실 없이 언제든 인출 가능한 현금성 자산이어야 한다. 해외여행을 위해서 또는 전세 보증금의 인상분을 위해서 적금을 가입할 수도 있다. 중장기적 목적자금으로서는 주택 구입자금, 자녀 대학자금과 독립자금을 위한 포트폴리오를 짤 수 있다. 다시 말하면 미래에 필요한 자금을 예상하여 산출하고 돈이 필요한 시점까지 꾸준히 저축하는 것인데, 언젠가는 쓰일 돈이므로 결국 남아 있게 되지는 않을 통장이다. 그래서 본질적 목적이 가계의 경제적 안정인 셈이다. 이 통장은 시간이 지나면서 목돈이 되기 마련이지만 원칙적으로 종잣돈과 구분되어 관리하는 것이 바람직하다.

목적자금 통장은 증권사의 CMA를 활용하는 것이 좋다. 참고로 증권사 계좌는 다음과 같은 구조를 갖기 때문에 다목적 활용이 용이하다.

이중 투자 신탁으로 분류되는 계좌에 자금이 입금되면 최초에 돈이

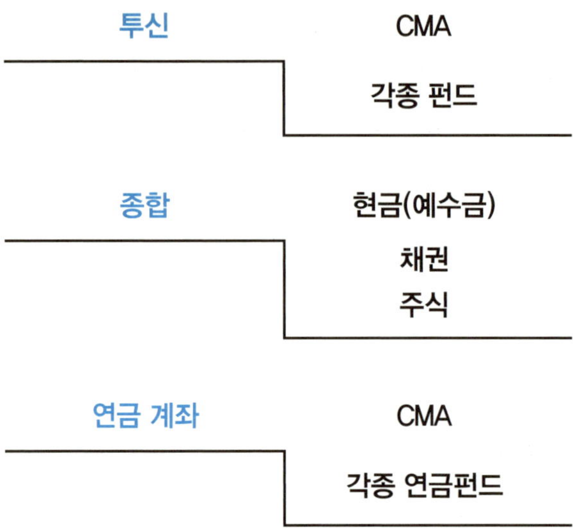

대기하게 되는 곳이 CMA로 은행의 수시입출금 통장과 같은 역할을 한다. 그리고 만약 주택 자금을 모아가기 위한 용도로 국내 A펀드에, 자녀 대학 자금을 위해 해외 B펀드에 월 적립식으로 가입했다고 가정하면 CMA에 있는 자금은 정해진 날 정해진 금액으로 A펀드와 B펀드에 투자된다.

CMA에 남는 잔액은 체크카드 등으로 언제든 자금 결제 또는 현금 인출, 타행 이체 등이 가능한 유동성 자금, 즉 비상 예비자금의 역할을 맡는다. 다만 목적자금 통장의 개념상 비상 예비자금으로서 직접 결제되는 것보다 필요 금액만큼 급여 통장이나 생활비 통장으로 이체되어 비정기 지출, 또는 변동 지출 등으로 구분되어 사용하는 것이 좋다. 현실적으로 목적자금을 완벽하게 적립해가기에는 월간 소득이 늘 부족한 것이 사실이다. 따라서 목적자금에의 투자는 우선순위에 대한 선택과 최소한 가능한 수준의 저축액 결정을 통해 첫발을 내딛는 것 자체가 매우 중요하다.

투자자금 통장

투자자금 통장은 평생을 함께 가게 될 궁극적인 파트너 통장이다. 여기에서 만들어가는 자금은 경제적 자유를 위해 적립된다. 이것이 규모가 커져서 현재의 소득(주로 근로 소득이나 사업 소득)을 대체할 수 있을 때 경제적인 은퇴가 가능해진다. 매월의 소득에서 절대적으로 쓰면 안 되는 돈이 있다. 그 돈이 투자되는 곳이 이 통장이다. 일차적으로는 연금 적립이다. 그다음은 흔히 말하는 종잣돈이다.

종잣돈은 돈의 '씨앗'이다. 이것이 심어져야 자산밭이 경작될 수 있고 미래의 추수가 가능해진다. 목적자금 통장에 적립된 목돈은 언젠가 쓸 돈이므로 명백하게 종잣돈이 아니다. 종잣돈은 더 커지기 위해 밭에 심을 자금이다. 채권에 투자할 수도 있고 주식에 투자할 수도 있고 펀드에 투자할 수도 있으며 상가에 투자될 수도 있다. 은퇴할 때 남아 있는 자산은 주로 종잣돈으로부터 형성된 것일 가능성이 크다. 따라서 예산에서 결정한 투자액만큼은 쓰지 말고 묵묵히 적립할 수 있는 뚝심이 필요하다.

이 통장은 목적자금을 적립하는 증권사와 다른 곳을 선택해도 좋다. 주거래 은행과 같은 계열의 금융기관일 경우 멤버십 등급에서 우대를 받을 수 있기 때문이다. 이 통장에는 체크카드나 신용카드 등을 연결하지 않는 것이 당연하다.

세금 납부용 통장

자영업 등 개인 사업자에게는 하나의 통장이 더 필요하다. 세금 납부용 통장이다. 사업 소득세는 5월 또는 6월(성실 신고 대상)에 신고하고 납부하는데 11월에 예납을 하기도 하므로 별도의 적립 계좌를 만드는 것이 좋다. 세금은 정부의 몫이다. 내 수입 통장에 들어왔지만 결국 주어야 할 부채다. 내 소득이 아니다. 따라서 매월 소득에서 원천적으로 배제하는 것이 좋다. 그것이 실제 세후 소득을 인식하여 지출 계획을 합리적으로 편성하기도 용이할 뿐만 아니라 소득세 납부시 마이너스 대출을 내거나, 다른 용도로 가입한 적금이나 펀드를 해지하는 일이 없게 하는 방법이다.

통장 개념을 구분하여 운용하면 급여일을 기준으로 월간 예결산이 자연스레 이루어지게 된다. 가계부를 매일 자세하게 쓰지 않더라도 이러한 월간 예결산만으로도 충분히 현금 흐름의 통제가 가능하다. 그 결과로 가계의 순자산이 보다 빠르게 증가한다는 것은 두말할 나위 없다.

3

—

무조건 40%는 떼고 가라

급여가 올라가면 저축을 더 할까, 소비를 더 할까? 밀턴 프리드먼*의 항상 소득가설에 의하면 일상적 소득(임시 소득과 대비)의 증가는 저축보다 소비의 증가로 이어진다고 한다. 소득에서 저축액을 원천적으로 배제하지 않으면 자연적인 저축 비율의 증가는 힘들다는 것을 의미한다.

비소비 지출(세금, 4대 보험, 대출 이자, 기부금 등)을 빼고 난 가처분 소득에서 다시 40%는 무조건 저축 통장(경제 안정 통장, 경제 자유 통장)으로 보내고 시작해보자. 가계의 절대적인 지출규모가 있는데 가처분 소득의 60%만 쓰라고 하면 서민이나 중산층에게 너무 힘든 일 아니냐 할 수도 있다. 그런데 사람들은 자신이 퇴직한 이후 얼마의 노후자금을 희망하는지를 물으면 대부분 현재 소득의 60% 수준을 말한

---

* 밀턴 프리드먼(Milton Friedman), 1912 ~ 2006, 미국의 경제학자. 시카고 학파의 대표 주자. 자유시장 내 정부 역할의 축소를 주장하여 정부 역할을 강조한 케인즈 학파와 대립. 80년대 레이건, 대처 등 신자유주의에 영향을 끼쳤다.

다. 즉, 현재 소득이 월 500만원인 가계는 은퇴 후 월 300만원의 노후 자금을 원하는 것이다. 가처분 소득에서 40% 저축하는 것이 부담스럽고 기껏 20여 년을 일하면서, 어떻게 은퇴 후 40년이라는 긴 기간 동안 현재 소득 대비 60% 수준의 소득을 기대할 수 있을까?

돈은 언제나 부족하다. 현재 소득보다 20% 적은 급여를 받는다 해도 우리는 또 살아가게 된다. 그리고 또 거기서 20%는 저축을 하게 될 것이다. 40% 저축은 이러한 마음으로 시작하는 것이다.

한국금융연구원에 따르면 2014년에 국내 가계 저축률은 6.1%다. 이 6.1%가 전체 가계의 평균 저축률이라는 점을 짚어보자. 월 소득 250만원의 서민층과 500만원의 중산층, 그리고 1,000만원의 고소득층이 있다고 하자. 어느 계층의 저축률이 높을까? 통계 자료는 소득 분위가 낮을수록 가계의 흑자율이 낮아지고 저축률 역시 낮아지는 것을 보여준다.

소득과 무관하게 최저 생계비가 있고, 소비에서의 절대 비용도 있다. 월세도 내야 하고 학원비도 내야 한다. 저소득층은 사실상 저축이 불가능하며 서민층도 마찬가지다. 중산층은 갈수록 서민층으로 몰락해가는 중이다. 현실적으로 20%를 저축하기도 빠듯하다. 그러나 고소득층의 저축률은 경기에 크게 영향을 받지 않고 저축률 또한 대부분 30% 이상에 달한다. 통계청 2014년 소득 분위별 가계 수지표를 보면 소득5분위 가계 흑자율은 약 38.4%로 소득3분위 흑자율 21.9%의 거의 두 배에 이른다.* 실제로 내가 만나는 고소득 전문직 고객들의 대부분은 소득의 40~50%를 저축하고 있었다.

---

*   2014년 소득 분위별 평균 소득(통계청) : 1분위: 약 146만원, 2분위: 약 287만원, 3분위: 약 392만원, 4분위: 약 514만원, 5분위: 약 813만원

원리금 = 원금$(1+$이자율$)^{기간}$

저축의 원리금 구하는 이 공식은 화폐의 미래 가치를 구하는 재무 함수다. 예를 들면 원금 1,000만원을 2% 이자율로 1년간 예금하였을 때 세전 원리금은 1,000만원$\times(1+0.02)^1$이므로 1,020만원이며, 3년간 예금하였을 때 원리금은 1,000만원$\times(1+0.02)^3$이므로 1,061만원이 된다.

미래 자산은 저축 원금이 클수록, 수익률이 클수록 그리고 기간의 승수로 커진다는 것을 보여준다. 즉 미래의 부는 저축 원금과 수익률과 투자 기간에 의해 결정된다는 것인데 그렇다면 과연 그중 무엇이 가장 큰 영향을 미칠까? 고령화, 저성장, 저투자, 저금리 시대의 수익률에는 일정한 한계가 있다. 따라서 현실적으로는 저축을 얼마나 하느냐가 가장 중요하며, 그리고 얼마나 오랫동안 묻어두느냐, 즉 투자 기간은 제곱, 세제곱의 승수 효과가 있으므로 시간이 지날수록 미래 자산 규모의 증가 속도를 가속화시킨다.

이제 위의 한국금융연구원 통계를 감안하여 양극화의 우울한 미래를 계산해보자. 저축률의 차이를 최대한 좁혀서 월 250만원 서민 가구의 저축률을 10%로 하고 500만원 중산층의 저축률을 20%, 1,000만원 고소득층의 저축률을 30%라 하자. 그들의 각 저축액은 25만원, 100만원, 300만원이다. 그리고 이 각각의 저축금액을 공식에 넣어보자.

수익률은 연평균 5%라 하고, 10년간 묵묵히 저축했다고 가정하자. 그들의 미래 자산은 어떻게 달라질까? 굳이 계산을 하지 않더라도 이것은 우리 사회의 미래가 점점 더 극단적인 양극화로 귀결될 수밖에 없음을 극명하게 보여준다.

국세청 자료를 보면 2013년의 경우에도 중산층의 소득 증가율 9.7% 대비 상위층은 12.8~14%로 훨씬 높았다. 더구나 중산층의 경우 소득 증가율보다 임차 보증금과 월세, 교육비 증가율이 고소득층의 소득 대비 비율을 앞지르고 있는 추세라 향후 10년 뒤에는 현재의 중산층 자리도 지키기 어려울 것이라 예상된다. 실제 재무설계와 자산관리를 하는 현장에서 이러한 예측이 점점 기정 사실화되어 가고 있음을 볼 때마다 그것은 매우 두려운 경험이었다. 그런데 이러한 극단적인 양극화는 어쩌면 당대에서만의 문제가 아니라 다음 세대에까지 이어질 가능성이 높다는 생각에 이르면 이제 그것은 두려움을 넘어 공포스럽기까지 하다.

미래 자산 = (소득−지출)(1+수익률)^{기간}

미래의 자산을 늘리는 방법은 소득을 높이든가, 지출을 줄이든가, 수익률을 높이든가, 기간을 늘리면 된다. 합리적 계획은 '통제할 수 있는 것을 통제하라(Control the controllable)'는 명제에서 시작한다. 소득, 지출, 수익률, 기간이라는 위 네 가지 요소 중 우리가 통제할 수 있는 것은 무엇일까? 소득을 내 희망대로 늘릴 수는 없고, 수익률은 내가 통제할 수 있는 영역이 아니다. 유일하게 우리가 통제할 수 있는 것은 지출과 기간이다.

그런데 지출을 한없이 축소할 수도 없다. 절대적인 지출이 있고, 삶의 질을 위한 상대적인 지출도 필요하다. '소득 − 지출'은 곧 예산을 세우고 결산을 하라는 의미로 해석해야 한다. 한정된 재원(소득)을 가지고 최소의 비용으로 최대의 효과를 추구해야 한다. 매월 단 한 번이라도 이번 달 결산을 하고, 다음 달 예산을 하는 것만으로도 훨씬 짜임새 있는 생활이 가능하다.

장기 투자가 좋겠지만 그렇다고 모든 저축을 무작정 길게 투자할 수만은 없다. 단기적으로 쓰이는 돈이 있고 언제 어느 때 필요할지 모를 돈들이 있기 때문이다. 기간은 자금의 미래 쓰임새, 즉 재무목표와 용도에 맞게 필요 시점에 맞추어 포트폴리오하는 것을 의미한다. 상시적 또는 단기적으로 쓰일 자금은 투자 기간을 짧게 하고, 5년 뒤 혹은 10년 뒤 필요한 교육 자금이나 노후자금은 투자 기간을 길게 가져갈수록 더 적은 저축액으로 목표 재원을 이룰 가능성이 높아진다.

여기서 재미있는 일이 생기기 시작한다. 기간을 계획하면서 용도별 분산을 시작하면 자연스럽게 투자 포트폴리오가 만들어진다. 이것은 투자 위험을 낮추면서 합리적인 기대 수익률을 추구하게 한다. 즉, 수익률에 긍정적인 영향을 주게 되는 것이다.

또한 짜임새 있는 지출 계획을 세우다 보면 소모적인 지출이 제한되고 그것이 생산적인 지출로 전환되기도 하는데 그 대표적인 것이 자기계발에 대한 투자 비용이다. 그리고 가계가 재무적으로 안정될 때 가계 소득원의 본업에 대한 집중도는 훨씬 높아진다. 이것은 생산성 향상으로 이어진다. 그가 근로자라면 승진 또는 인센티브의 기회가 더 많아진다는 것을 의미한다. 여기에 자기계발에 대한 투자가 늘어나면서 인적 자산의 부가가치는 시간이 갈수록 높아진다. 결국 소득 향상의 시너지가 발생하는 것이다.

여러 연구 결과나 주변의 실제 경험에 의하면, 예결산에 의해 지출이 통제되고 저축률이 높아지는 경우 해당 가계의 만족도는 더욱 높아지는 것은 분명하다. 돈을 합리적으로 지배해가는 것에 대한 만족감은 현대 사회에서 특히 클 수밖에 없기 때문이다.

원리금 = 원금$(1+이자율)^{기간}$

미래 자산에 대한 이 단순한 공식은 경제활동을 하는 평생 동안 잊어서는 안 된다. 그것을 일상의 생활에서 이해하자. 저축의 원리금을 계산하기 위해서가 아니다. 더 많은 꿈을 꾸고, 더 많은 것을 이루고, 돈으로부터 더 자유로워지기 위해서, 즉 스스로의 삶의 주인이 되기 위한 공식으로 새겨두어야 한다.

소득에서 일단 40%를 떼어놓는 것을 목표로 하자. 본인의 저축률이 가처분 소득의 40% 이상이 되지 않는다면, 일단 불필요한 지출이 있다고 생각하자. 그리고 그것을 통제하는 유일한 방법은 일단 가처분 소득의 40%를 저축 통장에 보내놓은 다음 나머지로 계획을 해야 한다. 미래의 재무적 삶은 과거의 재무적 삶에 대해 이해하고 고개 끄덕여주지 않기 때문이다.

4

—

돈이 잘 따르는 지갑 관리법

돈을 지배하기 이전에, 돈으로부터 자유롭기란 쉽지 않다. 돈은 때로는 악의 근원이기도 하고 때로는 선의 도구이기도 하다. 어떤 이에겐 '그놈의 돈 때문에'라는 원망의 대상이지만, 어떤 이에겐 꿈을 이루는 자원이기도 하다. 돈은 그것을 대하는 각 사람들의 태도에 따라 다양한 모습으로 존재한다. 돈은 인격의 거울이다.

사람들은 실체로서의 돈보다 가치로서의 돈을 중요시한다. 그것은 당연하다. 지폐를 만드는 데 들어가는 실제 비용보다 액면의 가치가 크기 때문이다. 게다가 가지고 있는 돈도 그저 한 줄의 숫자로 표시될 뿐이기 때문이다. 하지만 실체로서의 돈, 즉 지갑 안의 돈에 대한 생각도 정립할 필요가 있다. 그것은 똑같은 인격의 사람이 정장을 입을 때와 찢어진 청바지를 입을 때에 행동과 태도가 달라지는 것과 같은 이치다. 돈은 지갑으로 들어오는 순간부터 그 주인과 교감하기 시작한다.

나도 부자 선배들로부터 지갑의 돈을 관리하는 방법에 대해 배운 뒤 지갑을 바꿨고, 현금을 소중하게 다루기 시작했다. 그리고 시간이 지나면서 '돈을 진심으로 사랑한다'는 것이 어떤 의미인지도 깨달아 갔다.

지갑에 불필요한 것은 모두 비워라

모바일 시대라 하더라도 오히려 주머니에 넣어야 할 것이 점점 많아진다. 각종 스마트 단말기는 그렇다 하더라도 신용카드, 체크카드, 보안카드, 멤버십, 각종 쿠폰 등이 지속적으로 늘어난다. 거기에 받은 명함에, 영수증도 있다. 이 모든 것을 반으로 접힌 지갑에 넣으면 공처럼 굴려도 될 듯한 '지갑 덩어리'가 된다. 게다가 이것을 뒷주머니에 넣는다. 툭 튀어나오고 늘어진 정장 바지, 수없이 깔고 앉은 덕에 뚱뚱한 지갑은 닳고 닳아 맨들맨들 윤이 난다.

돈은 숨 쉴 공간이 필요하다. 지갑 덩어리는 그 자체로 정리 안 된 비즈니스다. 지갑은 두 개로 구분하는 것이 좋다. 수시로 사용하는 지갑에는 자주 쓰는 신용카드, 체크카드, 현금만 보유한다. 그리고 이 지갑은 바지 뒷주머니가 아니라 상의 주머니에 넣되 옷 모양이 변하지 않게 한다. 특히 몸에 휴대하는 지갑은 값비싼 명품 지갑이 아니라도 좋으나 항상 반듯해야 한다. 그리고 다른 하나의 지갑에는 자주 쓰지 않는 카드, 멤버십 카드, 보안카드 등을 약간의 비상금과 함께 넣은 후 가방 깊숙이 또는 책상 서랍 등에 보관한다. 명함은 지갑과 구분하여 별도의 명함지갑을 사용하는 것이 기본이다.

항상 현금을 보유한다

현금을 사용하면 많은 장점이 있다. 현금영수증은 체크카드와 효과가 동일하다. 현금을 많이 보유하면 더 많이 쓰게 된다는 상식은 맞지 않다. 신용카드보다는 체크카드가, 체크카드보다는 현금이 소비를 줄여줄 수 있다. 현금을 쓰는 경우 지출에 대한 직접적인 고통이 수반되기 때문이다. 더불어 하루 예산 및 일주일 단위 예산을 관리하기도 좋다. 특히 직장에서 여러 사람들과 함께 식사나 회식을 하는 경우가 많은 사람일수록 현금 보유는 필수다. n분의 1로 결제하는 자리에서 미처 현금이 없어서 예기치 않게 한턱 쏘는 경우도 있기 때문이다.

또한 맛있게 식사한 작은 식당, 맛있고 좋은 서비스가 제공된 카페, 재래시장 등에서는 현금으로 지불하는 것이 작은 답례일 수 있다. 이러한 곳에서의 현금은 굳이 영수증을 끊지 않아도 충분히 가치가 있다.

돈은 같은 방향으로 정리한다

지폐를 인출하거나 받게 되면 같은 방향으로 맞추어 정리하여 넣는다. 흔히 '얼굴 맞춘다'라고 한다. 구겨지거나 접힌 부분도 깨끗이 편다. 1만원, 5만원 등 종류대로 순서도 맞춘다. 그래서 지갑을 열고 닫을 때 얼마가 있는지 항상 알 수 있게 한다. 무언가를 구입할 때도 '얼굴'을 맞추어 지불한다. 우리가 세뱃돈을 줄 때, 부모님께 용돈을 드릴 때 봉투에 신권을 넣는 것은 받는 사람들의 행복과 풍요함을 바라는 마음을 의미한다. 마찬가지로 신권은 아니지만 지갑에 들어오는 돈은 나로 인해 새 돈이 된다고 인식할 필요가 있다. 그리고 그 돈을 받는 그 누군가의 행복을 바라는 마음도 중요하다.

언젠가 시골 장터에서 과일을 산 적이 있다. 젊은 노점상이 차곡차곡 얼굴을 가지런히 맞추어 거스름돈을 내주었다. 흔한 일이 아니어서 "원래 이렇게 돈을 가지런히 내주세요?" 하고 물었더니, "원래 안 그랬는데, 어느 부자 할아버지가 가르쳐주셨어요"라고 했다. "사장님도 곧 부자 되시겠네요"라고 진심을 담아 인사를 건넸고, 우리는 서로 기분이 좋아 활짝 웃었다.

돈에 인격을 부여한다

돈이 들어오면 인사를 한다. 이제 그것은 나를 위해 쓰이고, 나를 위해 투자될 것이기 때문이다. 돈은 지갑 주인의 인격과 동일화된다. 지갑에서 돈을 꺼내기 전에는 가는 곳이 어디인가를 묻는다. 그 사용되는 곳이 나의 인격이고 쓰임새다. 술집일 수도, 서점일 수도 있다.

돈을 존중하면, 돈도 우리를 존중하고 더 많은 것으로 보상한다.

현금은 매주 월요일에 인출한다

현금은 체크카드, 신용카드와 함께 예산으로 정해진 만큼 사용한다. 이를 일주일 단위로 쪼개어 매주 월요일, 지갑에 맞추어둔다. 현금 사용이 익숙해지고 통제가 잘 되면 체크카드는 비상시 사용되는 보조 수단이 된다.

사람들이 사용하는 많은 소품들 중 특별히 신경 써야 할 것이 세 가지가 있다. 지갑, 시계, 펜이다. 지갑은 그 사람의 돈에 대한 태도를 나타낸다. 시계는 시간에 대한 그 사람의 태도다. 펜은 그 사람의 지성을 엿볼 수 있다. 지갑과 시계와 펜을 명품으로 치장하라는 것이 아니다. 그것을 사용하는 사람이 돈과 시간과 지성을 대할 때 품격을 갖추어야 함을 의미한다. 그제야 그 소품들도 절도 있게 빛나게 된다.

5

현금, 체크카드, 그리고 신용카드

현금과 카드를 사용할 때 최우선 원칙은 통제와 관리가 가능한가를 따지는 것이다. 그다음이 사용에 따른 혜택이다. 재테크나 자산관리에 의한 수익률보다는 지출의 짜임새 있는 관리에 의한 저축 증가가 자산 증식에 훨씬 큰 영향을 준다는 측면에서 먼저 현금을 통한 지출 관리를 권유한다. 체크카드도 통장에 있는 현금을 즉시 결제한다는 측면에서 현금 사용으로 보기도 하지만 지갑의 현금을 쓰는 것만큼 지출에 따른 고통이나 합리적 이성이 뒤따르지는 않는다. 현금을 사용하면 특별한 경우를 제외하고는 가능하면 현금영수증을 챙기도록 한다. 직장인의 경우 현금영수증을 발행하면 체크카드 사용과 동일한 소득공제 혜택이 있다.

현금 사용을 선호하게 되면 체크카드는 현금 인출용 또는 비상용 카드가 될 것이다. 그렇다면 신용카드는 유용할까? 유용하다. 그런데 돈에 대한 전문가들은 지금 당장 신용카드를 잘라버리라는 충고를 많이 한다. 얄팍한 혜택보다 빚의 늪으로 빠지는 위험이 훨씬 크기 때문이다. 실제로 신용카드는 소비자 금융을 통한 소비성 부채의 근원이라는 점에서 '공공의 적'으로까지 불려도 별로 할 말은 없는 셈이다. 그러나 통장 사용이 조직화되어 있고, 현금 흐름을 절도 있게 운영하는 가계라면 신용카드를 잘 활용하여 쓰는 것도 좋다.

신용카드는 다양한 적립 혜택, 할인 혜택이 탁월하다. 특히 문화 예술 및 여행 등 아웃도어 활동이 확대되면서 VIP서비스와 각종 할인, 마일리지 적립을 통한 비용 절감 등은 나름 쏠쏠할 수도 있다. 더불어 신용카드를 올바르게 사용할 경우 신용 점수도 높아지므로 대출에서 우대 금리를 적용받을 수도 있다. 부자들은 체크카드보다는 신용카드를 주로 사용하는데 이러한 혜택을 포기하지 않기 때문이다. 그런데 이 모든 것은 지출 관리가 가능하다는 전제가 있어야 한다. 소득 수준을 넘어서 빚의 수준으로 가게 된다면 신용등급이 낮아지므로 오히려 치명적일 수 있음을 경계해야 한다.

신용카드는 네 개의 통장 중 생활비 통장에서만 발급받는 것이 좋다. 그리고 그 한도는 생활비로 한정한다. 물론 이때 현금 사용 목표액을 차감한 한도로 한다. 급여 통장의 경우 비정기 지출이나 고정 지출을 이체하므로 체크카드가 유용하고, 저축 통장에 해당하는 목적자금 통장은 비상 예비자금을 위한 체크카드 정도가 좋다. 그러나 경제적 자유를 위한 투자자금 통장의 경우에는 체크카드든 신용카드든 만들지 않는 것이 바람직하다.

직장인의 경우 체크카드나 현금영수증보다는 적지만 소득공제 혜택도 있다. 소득공제 혜택을 최대한 받고자 한다면 연봉의 25% 수준까지는 신용카드를 사용하고 그 초과분에 대해서는 현금 사용을 통한 현금영수증을 챙기면 된다. 이 경우 현금영수증 또는 체크카드만 사용한 경우와 동일한 효과가 발생하기 때문이다. 아래는 직장인의 현금영수증과 각 카드의 소득공제 내용이다.

구분	공제율	공제한도	공제조건
현금영수증/체크카드	30%	합산하여 3백만원	합산하여 연봉의 25% 이상 사용액
신용카드	15%		

(예시:S은행 홈페이지 인용)

① 연봉이 똑같이 4천만원인 A, B, C의 사례(최종 과표 세율은 15%로 모두 동일 가정)
　A는 신용카드로만 연간 2천만원 소비
　1천만원(연봉의 25% 초과액) x 15%(신용카드 공제율) = 150만원(공제상한 미만)
　150만원 x 15%(세율) = 22.5만원 공제

② B는 체크카드로만 연간 2천만원 소비
　1천만원(연봉의 25% 초과액) x 30%(체크카드 공제율) = 300만원(공제상한과 동일)
　300만원 x 15%(세율) = 45만원 공제

③ C는 신용카드로 1천만원, 현금(영수증)으로 1천만원 등 연간 2천만원 소비
　1천만원(연봉의 25% 초과액) x 30%(현금영수증 공제율) = 300만원(공제상한과 동일)
　300만원 x 15%(세율) = 45만원 공제

이와 같이 활용할 경우 소득공제 효과는 최대한 챙기면서 신용카드의 다양한 혜택도 누릴 수 있을 것이다. 소비 통제와 카드의 유용성을 추구하기 위해서는 신용카드의 한도액을 소득의 25~30% 수준으로 제한해두는 것이 좋을 것이다. 한도가 크지 않으므로 신용카드의 개수도 한두 개 정도면 충분하다. 물론 자영업자의 경우 기업카드(사업용 카드)는 별개다. 체크카드는 사용할 때마다 사용액과 통장 잔액을 문자 서비스로 받아볼 수 있도록 한다. 신용카드 역시 사용액과 사용

누적액을 문자 서비스로 받을 수 있도록 설정한다.

가끔 자녀들에게 카드를 주고 사용하게 하는 경우가 있는데, 자녀에게 '돈'과 '신용'에 대한 교육이 선행되지 않은 상태에서는 금물이다. 카드는 추후 사용 내역이 확인 가능하므로 통제가 되며, 현금보다 편리한 것도 사실이지만 자녀가 스스로 예산과 결산을 하고, 신용과 부채에 대해 이해하는 것이 더욱 중요하고 가치 있기 때문이다.

여전히 매월 급여일에 적자가 발생하거나, 목표하는 저축액을 맞추기 힘들거나, 불필요한 소비로 인해 후회하고 있다면 신용카드는 잘라버리는 것이 현명하다. 검소하고 짜임새 있는 소비활동이 패턴화되어 있는 가계라면 소득의 25% 수준으로 한도 설정한 신용카드 사용이 추가적인 혜택을 줄 것이다. 그러나 현재 신용카드를 사용하는 대부분의 사람들은 그 개수와 한도를 줄이는 일이 남아 있을 것이다.

6

소비자 대출은 절대 하지 마라

사람들이 은행에 돈을 맡긴다고 하더라도 동시에 모든 자금을 인출하지 않는다. 그래서 은행에서는 예금의 일부만 남겨두고 나머지는 돈을 굴려 이익을 낸다. 은행이 돈을 굴리는 가장 일반적인 방법이 대출이다. 누군가는 언제든 예금을 인출할 수 있으므로 예금의 일부는 중앙은행에 적립해두어야 하는데 그 비율을 지급 준비율이라 한다.

지급 준비율이 10%인 나라에서 A가 은행에 1억 원을 예금하였다. 은행은 10%인 1천만원을 남기고 9천만원을 B에게 대출해준다. B는 이 돈으로 C에게 집을 산다. C는 은행에 9천만원을 예금한다. 은행은 이중 10%를 남기고 8천 1백만원을 D에게 대출한다. D는 이 돈으로 E에게 화물차를 산다. E는 이 돈 전체를 은행에 예금한다. 은행은 이중 10%를 남기고 7천 290만원을 F에게 대출한다. 이런 방법이 계속되면서 처음의 1억 원은 10억 원의 돈으로 늘어난다. 만약 지급 준비율이 더 낮아지게 되면 늘어나는 돈은 더 많아진다.

실제 있지 않은 돈이 만들어지고, 또 의도적으로 늘리는 이런 과정을 우리는 '신용 창조', '신용 팽창' 등의 용어로 부른다. 시중에 돌아다니는 돈의 본질은 대출, 곧 빚이라는 것을 알 수 있다. '신용'이 곧 '빚'이고, '빚'이 곧 '돈'이다. 돈을 번다는 것은 누군가의 빚을 번다는 것이다. 경제가 확장되고 누군가가 돈을 벌고 경제적 성취를 하기 위해서는 누군가가 빚을 져야 한다. 냉혹한 현실이다. 당신의 빚은 자기 자신이 아니라 다른 누군가의 풍요함을 위한 것이라는 의미다.

우리가 매일 무언가를 사라는 권유를 받는 이유는 이것이다. 우리가 어느 순간 정신 차렸을 때 빚이 불어나 있는 이유가 이것이다. 이는 자본주의 체제에 사는 한 계속될 것이다. 이 사회의 시스템은 그리 합리적이고 이성적이지 않기 때문이다. 공급과 수요가 일치하지 않으며 늘 공급의 초과 상태, 그래서 주기적인 불황과 공황이 불가피한 사회다. 다만 돈을 찍어내고 다시 빚으로 강제 순환시키면서 불황과 공황을 연기시켜가는 것뿐이다. 공급은 늘 과잉 상태이므로 공급자는 사활을 걸고 경쟁해야 한다. 그들이 살기 위해 어떻게든 수요를 창출해야만 한다. 필요한 수요를 넘어서서 과시성 수요를 자극해야 하고, 그것으로도 모자라기 때문에 중독성 수요를 만들어야 한다.

첫돌도 지나지 않은 어린 아기를 보라. 모든 것에 호기심이 일어 온 집 안을 헤집고 기어다니다가도 TV 광고가 나오는 순간 얼음처럼 멈춰 서서는 TV 속으로 온전히 빠져드는 모습을 말이다. 그들은 매일 소비자를 연구한다. 아이를 연구하고, 여성을 연구한다. 소비자의 행동뿐 아니라 뇌 속까지도 연구를 한다. 비싼 연봉에 마케팅 전문가를 고용하고, 마케팅 전문회사에 아웃소싱을 한다. 광고를 하고 PR을 하고 브랜드 가치를 올리고 마케팅을 한다.

여기에 치밀하게 분석된 빅데이터가 결합하면서 소비자는 마케터의 손바닥을 벗어나기 어려운 시대가 되었다. 빅데이터를 활용하는 사람은 돈을 벌고, 이것의 활용 대상인 어느 누군가는 돈을 더 쓴다. 그들이 나의 모든 것을 어떻게 알고 있으며 그래서 나를 존중하면서 동시에 나를 어떻게 기만하는지, 나의 모든 노동의 대가를 어떻게 가져가려 하고 있으며, 결국 부채의 경제로 어떻게 안내해가는지 우리는 눈치채지 못한다.

국회 국정감사에 의하면 우리나라 350만명은 연체자이며 350만명은 돌려막기로 가까스로 연체를 지연시키고 있는 상황이라고 한다. 2013년 금융 소비자 연맹의 소비자 신용 조사에 의하면 2013년 1분기 리볼빙 서비스 이용자는 1,647만 명이고 그중 3월 말 기준 이용 잔액이 있는 회원은 280만 명이었으며 이용 잔액은 6.1조원으로 보고되었다. 평균 리볼빙 서비스 잔액이 1인당 220만원이다. 카드 이용 대금을 지연시키는 이러한 서비스는 이용자가 필요해서 신청하는 경우보다 카드사 전화마케팅과 창구 권유로 인한 경우가 두 배에 이르렀다.

현금서비스 이용자의 경우 4명 중 1명은 두 달에 한 번 정도 현금서비스를 이용하여 카드 이용 대금을 결제하는 악순환에 빠져 있다. 현금서비스 수수료율은 다른 금융권의 신용 대출 이율과 비교할 때 은행의 4배, 제2 금융권의 3배 수준이다. 문제는 리볼빙 서비스나 현금서비스 모두 20% 이상의 높은 수수료율을 적용받고 있는데도 정작 이용자의 많은 수가 그조차 정확히 모르고 있었다는 것이다. 어쩌면 정확히 아는 것이 두려웠을지도 모른다.

신용카드의 현금서비스나 리볼빙 서비스를 이용하면 금융 거래에서 신용등급이 순식간에 낮아지는 원인이 된다. 이것이 연체가 될 경우 연체 이율은 더 높아지고, 이에 따라 상환 부담은 점점 어려워진다. 소득을 늘릴 수 없다면 강제적으로 지출을 조정해 해결하는 것이 유일한 방법이다. 따라서 신용카드 발급의 기본 전제는 소비 지출의 통제가 가능해야 한다는 것이다. 현금서비스, 복수의 신용카드 발급, 사용한도의 증액, 리볼빙 결제, 고가 상품의 결제 이연을 위한 할부 구매 등은 이미 소비성 부채의 조건이 만들어진다는 것을 의미한다. 따라서 특히 이러한 부분에 대해서는 스스로 엄격하게 제어해야 한다.

신용카드의 한도를 늘리고 싶어진다는 것은 현재 소비 지출이 늘어난다는 신호다. 할부 구매를 하게 된다면 이미 월간 지출의 한도를 넘어서고 있다는 신호다. 이것이 실질적인 필요에 의해서 이루어진다고 하면 가계를 다시 돌아볼 필요가 있다. 분명히 월간 현금 흐름에 문제가 생기고 있다는 경고이기 때문이다. 만약 두 달 이상 반복될 가능성이 보인다면 부채의 도구로 전락할 신용카드는 단호하게 없애버릴 필요가 있다. 그래도 불가피하다고 생각되면 다시 인생 전체를 놓고 고민해보아야 할 일이다. 경제적으로 매우 고통스런 인생이 시작될 수 있기 때문이다.

7

—

쇼핑 전에는 감정을 읽어라

“안 사도 되니까 일단 입어나 보세요”라는 말에 입어본다. 이것은 ‘일관성의 법칙’이 적용되면서 구매의 계단에 첫발을 디딘 것이다. “정말 잘 어울리네요”라는 칭찬에 기분이 좋아진다면 ‘호감의 법칙’이 성공적으로 먹혀든 것이다. “이거 유명 디자이너가 직접 디자인한 거예요.”란 말에 ‘권위의 법칙’으로 구매에 근접하고, “엊그제 아무개 기업 임원이 와서 구입했답니다”라는 ‘사회적 증거의 법칙’과 “이거 딱 하나 남았는데 사이즈가 있나 모르겠네요”라는 ‘희소성의 법칙’으로 구매 결정에 쐐기를 박는다. “셔츠랑 스카프도 옵션으로 매칭해 보세요”라는 ‘상호성의 법칙’은 추가 지출로 확대된다.

로버트 치알디니[*]는 다양한 설득의 심리적 기술을 활용하여 우리도 모르는 사이에 지갑을 열고 카드를 긁게 하는 ‘불로소득자’들로부터 방어하기 위해 『설득의 심리학』을 저술했다고 한다. 그들이 활용하

_*　로버트 치알디니(Robert Cialdini), 1945~, 미국의 대학 교수. 사회 심리학자. 『설득의 심리학』 저술.

는 설득의 심리학을 명확히 알면 '맹목적이고 자동화된 승낙'은 없을 것이라는 것이다. 그것은 참으로 맞는 말인 것 같다. 그런데 문제는 그 것을 너무나 잘 알고 있으면서도 "정말 잘 어울리네요"라는 말에 입가에 미소를 지으며 손은 이미 지갑을 향하고 있는 것이다.

2012년 EBS에서 방송된 다큐멘터리 〈자본주의〉 시리즈*에서는 '무의식이 쇼핑을 한다'고 했는데 소비에 대해 너무나도 정확하게 표현했다고 본다. 우리의 의식은 무의식이라는 거대한 빙산의 일각에 지나지 않는다고 한다. 그렇다면 쇼핑하러 간다고 할 때는 본인의 합리적인 의식이 무의식을 극복할 것이라는 기대 자체를 아예 하지 않는 것이 오히려 합리적일 것이다. 무의식은 '필요'보다는 평소에 '선호'하고 좋아하는 것을 선택하게 한다.

〈자본주의〉에서 소비는 불안에서 시작되고 상처받은 마음이 과소비를 하게 하며 낮은 자존감이 더 많은 돈을 쓰게 한다고 분석한다. 그렇다면 공급자들이 구사하는 설득의 심리학과 소비자들의 무의식에 소비자들의 불안정한 감정까지 결합되면 맹목적이고 자동화된 승낙은 절정을 이루게 된다고 봐야 할 것이다. 특히 실험 결과 슬픈 감정을 느낄 때에는 소유한 것을 더 낮은 가격으로 팔려고 하고 반대로 물건을 살 때에는 평상시보다 더 많은 돈을 지불하는 경향이 있었다. 또한 도박과 술을 마실 때 나오는 신경 전달 물질 도파민이 쇼핑을 할 때에도 동일하게 분비된다는 것, 그리고 마케터들은 그 도파민을 지속적으로 분비시키려 노력한다는 것은 매우 주목해야 할 부분이다.

만족감은 결핍으로부터 비롯된다. 즉 결핍의 상황이 조금씩 충족될

때 만족감도 따라서 커진다. 그런데 감정적 결핍은 금방 해소되기가 어렵다. 다양하고 복잡하게 누적된 관계에서 비롯되기 때문이다. 이에 대한 대리 충족과 보상 심리의 방편이 즉흥적인 쇼핑일 수 있다. 그렇다면 내가 사는 것이 재화를 사는 것인지, 물건이 주는 위로인지를 구분해야 한다. 기분이 나쁘거나, 상처를 받은 상태이거나, 우울하거나, 슬프거나, 분노한 상태라면 쇼핑몰보다는 카페나 극장이나 서점으로 가는 것이 현명하다. 그 경우엔 반드시 소비를 멈추어야 한다. 그렇지 않으면 비싸고 필요 없는 물건을 들고 서서 더 기분이 침잠된 스스로를 발견하게 될 테니 말이다.

기분이 좋고 에너지가 충만한 상태에서는 고르는 힘도, 거절할 힘도 충만하다. 고르고, 거절하고, 원하는 것을 요청하여 나의 계획으로 주도해가는 힘은 곧 밝은 자신감에서 비롯된다.

정서적 결핍에 의해 소비 성향이 과도해질 경우 반드시 빚을 지게 된다. 경제적인 자립은 창조적인 일에 집중하게 하고, 이는 다시 경제적 안정 및 자유로운 삶을 사는 디딤돌이 된다. 반대로 빚은 본업에 집중하지 못하게 하며, 돈에 끌려 다니면서 하기 싫은 일을 하게 만든다. 점점 악화되는 현실에 대한 막연한 공포와 이로 인해 자신감을 잃게 한다. 미래에 대해 자포자기하여 주저앉도록 만든다. 삶이 더욱 힘들고 어두워진다. 이러한 현실이 감정화되어 다시 더 강력한 무언가로 채워져야 한다. 빚으로 소유하는 일을 반복하게 되고 소비생활은 치료가 필요한 병적 상태에 도달하게 된다.

그것을 알면서도 상처받은 마음을 붙잡고 쇼핑몰로 향하고, 홈쇼핑의 다이얼을 누른다. 그리고 속으로 다짐할 것이다. '이번 딱 한 번만….' 그러나 그것은 마치 담배를 끊기로 결심한 사람이 마지막 담배를 멈추지 못하는 것과 같다. 술을 끊기로 한 사람이 마지막 술잔을 계속 드는 것과 같다.

본인의 세대를 넘어서서 문제는 더욱 증폭될 수 있다. 아버지의 알코올 중독 혹은 가정 폭력으로 고통받던 자녀들은 성인이 되어서 알코올 중독과 가정 폭력의 가해자가 될 확률이 높다. 그것은 알코올이나 가정폭력에 의해 심리적, 정서적으로 매우 불안정해지고, 우울하며, 공격적인 성향을 갖게 되기 때문이다. 따라서 그 가족들의 심리치료는 대물림을 방지하기 위해서라도 반드시 필요하다.

부모의 소비 성향 역시 정확히 대물림된다. 이것이 가장 무서운 일이다. 부모가 근검절약을 몸소 실천한다 해도 이에 대한 교육이 없다면 자녀들은 소비 중심의 생활을 하게 된다. 하물며 절제되지 않은 부모의 소비생활은 두말할 것도 없다. '절제'를 배우지 못한 자녀는 문제의 본질을 정면으로 대하지 못하고 회피하며, 막연한 낙관주의에 젖고, 감정적 결핍을 물질적 보상에서 찾는 일을 대를 이어 반복한다.

연어가 물의 냄새를 따라 태어난 곳으로 회귀하듯 경제 및 재무적 습관의 고향은 바로 부모의 그것이다. 저축하는 삶은 교육을 통해서 이루어지지만, 소비 중심의 삶은 본능만으로도 충분히 가능하다. 노예의 자식도 노예다. 그래서 돈에 지배되면 '노예'가 되는 것이다. 자식에게 '주인'되는 법을 가르쳐주지 못했기 때문에, 그들 역시 돈에 지배되는 삶을 살아갈 가능성이 높다.

소비가 감정이라면 이성이 개입될 여지는 없을까?

먼저 과소비가 심각한 수준에 이르면 병으로 인식하고 상담 치료를 받는 이성이 필요하다. 그리고 나아가 소비를 개선하여 저축을 늘리게 하는 프로그램을 시작해야 한다. 이것은 정신과 의사와 함께할 수도 있고, 성실하고 따뜻한 재무설계사에게 도움을 요청할 수도 있다.

또한 감정과 이성이 쇼핑하는 공간에서 싸우게 하지 말아야 한다.
백전백패라는 것을 주지해야 한다. '지출을 경영하는 12가지 방법'을
떠올려야 한다. 인생 스케줄러를 놓고 삶을 되돌아보는 것부터 시작
해야 한다. 예산을 세우고 통장을 나눈다. 빚을 구체적으로 갚아간다.
동시에 저축을 시작한다. 신용카드는 정리하거나 예산 범위 이내로
축소한다. 이것은 반드시 누군가와 함께해야 한다. 절망적인 상황에
서도 언제나 솔루션은 있기 때문이다.

행운의 기회는 저절로 오지 않는다. 최소한의 재원을 필요로 할 때
가 훨씬 많다. 살면서 행운도 함께하기를 원한다면, 그리고 자녀의 삶
에도 행운의 빛이 깃들길 원한다면, 먼저 저축하는 삶부터 시작하라.
가난이 상속되는 사회를 원망하기 전에 필연적으로 가난해지는 소비
DNA부터 제거하라.

8

구매 리스트를 작성하라

40대 중반의 주인공 해진에게 한 장의 카드가 날아온다. 마치 사람처럼 말을 하는 카드 '사라'. 아름다운 목소리로 사라가 인사를 한다.

"하이! 저는 빅데이터 기반의 숫자 카드예요. 해진 씨에게 딱 맞게 설계되었어요."

이제 사라와 함께하는 일상, 그리고 해진과 카드의 사랑이 시작된다.

"해진 씨가 좋아하는 모든 걸 알고 있어요."

"그냥 40대 남자를 사랑하는 거 아냐? 다른 카드들처럼….."

"아니. 수많은 사람 중에 해진 씨 단 한 명만….."

우연한 실수로 마그네틱이 손상되어 사라를 잃고 방황하는 해진. 그러나 사라는 그의 모바일로 다시 돌아와 있다. 모바일 결제로 더욱 당당해진 해진에게 사라가 사랑스럽게 속삭인다.

"잘했어요."

이제 결제도, 포인트 적립도, 할인 쿠폰도… 그 모든 것은 사라가 다

알아서 해준다.

"아무것도 안 하고 싶다. 사라가 다 알아서 챙겨주니까….."

포만감 가득한 해진의 독백은 전편 광고와 그대로 오버랩된다.

"나는 아무 생각이 없다. 왜냐하면 아무 생각이 없기 때문이다."

우리에게 익숙한 한 카드회사의 광고 내용이다. 웬만한 로맨틱 무비만큼 재미있게 잘 만들어진 탓일까, 참으로 사랑스런 카드라는 느낌이 든다. 그런데 마케팅에서의 빅데이터 경쟁이 가속화되고 있는 사실로 비추어보면 이 밝고 유쾌한 영화 같은 광고는 오히려 자본주의 소비자들의 허상에 대한 경고로서 한 편의 블랙 코미디가 될 수밖에 없다.

이 광고가 나오기 약 6개월 전의 기사를 잠시 보자.

금융권에 빅데이터 경쟁력이 주목을 끌면서 카드업계의 빅데이터 분석도 진화하고 있다… 기존에는 고객이 현재 소비하는 지역과 상품 종류 등을 기준으로 소비패턴을 예상했지만 여기서 한발 더 나아가 고객이 가까운 미래에 무엇을 소비할지를 예측해 미리 서비스하는 방식을 계획 중이다. 일주일 전에 해외출장 티켓을 예매한 고객이 있다면 이 고객에게 면세점 할인정보를 미리 제공해 고객이 십분 활용할 수 있게 해주는 방식이다. 특히 개별 고객별로 심층적인 분석을 준비 중이다…

〈파이낸셜뉴스. 2015.1.11.〉

성별, 연령, 직업, 소득, 자산 규모별로 일정하게 그루핑되어 분류되던 데이터들이 이제는 개인의 건강 상태, 식생활, 의생활, 문화와 취미, 교양 수준, 선호 여행지뿐만 아니라 각각에 대한 구매력 수준 등 개인화된 정보까지 데이터로 집적되는 것이다. 더 나아가 수치화된 것을 넘어서 비정형 데이터 즉 감성적이고 정서적인 영역에까지 그들은 주목을 하고 있다. 그래서 '그냥 40대 남자'가 아닌 '수많은 사람 중 해진 씨 단 한 명만' 그리고 '해진 씨가 좋아하는 모든 걸 알고 있어요'라는 사라의 말은 분명 과장 광고가 아닌 것이다. 이 광고는 결국 정확한 사실과 전략에 의해 스토리가 촘촘히 짜여졌음을 의미한다. 마케팅의 화살에는 소비를 재촉하는 강력한 마취제가 있다. 화살을 맞은 '타깃'들의 고백은 동일하다.

"나는 아무 생각이 없다. 왜냐하면 아무 생각이 없기 때문이다."

그래서 이 광고는 블랙 코미디로 완성되는 것이다.

공급자들은 소비자를 연구하지만 소비자들은 공급자를 연구하지 않는다. 그래서 밀고 당기는 소비 게임에서 소비자들은 언제나 지는 게임을 할 수밖에 없다. 그래도 소비생활 중 유용한 방패막이 있다면 '구매 리스트'다.

옷을 사러 간다고 생각해보자. 이번엔 꼭 파란색 재킷을 사려고 했는데 그렇게 다짐을 했건만 집에 와서 보니 또 검은색 재킷이다. 이미 옷장에 비슷한 것들이 있다. 게다가 계획에 없던 셔츠들, 또 거기에 어울리는 바지도 쇼핑백에 담겨 있다. 그래서 옷장에는 늘 같은 스타일, 같은 계열 색상의 옷들만 가득하다. 냉장고 역시 필요했던 식품들이 채워지기야 하겠지만, 본래 꼭 필요치 않았던, 좋아하는 음식이 같이 채워지게 된다. 우리는 이것이 공급자들의 공격에서 비롯된 패배라는 사실을 모르고 지나가는 경우가 많다.

구매 리스트는 내비게이션과 같다. 샛길로 새지 않게 해준다. 그래서 비용이 새지 않게 한다. 덤으로 시간도 새지 않게 한다. 의식이 무의식을 제어할 수 있는 유일한 방법이다. 이것은 소득의 많고 적음을

구매 리스트

구분	항목	품목	내용	개수	예산	구입처
먹을거리	야채류	배추	겉절이 및 국거리용	3통		XX마트 지하1
		시금치	국거리용	1단		
		감자	감자전, 반찬 등	2kg		
		대파, 양파		각 1단		
		쌈 거리				
	해산물	고등어, 삼치		각 2		
		연어		1		
		굴		1		
	육류	돼지고기 목살	수육용	1kg		
	가공식품	베이컨		2		
		버터, 치즈		각 1		
소계						
입을거리	첫째	반팔 티셔츠	검은색, 흰색 size 90	각 1		XX 아울렛 3F
		반바지	네이비	1		
		버선 양말		1set		
	둘째	반팔 티셔츠	파란색 size 80	1		
		래쉬가드		1		
소계						
생활용품	전등	삼파장 램프	50W	3		XX마트 지하1
	욕실	샴푸	XXXX리필	2		
소계						
합계						

떠나 모두에게 마찬가지다. 소비성 지출에서는 필수재의 구매를 중심으로 선택재를 추가해야 한다.

기업에서 구매 계획과 예산에 대한 품의서에 의해 지출이 이루어지듯 가계라는 가장 소중하고 기본적인 경제 단위에서도 쇼핑 계획은 필수다. 연구 결과에 의하면 이렇게 구매 리스트를 작성해도 30%의 사람은 작성된 브랜드와 다른 브랜드를 구매한다고 한다. 앞의 표는 쇼핑 계획에 대한 가이드라인 예시다. 표처럼 굳이 기업의 구매 계획서 형식을 갖출 필요는 없다. 다만 목록과 개수, 대략적인 비용 정도라도 반드시 메모해가는 것이 중요하다. 그리고 눈에 즐비하게 밟히는 욕망들은 다음 기회로 넘기며 눈을 감으면 된다. 어디 쇼핑뿐이겠는가. 모든 계획에는 대부분 재원이 필요하다. 반드시 계획하고 평가하라. 예산하고 결산하라. 일상에서 이를 실천할수록 우리는 재무적 안정을 넘어 성공한 인생으로 나아갈 수 있는 삶의 토대를 갖추게 될 것이다.

9

한 달에 한 번은 반드시 예결산하라

우리가 미래 자산을 구성하는 네 가지 항목 중 우리 스스로 지출을 경계하고 통제하는 일이 더욱 어려운 건, 소비 욕망 때문이다. 그런데 이 소비 욕망은 각종 소비재들의 공급자들로부터 인위적으로 창출된 것이다.

현대 사회의 정보통신 기술은 우리의 소득과 지출 분석을 우리보다 더 치밀하게 한다. 다만 그 목적이 우리를 위한 것이 아니라 공급자를 위한 것이기 때문에 위험하다. 우리가 아침 6시에 일어나서 출근하면서 찍는 교통카드부터 점심 때 인터넷으로 책을 주문하고, 금융 거래를 하고, 저녁에 치맥을 하고, 주말에 쇼핑을 하면서 구매하는 모든 목록과 일상을 우리 본인은 정리하지 않아도 마케터들은 그 모든 데이터를 모으고 숫자화하여 분류한다. 이러한 과정을 통해 우리는 정작 미래에 내가 무엇을 사게 될지 모르고 있어도, 그들은 이미 알고 있는 것이다.

안타까운 일이지만 우리는 그들을 이길 수 없다. 먼저 이 부분을 인정하고 시작해야 한다. 치밀하고 달콤하게 만들어진 소비과학의 공격에 비해 우리의 오감은 매일의 광고와 권유와 추천과 과시의 속삭임에 너무나도 무기력하게 번번이 주저앉는다. 그래서 합리적인 가계수지와 건강한 지출을 위해서는 물적, 심리적 시스템이 동시에 필요하다.

회사 경영에 필요한 몇 가지만 가계에 적용해도 정말 많은 변화가 일어날 수 있을 것이다. 예를 들면 회사에 제출하는 연간 사업 계획서, 월간 목표와 예결산, 분기별 평가 및 사업 계획서, 연간 타임 스케줄 등이다. 가계의 CEO로서 해야 할 가장 기본은 월간 예결산이다. 재무 활동은 매월 네 개의 통장에 대한 배분으로부터 시작된다. 통장에 대한 배분은 예결산을 전제로 한다. 이것은 가계를 마치 기업처럼 운영하는 것과 같다. 가계부를 작성하는 것이 가장 좋겠지만 급여일 전 급여 통장에서 각 통장으로 배분할 준비를 하면서 이루어지는 이번 달 결산과 다음달 예산 작업은 가계 운영에 매우 큰 도움이 된다.

가계부가 불편하면 쓰지 않아도 괜찮다. 목적의식적인 예결산은 한 달에 한 번만으로도 매일 쓰는 가계부 작성보다 훨씬 강력한 경제 행위가 될 수 있다. 그것마저 없이 재무상태의 개선과 미래의 경제적 자유를 꿈 꾼다면 너무 큰 욕심이다.

예산

먼저 상여금을 제외한 급여 실수령액을 기준으로 지출과 저축 계획을 세운다.

▶ 월간 현금 흐름표와 본인의 '통장 나누기' 시스템을 도표화하여 준비한다.

▶ 통장 나누기의 개념대로 생활비 통장, 목적자금 통장, 경제 자유

통장에 각각 흘려보낼 금액을 결정한다.(이것은 연간 소득-지출-저축 계획에 의한다.)

▶ 월간 기본 지출 외에 비정기 지출을 예상한다.
▶ 비정기적인 저축은 분기, 반기, 연간 등으로 상여금 중 저축 목표액을 계획하여 배분한다.
▶ 각 통장에 자금을 배분한다.

결산

▷ 당월 지출을 결산한다. 식비, 관리비, 통신비, 교육비 등 변동 지출과 부채 원리금, 보험료 등 고정 지출, 저축과 투자 등이다.
▷ 국세청 홈택스에서 현금영수증 사용 내역, 각 금융기관에서 체크카드 및 신용카드 사용 내역을 다운로드 받아 지출 패턴을 분석한다.
▷ 불필요한 지출이 반복되면 해당 소비 패턴에 대해 의식적으로 통제한다. 예를 들어 과도한 택시비, 잦은 음주와 대리운전비 등은 조정 대상이다. 반면 문화생활을 위한 비용이 없다면 라이프스타일에 대한 검토도 필요하다.
▷ 자기계발에 대한 투자가 이루어지고 있는지는 필수 체크 사항이다.
▷ 예산과의 차이를 비교한다. 다음 달 예산에서 조정하여 수지를 맞춘다.

▷▶ 매월 결산과 예산이 동시에 이루어진다.

나도 예전에는 소비 통제가 무척 어려웠다. 큰맘 먹고 매일 지출 항목에 대해 엑셀 파일에 가계부를 작성하기도 했다. 귀찮고 번거로운 일을 몇 달 유지해도 별로 변화가 없었다. 결국에 변화를 가져온 것은 시스템에 의한 힘이었다. 그 시스템은 단순하다.

먼저 연간 소득과 지출, 저축에 대한 계획을 세운 다음 통장을 네 개의 개념으로 나누는 것. 그리고 최우선적으로 저축액부터 떼어내는 것. 그다음엔 한도가 정해진 신용카드를 사용하는 것. 지갑에는 일주일치 현금 사용액을 유지하는 것. 그리고 가장 중요한 것은 이 모든 것에 대해 매월 급여일 전에 예산과 결산을 하는 것이다.

이러한 시스템은 오히려 번거롭고 귀찮은 일로부터 자유롭게 할 뿐만 아니라 저축액을 늘리고 소비 지출을 줄이는 결과를 쉽게 가져오게 한다.

수입이 동일하더라도 재무적으로 안정된 경우 삶의 만족감이 더 커진다. 지출 통제가 되지 않으면 수입이 많은 사람만 바라보게 된다. 부러워만 한다. 그들을 닮고 싶어 부자처럼 보이려 하다가 정작 부자가 되는 길을 놓치게 된다.

지출은 살림살이의 또 다른 이름이다. 곧 인생이다. '아무 생각 없는' 지출은 본인과 가족을 위한 살림이 아니라 기업의 호구로서 일하고 희생하게 되는 삶을 의미한다.

10

연봉, 그로스(Gross)에 속지 마라

살아가면서 소득을 늘리고, 소득원을 더 많이 만드는 일은 매우 중요하다. 그러나 그 이전에 자신의 소득 내용과 매월의 흐름부터 간파하고 이를 기준으로 소비와 저축의 기본 시스템을 잡는 것이 필요하다. 소득 규모가 동일하다 하더라도 미래 자산의 규모는 매우 큰 차이를 보일 수 있기 때문이다. 만약 연봉이 5,000만원이라고 해도 세금 또는 4대 보험 등 준조세 성격의 비용들을 공제하고 약 86% 내외를 실수령하게 된다. 소득이 높아질수록 공제되는 비율은 높아진다. 명목 연봉(Gross)과 실수령액(Net)이 다르다는 것은 누구나 안다. 그런데 우리가 주목하고 통찰해야 할 것은 다른 부분에 있다. 그것은 연봉의 지급 방식이다.

대학 시절 절친인 김 대리와 박 대리가 있다. 김 대리는 대기업 A자동차에, 박 대리는 복리후생이 괜찮은 중소기업 B바이오에 근무한다. 둘의 연봉은 똑같이 대략 4,100만원이며, 실수령액은 약 3,600만원 정도로 동일하다. A자동차는 상여금 400%로 짝수 달과 설 명절, 추석

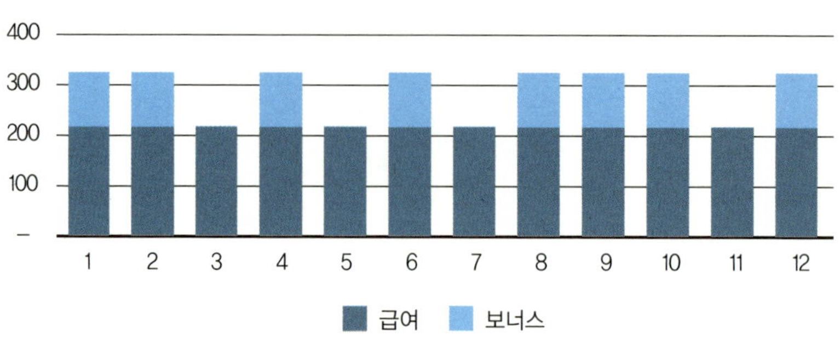

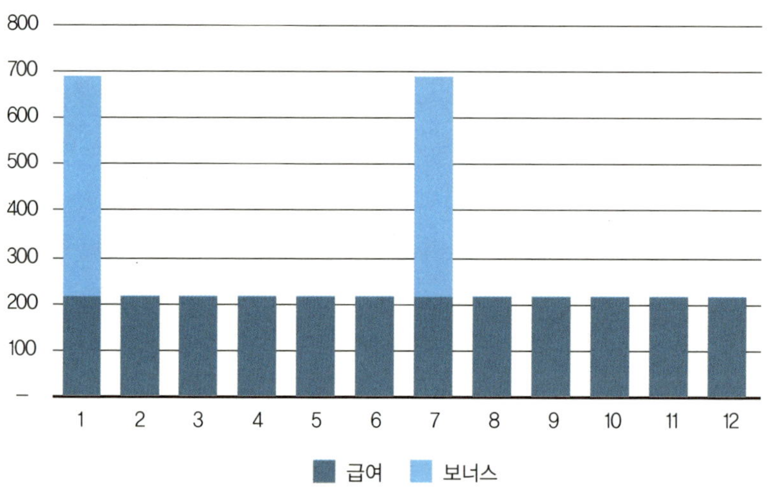

명절 등 8회에 나누어 지급한다. B바이오 역시 상여금 400%로 동일한데 1월과 7월, 상반기와 하반기에 각 1회씩 2회 지급한다.

지급 방식에 따른 급여 만족도는 누가 높을까? 그림은 김 대리와 박 대리의 월 급여 흐름표다(단, 이해의 편의를 위하여 실수령액을 기준으로 도표화한다).

먼저 김 대리 입장에서는 12개월 중 8개월에 상여금이 지급되므로 연간 3분의 1은 단지 급여가 적은 달에 해당한다. 김 대리의 소비 수준은 상여금 포함 338만원이 지급되는 8개월이 기준이 된다. 반대로 박 대리는 1년에 2회 지급되는 상여금 달은 정기적인 소득보다는 임시 소득으로 인식될 것이다. 그에게는 상여금 없이 225만원씩 지급되는 10개월이 소비의 기준이 된다. 일반적으로 소비 수준은 항상 소득(일상적 소득)에 영향을 더 받기 때문이다. 같은 연봉인데 소비 수준은 김 대리가 높아지고 회사에 대한 만족도도 더 높을 것이다. 물론 그 함정을 알아차리기 전까지 말이다.

그렇다면 이들의 이삼 년 후의 재무상태는 어떻게 달라졌을까?

둘 다 소비 성향이 60%라고 가정해도 김 대리와 박 대리가 똑같이 연간 총수령액에 맞추어 40%를 저축하지 않게 된다는 것이 문제다. 일반적인 소비 저축의 행태를 보면 소비는 자신감으로 시작하여 소득의 높은 곳을 기준으로 하고, 저축은 두려움으로 시작하여 소득의 낮은 곳을 기준으로 하게 된다. 그것이 소비다. 감정이고 욕망이기 때문이다.

김 대리의 소비금액은 월 200여 만원이 되며, 8개월의 저축은 월 평균 135만원 수준이다. 그러나 이것이 정기 정액 저축으로 적립되지는 않을 것이다. 상여금이 지급되지 않는 4개월의 저축 가능액은 약 20여 만원이므로 정기 저축 금액은 대략 그 이내가 될 것이기 때문이다. 장기 투자가 불가능해진다. 연간 저축 총액은 약 1,160만원이다. 대부분이 예비자금 통장이나 수시 인출 계좌에 머물게 된다. 그런데 이 정도도 현재 한국 사회에서는 매우 양호한 수준일 것이다.

박 대리는 늘 빠듯하고 궁색하다. 그의 소비 금액은 월 평균 135만원이다. 월 평균 저축액은 90만원이다. 이것은 가장 적은 수입을 기준으로 하므로 최소 저축액이 되고 정기적인 정액 저축으로 적립될 가능성이 높다. 중장기 투자가 가능해진다. 여기에 1월과 7월에 나오는 상여금은 그중 60%가 소비로 지출되기보다 거의 대부분 목돈으로 투자되는 경향이 있다. 이 경우 박 대리의 연간 저축액은 약 2,340만원으로 김 대리의 저축 원금보다 두 배 가까이 이르게 된다.

월간 저축액의 최저선이 높아지면 중장기적 저축과 투자가 늘어나고 이것은 곧 수익률을 좀 더 높게 기대할 수 있는 계기로 작용한다. 더욱 중요한 것은 미래의 재무적인 용도에 따라 포트폴리오가 짜여짐에 따라 빠른 속도로 경제적 안정 상태에 도달하는 것이다.

이것은 단순한 이론적 사례가 아니다. 나는 그동안 재무상담의 현장에서 많은 현상들을 보았고, 또 많은 변화들을 보아왔다. 이는 대부분의 소득－지출－저축의 역관계에서 발견한 일들이었다. 또한 의사결정이 비교적 단순하고 최고 경영자의 가치관과 철학이 직접적으로 영향을 미치는 중소기업의 경우 직원들의 장기적인 재무상태의 개선을 배려하는 쪽으로 급여 지급 방식이 변화하기도 하지만, 대기업의은 종업원들의 소비에 대한 욕망에 타협하는 경우가 더 많아 보였다.

그렇다면 어떻게 할 것인가? 김 대리의 도전은 3단계로 이루어질 수 있다.

먼저 김 대리가 저축률 40%를 유지한 상태에서 1차적으로 계획해야 할 것은 연간 총 저축액에 대해 매월, 정해진 금액을, 용도별로 포트폴리오하는 일이다. 연간 4개월은 상여금 지급이 되지 않으므로 저축액이 부족할 수 있다. 따라서 상여금이 지급되는 8개월의 저축액은 목적자금 통장과 투자자금 통장으로 먼저 배분하되, 목적자금은 다시 비상 예비자금과 미래 용도별 목적자금, 투자자금은 노후자금과 종잣돈 계좌로 구분하며, 이중 비상 예비자금에서 부족한 정기 정액 저축액이 이체될 수 있게 하는 것이 좋다.

2단계는 김 대리가 비교적 충격 없이 저축률을 높이는 방법인데 다음해 급여 인상분을 전액 저축으로 투입하는 것이다. 일반적인 급여 인상분이 실제적으로 그리 크지 않음을 감안하면 소비를 통한 만족보다는 저축을 통한 만족감이 더 극대화될 수 있다.

김 대리가 할 수 있는 적극적인 도전의 3단계 방법은 상여금이 나오지 않는 4개월을 항상 소득으로 인식하고 그것을 기준으로 소비 성향 60%를 맞추는 것이다. 이렇게 되면 김 대리와 박 대리의 저축률과 저축액은 동일해진다.

소득이 불규칙한 자영업자도 마찬가지다. 만약 동일한 수준의 순이익이 가계로 유입되는 경우 아래와 같이 지출 및 저축 비중을 계획한다.

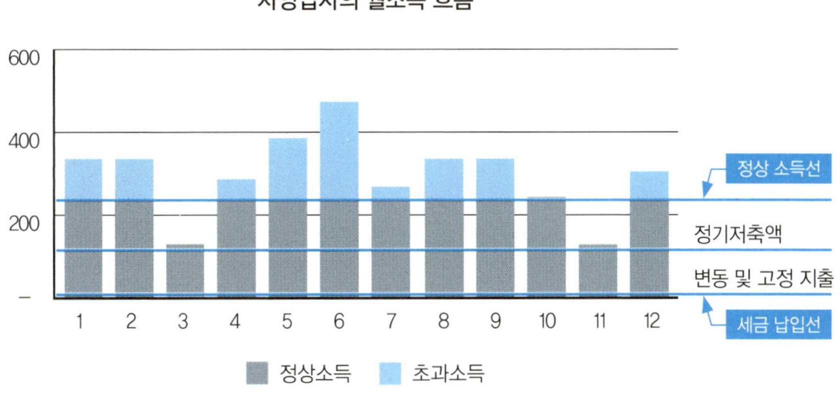

자영업자의 월소득 흐름

자영업은 계절적 요인이 작용하기도 하고, 재난 · 재해나 경제적 충격에도 민감하다. 월간 손익 계산서를 분석하고 최저 수입을 기준으로 삼아 저축률을 결정해야 한다. 매월 매출과 순이익의 변동성을 감안하여 연간 평균 소득 금액에서 약 80%를 정상 소득 수준으로 보고, 다시 여기에서 40%는 저축한다. 가끔 저축 가능액이 부족할 정도로 수입이 줄어드는 시기가 있는데 이러한 구간을 지출의 마지노선으로 설정한다. 소득은 정상 소득을 초과하는 경우가 더 많은데 초과 소득은 모두 저축으로 투입한다. 이러한 원칙이 세워지고 나면 그 나머지는 김 대리의 전략과 크게 다르지 않다.

명심하자. 연봉이나 소득의 그로스가 중요한 것이 아니다. 그 흐름의 성격, 어떻게 흘러 들어오는가를 통찰하는 것이 더 중요하다. 그래야 어떻게 흘려 내보낼지도 계획이 설 수 있다. 일단 그로스의 착시 현상에서 먼저 벗어나기 위해서는 소득의 미니멈을 소득의 가이드라인으로 설정해야 한다는 것을 잊지 말아야 한다.

11

—

생산적 지출의 기획자가 되어라

어떻게 하면 주어진 재원 하에서 불필요한 것을 최대한 아끼고, 최대한 많은 저축을 할 수 있을까. 그런데 돈을 쓰지 않으면 돈은 남지만, 삶에는 아무런 변화가 없는 것도 사실이다.

『부자들은 왜 장지갑을 쓸까』의 저자 카메다 준이치로의 말을 빌리면 소비는 어떤 가치가 있는 제품을 사기 위해 돈을 지불하는 것이다. 즉 가격과 효용이 동일한 것이다. 낭비는 지금 지불한 돈이 현재뿐 아니라 장래에도 어떠한 가치도 제공하지 않는 것이다. 소비와 낭비에 치중하면 가난해진다. 반면 투자는 지금 지불한 돈이 장래에 더 큰 가치로 나에게 돌아오는 점을 알고 돈을 지불하는 것이다. 부자들은 돈을 소비와 낭비가 아니라 투자의 수단으로 활용한다. 우리는 이러한 의미의 투자를 생산적 지출이라고 이야기한다. 생산적 지출은 자신의 능력 자체만이 아니라 자신을 둘러싼 인적, 물적 환경을 더 강화시켜준다. 씨앗을 튼튼하게 해주고 토양을 비옥하게 만드는 거름인 셈이다.

그래서 우리가 지출 계획을 세울 때 빼놓지 말아야 할 것이 자기계발에 대한 지출이다. 지출을 하되 중장기적으로 소득 자체를 높일 수 있도록 한다면 그것은 매우 생산적인 투자에 해당될 것이다. 업무 능력을 더 전문화하거나, 업무 관련한 트렌드에 대해 깊이 있는 통찰력을 갖거나, 업무는 아니더라도 스스로 정말 좋아하는 일에 대해 더 즐겁게 몰입할 수 있는 일들은 모두 자신의 부가가치뿐 아니라 자존감과 만족감을 높이는 좋은 방법이다. 부자가 되었거나, 부자로 가는 고소득자들의 대부분은 예외 없이 이러한 과정들을 거쳐왔다. 빠듯한 지출 통장에서 자기계발비를 포기하는 순간, 지출 통장은 앞으로도 평생 빠듯할 수밖에 없음을 명심해야 한다. 특히 요즘은 무료 또는 저비용으로 참여할 수 있는 다양한 아카데미, 동아리, 세미나, 강의 등이 넘쳐난다. 자기계발에 대한 비용이 부담된다는 말은 대부분 핑계에 지나지 않는다.

일상적인 문화와 취미생활도 재미있고 즐거운 일이라면 기왕에 좀 더 깊게 알아가는 것도 소비가 아니라 투자에 해당한다. 나와 함께 일하는 선배가 있다. 그는 음악과 영화를 무척 좋아하는데 가끔 휴가를 영화제 기간에 맞춘다. 그러고는 아예 일주일간 그 지역에서 영화를 보고, 토론회와 인터뷰를 보면서 보내기도 한다. 관계자들보다 더 열정적인 것이다. 그의 단골 LP바 주인은 그가 올 때마다 마음이 설렌다고 한다. 손님 중 자신보다 음악에 대해 더 많은 것을 아는 유일한 사람이기 때문이다. 한번도 관련 서클 활동을 해본 적이 없고, 관련 업무를 한 적이 없지만 그는 내가 만난 사람들 중 음악과 영화에 대해 가장 많이 아는 사람이다. 그는 좋아하는 것에 대해 좀 더 관심을 가지고 히스토리를 찾고, 자료를 찾고 칼럼을 읽고 책을 읽었을 뿐이다. 그에겐 자신이 좋아하는 분야에 대한 상당한 콘텐츠가 있다. 집적되고 스토리화된 콘텐츠는 의도하지 않아도 좋은 사람들을 끌어들이는 힘이 있다. 그리고 매우 생산적인 사회 관계로 연결되기도 한다. 이것은 아직 추산할 수는 없지만 상당한 자산임에는 틀림이 없다.

사회적 관계에 대한 지출도 생산적으로 '기획'할 필요가 있다. 직장 동료, 학창시절 친구 또는 동아리 모임, 그 외 사회에서의 다양한 모임 등 준거 집단(Reference Group)에서의 지출은 늘 고민이다. 준거 집단은 말 그대로 나의 행동에 대한 기준, 그리고 누군가에 대한 평가의 기준을 주는, 이를테면 나와 동질화된 집단을 의미한다. 그런데 거기에서의 소비 문화는 나 개인의 원칙이나 계획과는 또 다를 수도 있다. 준거 집단의 소비 문화는 개인에게 강력한 영향을 준다.

여러 모임을 많이 하게 될 때, 때로는 비용이 부담스러울 수도 있다. 모임에 갈 때엔 가능하면 지갑에 현금을 넉넉하게 잘 정돈하여 준비한다. 식사나 술자리를 하게 되면 n분의 1을 늘 당당하고 자연스럽게 주도하라. 그것이 부담 없고 합리적이라는 것을 누구나 안다. 그래야 그 모임은 더 자주 지속될 수 있다. 현금이 충분히 준비되지 않을 경우엔 오히려 지출이 커지기 쉽다. 카드를 써야 하기 때문이다.

소중한 모임일수록 한 번쯤은 무언가 마음을 표시하는 것이 좋을 때도 있다. 그렇다면 그들에게 기억에 남는 지출을 하는 것이 나에게도 생산적일 것이다. 평소에 자주 가지 않는 공간을 찾아내고, 평소에 자주 접하지 않는 음악과 문화를 경험해보고, 그것을 주제로 이야기를 이끌어가고, 마지막 계산까지 온전히 내가 하는 것도 좋다. 이때 오히려 적은 비용으로 구성원들의 큰 만족을 이끌어낼 때가 많다. 모임에 참가할 때는 가능하면 'theme'과 'joy'라는 보이지 않는 게스트를 동행하라. 그들이 모임을 더욱 생기 있고 역동적으로 만들 것이다. 그들은 나의 돈을 더 줄여주고, 나에 대한 호감은 더 크게 해준다. 'theme'과 'joy'라는 게스트들은 주로 영화, 콘서트, 전시회, 책, 공연 등

문화와 예술에서 만날 수 있는 예상치 않은, 기대 이상의 멋진 손님들이다.

책을 읽거나 강의를 들으면 항상 요약하고 기록하는 습관을 갖는다. 특정 주제에 대해 여러 책과 강의 내용이 결합되어 정리되면 훌륭한 콘텐츠가 된다. 친구들의 모임이든 그 어느 모임이든 이러한 것을 정성껏 프린트하여 예고 없이 공유하는 것도 매우 좋다. 이것은 오직 스스로를 위해 투자했던 시간을 타인과 공유하는 매우 생산적인 지출에 해당된다. 친목 모임이든 운동 모임이든 상관없이 대화의 주제가 한 번쯤은 진지하고 미래지향적일 필요는 있다. 그들 모두 미래가 불안하고 현재를 개선시키고 싶은 사람들이기 때문이다.

성공철학 최고의 대가 나폴레온 힐은 성공의 주춧돌이라 할 수 있는 심리학 원리를 가리켜 '마스터 마인드'라고 명명했다. 그리고마스터 마인드를 '둘 또는 그 이상의 사람들이 주어진 과제를 위해 서로 연합, 조화롭게 협동함으로써 발전되는 마음의 상태'라고 정의했다. 그는 여기에서 조화를 매우 강조했다. 모든 비즈니스와 사회적 협력관계의 성패를 가름하는 비밀이며, 두 명 이상의 사람들이 마음을 조화시켜 마스터 마인드라는 결과를 창출해낼 때, 그 단체의 각 구성원은 서로의 '잠재의식'을 통해 다른 모든 구성원들의 지식을 끌어모으는 힘을 발휘한다는 것이다.

헨리 포드, 토머스 에디슨, 하비 S. 파이어스톤은 오랫동안 모임을 가졌다고 한다. 이들뿐 아니라 충분한 교육을 받지 못했으나 맨손으로 부와 성공을 이루고 세계적으로 막강한 영향력을 가졌던 유명 인사들은 모두 성공하기 이전부터 이러한 모임을 가져왔다고 한다. 결국 그들의 뒤에는 시너지를 일으키는 매우 생산적인 모임이 있었던 것이다.

사회적 관계도 끊임없이 이러한 마스터 마인드를 지향할 필요가 있다. 시너지가 폭발할 때 필요한 트리거에는 이질적 경험과 이질적 아이디어와 이질적 관심사의 조화가 요구될 뿐이다. 반드시 값비싼 패션과 값비싼 액세서리와 값비싼 참가비가 필요한 것은 아니다.

12

진정한 기버(Giver)가 되어라

2013년 봄 와튼 스쿨 애덤 그랜트 교수의 『기브 앤 테이크(Give and Take)』라는 책이 큰 반향을 일으킨 적이 있다. 여기에서 그랜트 교수는 사람들을 관찰하고 분석하여 세 가지 유형으로 분류하였는데, 받은 것보다 더 많이 주기를 좋아하는 '기버(Giver)'와 준 것보다 더 많이 받기를 바라는 '테이커(Taker)', 그리고 받은 만큼 그대로 되돌려주는 '매처(Matcher)' 등이다.

일반적으로 비즈니스 업계에서 기버들은 성적이 낮거나, 실적이 낮거나, 업무 생산성이 낮은 부류, 그래서 '호구' 또는 '루저(Loser)'로 취급받기 일쑤였다. 그런데 그의 연구에 따르면 '성공 사다리'의 맨 아래에 기버들이 있기도 하지만, 맨 위를 차지하는 사람들 역시 기버들이라고 했다. 사다리 아래에 녹초가 되어 있는 기버들은 본인의 시험 준비가 덜 된 상태에서 동료 학생들을 돕든가, 본인의 업무가 덜 된 상태에서 동료에게 조언하든가, 소비자에게 무엇이 가장 좋은 상품일까를 고민하는 나머지 적극적인 세일즈를 하지 못하는 경우가 많았다고 한다. 반면 성공한 '기버'들은 다른 사람들의 이익뿐 아니라 자신의 이익에도 관심이 많다는 것이다. 그들은 성적이 훨씬 뛰어나거나 업무 생산성이 높고, 영업 실적도 훨씬 높은데 이러한 현상은 전 직종에서 동일하게 나타나고 있다고 했다.

어쩌면 사다리 아래의 '기버'는 자존감이 아직 낮은 상태일 수도 있고, 그들의 베풂이 아직 열매를 맺지 못하는 시기로 언젠가는 사다리 위로 올라갈 후보들일 수도 있다. 그랜트 교수의 표현에 의하면 사다리 위 '기버'들의 성공은 폭포처럼 넓게 퍼진다. 그들의 성공은 주변 사람들의 성공을 유도하는 시너지를 낸다. 그래서 많은 사람들이 그를 응원한다. 그리고 관계의 확장, 특히 소셜 네트워크로 무한정 넓어진 인간관계에서 그를 응원하는 사람들은 더욱 많아지고 승리는 더욱 쉬어진다.

우리가 무언가를 소비하는 이유는 욕망에 기인한다. 먹고사는 욕구, 그것이 더 안정적이기를 원하는 욕구, 이제 어디엔가 소속되어 존재감을 느끼고 싶어지는 욕구, 소속된 곳에서 존경을 받고 싶어지는 욕구, 그리고 인생 전체에서 삶의 의미와 보람을 느끼는 자아실현의 욕구까지 그 대부분이 재원을 필요로 하며 위로 갈수록 더 많은 재원이 요구될 수 있다.

실제로 가계의 필수 소비 항목을 제외한 대부분의 지출은 사회적 비교와 사회적 관계와 사회적 시선으로부터 비롯되는 경우가 많다. 카드 명세서를 들여다보자. 안 써도 되는 것 같은 지출, 그래서 과소비라고 생각되는 대부분의 지출이 바로 이 욕망과 연결되어 있다. 과소비는 주로 사회적 관계나 사회적 지위와 맞닿아 있다. 기왕에 그렇다면 대부분의 소비 행위를 기버의 그것으로 만들어보라는 것이다. 그런데 과소비는 기버로 하여금 미리 녹초가 되어 사다리 아래에 위치

하게 할 가능성이 매우 높으니 다른 방식을 찾는 것이 좋겠다. 우리들의 지출 전략을 성공한 '기버'들의 선택으로부터 배우자는 것이다.

백억대 자산가 중 50대 초반의 고객이 있다. 그는 오직 그의 성실함과 전문성과 검소함, 경제적 통찰력으로 30대부터 부를 일구어왔다. 그는 세 딸의 아버지다. 아이들이 신촌에 있는 유치원을 다니게 되었는데 세 아이가 유치원을 다 마치는 몇 년 동안을 매일 아침 일산에서 신촌역까지 기차를 타고 태워다주었다. 기차를 기다리면서 철로 위 자갈을 주워 공기놀이도 했다. 기차를 타면 도착하는 시간까지 놀이를 하거나 대화를 했다. 주말이 다가오면 신문을 열심히 뒤져 무료 전시회, 무료 공연, 이벤트들을 찾는다. 그리고 주말엔 손수 준비한 도시락과 함께 가족 나들이를 한다. 그 시절 그에게는 남들보다 훨씬 많은 소득과 자산이 있었으나 그것으로 자녀를 키우지 않았다. 비용을 아끼고 소풍 도시락을 준비하면서도 아프리카 어린이들을 위해 지속적으로 기부를 했다. 반면 남들보다 그에게 늘 부족했던 것은 시간이었다. 그가 자녀에게 줄 수 있는 쉬운 것은 '돈'이었고, 어려운 것은 '시간'이었다. 하지만 그가 지킨 원칙은 자녀들에게 돈이 아니라 어떻게든 시간을 지출하겠다는 의지였던 것 같다.

나는 그 가족을 꽤 여러 차례 인터뷰하고 지켜볼 기회가 있었다. 그는 자신의 자산의 3분의 1은 부부의 노후를 위해서, 그리고 3분의 1은 자녀들의 삶의 지렛대를 위해서, 나머지 3분의 1은 공익 재단으로 기부되기를 원했다. 그런데 그들 부부도, 그들의 자녀도, 우리 모두 이미 알고 있었다. 그렇게 자신들과 자녀들에게 배분된 자산 역시 다시 사회적 이익을 위해 되돌려질 것이라는 사실을 말이다. 그 자녀들은 아직어리지만 역시 돈에 대한 합리적이고 지혜로운 태도를 가지고 있었고 이미 스스로 돈을 잘 지배하고 있었다. 무엇보다 부모와 가문에 대한 존경, 그리고 돈이 아닌 시간을 할애해준 부모님에 대한 아름다운 추억을 가지고 자랑스러워했다.

이러한 단편은 성공한 기버의 전형적인 문화라 할 수 있다. 우리는 성공한 사람의 물질적 소비를 부러워하고 따라할 수 있기를 갈망하지만, 그보다 더 가치 있게 빛나는 무형의 소비 패턴을 따라하기는 게을리한다. 전자는 어렵고, 후자는 당장이라도 따라할 수 있음에도 불구하고 말이다.

내 삶에 빛나는 가치들을 찾아보자. 직장에서도 마찬가지다. 식당이나 술집에서는 '매처'가 돼라. 동료들의 업무를 돕고, 성공을 돕고, 친구들의 행복과 기쁨을 돕는 일에는 재능과 시간과 지혜를 모두 할애하고 투자하여 진정한 '기버'가 돼라. 잘 보이기 위한 것이 아니라, 스스로 즐겁고 열정이 생겨서 그것을 추구하는 순간 우리의 자존감은 매우 드높아진다. 그 틈으로 과시성 소비, 허탈함에 대한 보상으로서의 소비가 비집고 들어오기는 힘들다. 오히려 이러한 과정에서 우리의 지출은 매우 생산적인 방향으로 화학 반응을 하게 된다.

이는 궁극적으로 우리의 소득을 높여주게 될 것이다. 소득을 높여주는 경로는 매우 다양하게 다가온다. 평판은 다양한 사회 관계망을 통해 은은한 향기로 무한 확장한다. 누군가의 추천으로 당신의 매출 실적이 상승할 수 있다. 누군가가 당신에게 상품을 주문할 것이다. 그러한 관계망들을 타고 누군가는 당신을 스카우트하고자 할 것이다. 그리고 또 다른 다수의 사람들은 언제고 당신의 성공을 응원하고 도와줄 준비를 하고 있을 것이다.

진정한 '기버'가 되자. 돈보다는 재능과 시간과 지혜를 지출하자. 그 대상은 가족과 동료, 사회 모두에 동일하게 적용될 것이다.

무조건
저축하고
제대로
투자하라

3

깃털과 먹이를 바꾸지 마라

나무 위에서 즐겁게 노래하는 종달새가 있었다. 어느 날 나무 아래로 한 남자가 상자를 들고 지나가기에 궁금한 종달새가 물었다.

"여보세요, 상자 안에 무엇이 들어 있나요?"

"응, 지렁이가 가득 들어 있지."

마침 배가 고픈 종달새는 남자에게 부탁을 했다.

"한 마리만 제게 주시면 안 될까요?"

"네가 깃털 하나를 뽑아주면 그때마다 지렁이 한 마리를 주마."

종달새는 그야말로 '새털처럼 많은' 깃털 중 하나를 뽑아주고 지렁이를 얻게 되었다. 맛도 좋았고, 배도 채워졌으며 계약은 성립이 되었다. 이제 남자는 매일 같은 시간에 지나가고 같은 시간에 종달새는 깃털을 뽑아주고, 같은 시간에 또박또박 지렁이를 받아 먹게 되었다. 굳이 어렵게 먹이를 구하러 사냥 다닐 필요가 없었다. 안전한 나무 위에서 노래하거나 쉬면 그만이었다.

남자는 하루도 변함없이 상자를 들고 나타났다. 어느 날 종달새는 갑자기 바람이 차갑다는 느낌이 들었다. 어느덧 뽑아줄 깃털이 하나도 남지 않았기 때문이다. 남자는 무심히 사라졌다.

긴긴 겨울이 다가오는데 바꿀 것이 없었다. 종달새는 이제 스스로 사냥하는 수밖에 없었다. 하지만 동시에 암담하게 몰려오는 생각이 있었다.

너무나도 오랜 시간 동안 스스로 먹이 사냥하는 법을 잊어버렸구나.

우리는 앞에서 가계의 재무활동에서 잊지 말아야 할 자산 공식으로 미래 자산=(소득-지출)(1+수익률)^{기간}을 이야기했다. 미래 자산에 대한 요소는 소득, 지출, 수익률, 기간 등이다. 그중 먼저 '통제할 수 있는 것을 통제하라(Control the Controllable)!'고 강조했다. 그래서 지출을 짜임새 있게 지배하고 저축 원금 자체를 늘려야 한다는 이야기를 했다. 그것이 선행되어야 하는 이유는 무엇보다 가장 확실한 자산증식 방법이기 때문이다. 이제 나는 수익률과 기간에 대한, 즉 저축과 투자에 대한 기본 원칙과 방법을 이야기하려 한다. 하지만 그전에 한 가지는 짚고 가야 할 것 같다.

우울한 이야기지만 결론적으로 말하면, 현재 삶에 대한 웬만한 질적 포기가 동반되지 않고서는 지출을 통제할 수 있는 것도 한계가 있다는 것이다. 자고 일어났더니 한국 사회가 어느 날 갑자기 리셋되어 전세 가격이 안정되고, 사교육이 불필요하고, 가계 부채가 해소되고, 내수가 활성화되고, 기업 투자가 늘어나고, 고용이 안정되고, 급여가 쑥쑥 올라가는 기적이 생기지 않는 한 대다수의 사람들에게는 본인이 희망하는 안정된 미래가 열리지 않을 가능성이 높다.

그러므로 저축과 투자를 이야기하기 전에 먼저 종달새의 삶부터 벗어나야 한다는 것을 강조하고 싶다. 본인의 한정된 재능, 한정된 시간과 노동력을 하나하나 뽑아주는 대가로 정해진 날 정해진 급여를 또박또박 바꾸어 먹고 있는 삶부터 벗어나야 한다.

현재의 직장에서 열심히 일하고 능력을 인정받아 운 좋게 50대 후반까지 직장생활을 해왔다고 하더라도 어느 날 뽑아낼 재능 하나 없고 그 기회마저 주어지지 않는다면 그것이 곧 강제적인 은퇴이며, 그때 곧 겨울이 시작되는 것이다. 저축과 투자에서 가장 큰 리스크는 투자된 자산군에서 발생하는 것이 아니라 '나'로부터 더 이상 창출되는 부가가치가 없다는 것이다.

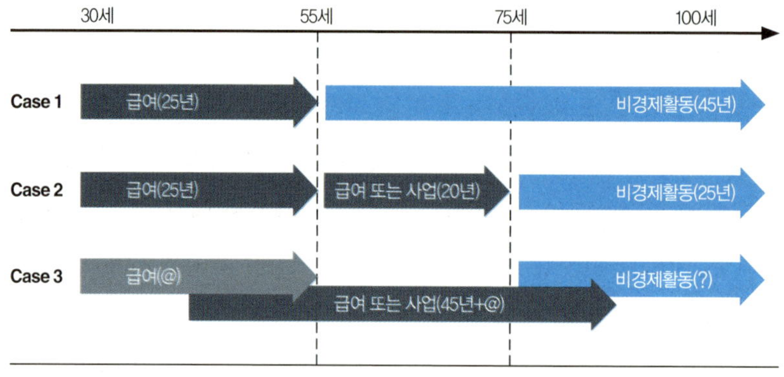

Case 1의 경우는 많은 이들이 부러워하는 종달새다. 학교 졸업하고 적당한 시점에 취업해서 실직 등의 불행 없이 정년까지 잘 버틴 경우다. 상시적인 정리해고, 구조조정의 시대에 30세부터 경제활동을 시작해서 대략 25년 직장생활을 할 수 있다는 것 자체가 행운이다. 그는 직장에서 하던 일 외에 할 줄 아는 것이 없다. 퇴직 이후에 대해 막연한 불안은 있었으나 구체적으로 준비하지 않았다. 깃털 바꾸기만

했던 것이다. 그리고 이제 깃털 하나 없는 그에게 빙하기보다 혹독한 45년의 계절이 기다리는 것이다. 뛰어나고 전문적인 사냥 능력이 없다면 그가 25년간 아무리 지출을 통제하고 저축을 열심히 하고, 시장 금리와 물가 상승률을 이겨오는 투자를 했다 하더라도 45년이라는 물리적 차이를 극복하기는 매우 어려울 수밖에 없다.

Case 2는 깃털 바꾸기가 끝나면서 곧바로 사냥할 준비와 능력이 있는 종달새다. 그는 깃털 바꾸기 이후의 삶에 대해 미리 간파하고 그에 대한 대안을 끊임없이 만들어왔다. 직장생활을 퇴직 시점까지 열심히 했고, 퇴직과 동시에 그가 꿈꾸고 계획했던 일을 통해 새로운 소득을 발생시킨다. 일반적으로 액티브 시니어로 보는 75세까지 경제활동을 20년 늘리는 경우, 그의 겨울은 25년으로 단축된다. 소득 기간은 45년, 은퇴 기간은 25년으로 역전되는 것이다.

Case 3은 깃털 바꾸기를 하면서도 동시에 사냥 훈련을 멈추지 않았던 프로페셔널 종달새다. 그는 스스로의 힘으로 사냥할 수 있다. 직장생활을 하면서도 언제든 독립할 준비를 했기 때문이다. 세상의 거대한 조류를 통찰하며 끊임없이 자기계발을 하고, 자신이 잘하고 즐거워할 수 있는 일에 전문성을 길러왔다. 그래서 스스로의 선택에 의해 직장생활을 접고 창업을 할 수도 있고, 혹은 직장생활과 병행한 별도의 소득 활동을 할 수도 있다. 그에게 있어서 일이란 시간을 파는 것이 아니라 재능을 파는 것을 의미한다. 경제활동은 놀이이며 자아실현의 도구다. 그리고 소득으로서의 보상은 다른 누구보다 훨씬 높다. 일에 대한 주도권이 그에게 있으므로 본인이 쉬고 싶은 시기까지 경제활동을 계속할 수 있다. 그래서 그의 겨울은 누구보다 포근하고 낭

만적일 수 있다.

동일한 시기, 동일한 환경에 있어도 어느 길을 택할 것인가는 전적으로 자기 자신에게 달려 있다. 그런데 문제는 '깃털 바꾸기 이후의 사냥은 무엇을 어떻게 해야 하는가'다. 이것은 오직 자신의 인적 자산으로부터 비롯되므로 경제활동 내내 숙제가 될 것이다.

먼저 정해진 시간, 정해져 나오는 먹이의 안락함을 경계해야 한다. 평생 자신의 깃털을 급여와 바꾸는 짓을 하지 않겠다고 생각하는 순간 이미 많은 것이 새롭게 재편되기 시작할 것이다. 세상을 바라보는 눈이 변할 것이다. 나와 가족, 그리고 회사와 사회를 둘러싼 거대한 환경에 호기심이 생기면, 그것이 어떻게 톱니바퀴처럼 연계되어 가는지도 보일 것이다.

때때로 그 톱니들이 서로 무한 확장하여 전혀 새로운 것들과 어떻게 만나는지, 또 어느 한순간에 어그러져 가는지도 보일 것이다. 당분간은 세상을 보는 눈이 숲속 나무의 흔들림보다는 숲 전체에 어떠한 바람이 일고, 숲 전체가 어떠한 색으로 변해가는지를 보는 것이 중요하다. 그것이 앞에서 이야기한 메가트렌드다. 그 안에 수많은 기회가 있다.

아침에 출근하는 버스 안에서도, 회사에서 미팅을 하면서도, 보고서를 읽거나 작성하면서도, 퇴근 후 읽는 책 속에서도 이 부분을 놓치지 않는다면 그가 바꾸는 깃털은 더욱 비싸질 것이다. 뿐만 아니라 퇴직 이후의 20년이 넘는 경제활동도 이러한 시간들로부터 차곡차곡 쌓이기 시작해 퇴직 이후 영위할 경제활동의 기반이 된다.

안정적이면서 수익률 높은 상품을 찾는다면 그것은 바로 당신 자신이다.

올인하라.

스스로의 재능을 위해 올인하고, 가슴 뛰는 일에 올인하라.

그것이 가장 즐겁고 행복한 투자다.

북극곰과 여름

—

　대개의 곰이 겨울잠을 자는 것과 달리 북극곰은 여름에 잠을 자고 겨울에 사냥을 한다. 해가 지지 않는 북극의 여름엔 얼음 평원이 녹거나 얇아진다. 얼음이 녹으면 북극곰의 중요한 먹이인 바다표범이 쉴 곳이 없어져서 사냥이 불가능해지기 때문이다. 여름잠을 자는 북극곰에게 겨울의 얼음 평원은 마치 농부의 농토와도 같다.

　온난화는 북극의 여름을 점점 길어지게 하고 있다. 이것은 북극곰의 사냥 기간도 점점 줄어들고 있음을 의미한다. 곰은 예전엔 평원이던 곳을 헤엄쳐서 건너가다 익사하기도 하고, 먹이를 쫓아 바다로 뛰어들기도 하지만 허탕을 치기도 한다. 어미 곰들의 영양 상태가 악화되면서 새끼 수도 줄고 있다. 2008년 멸종 위기 동물로 지정되었고, 온난화가 계속되는 한 50년 안에 개체 수의 3분의 2가 사라질 것으로 예상된다고 한다. 비단 북극곰의 문제만이 아니다. 얼음이 녹으면서 순록과 늑대 등 북극의 모든 생물과 그것을 터전으로 한 사람들의 운

명이 중대한 위기에 처해가고 있다.

수년 전 MBC 환경 다큐멘터리 〈북극의 눈물〉이 이러한 부분에 대해 심도 있게 다루면서 큰 반향을 일으킨 적이 있다. 그런데 이 다큐멘터리를 보다 보면 북극 모든 자연과 생물들의 위기는 현재 우리의 사회 경제적 환경과 너무나도 닮아 있다는 사실에 놀라게 된다.

사냥할 수 있는 기간이 짧아지듯 우리의 근로 기간은 점점 단축되어 가고 있고, 사냥하지 않는 여름이 길어지듯 은퇴 기간은 점점 길어져만 가고 있다. 수명의 연장과 출산율의 하락은 마치 지구 온난화와도 같이 경제 생태계 자체의 해빙기를 가속화시키고 있다. 더불어 저성장, 저물가, 저고용, 저소비, 저투자, 저금리 등 신6저 현상은 이미 북극의 얼음 평원이 살얼음처럼 얇아진 것과 흡사하다.

도대체 어디로 가야 먹잇감을 구한단 말인가? 자연은 왜 갑자기 나를 배반했단 말인가? 그동안 자연이 가르쳐준 규칙들은 모두 어디로 갔단 말인가? 잠이 덜 깬 듯 막연하고 몽롱한 눈빛, 그리고 정처 없는 곰의 발걸음은 고스란히 고령화와 신6저 환경에 처해진 사람들의 상황과 다름 아니다.

그런데 북극의 얼음은 여름잠을 자는 어느 한순간 녹아버린 것일까? 그렇다면 자연은 응당 북극곰의 원망을 받아 마땅할 것이다. 마찬가지로 저출산 고령화에 따른 신6저의 시대는 이미 10여년도 훨씬 전부터 지속적으로 경고되어 왔던 일이다.

우리는 때때로 금리가 너무 낮기 때문에 투자를 해야 한다고 이야기를 한다. 그렇다면 재형 저축 이자율이 36%를 넘나들던 80년대에는 투자할 필요가 없었을까? 우리는 아마 그때나 지금이나 변함없이 자산의 일부, 수입의 일부는 주식이나 채권 또는 부동산에 투자를 하라고 이야기할 것이다. 투자가 늘 금리 이상을 보장하는 것도 아니고,

사람들이 늘 금리 이상을 갈망하기 때문도 아니다.

워렌 버핏*은 '주식을 사지 말고 사업을 사라'고 했다. 이것은 단순한 수익률 게임을 하라는 것이 아니라 비즈니스에 대한 통찰을 하라는 것을 의미한다. 장사나 사업을 하는 사람을 만나면 "요즘 경기가 안 좋아서…"라는 말을 많이 한다. 경기가 침체되었다는 건 아는데 경기 침체의 원인을 모른다면 매출이 점점 떨어져 가는 것을 하나의 자연 현상처럼 받아 들이게 된다. 심지어 본인 탓이 아닌 열악한 환경 탓이라 오히려 위로가 되는 듯해 보인다. 장사나 사업을 한다면 매출이 줄어드는 이유를 상품의 질과 서비스와 직원의 전문성과 셀링 포인트 등 내부에서 찾고, 고객들의 수요와 상권과 구매력과 경쟁요소 등의 변화에서 이야기할 수 있어야 할 것이다.

투자를 하는 사람들의 눈은 사업을 하는 사람들의 눈을 닮게 된다. 투자를 하는 순간 지금까지 나와는 전혀 무관했던 것 같은 일들이 눈에 들어오기 시작한다. 구글이 자동차 사업에 뛰어드는 이유도, 맥주 회사가 바이오 사업을 하게 되는 이유도, 내가 이 화장품을 매일 바른다는 사실이 이미 오래 전부터 예견되었다는 것도 알게 된다. 짱짱하던 30대 그룹의 많은 기업들이 지난 수년간 주가가 반 토막 또는 3분의 1토막 날 수 밖에 없었던 이유도, 중국 근로자들의 인건비가 매년 두 자릿수로 인상되는 이유도, 중국 농민공들의 호적 제도가 개선되는 이유도 알게 된다.

전설적인 투자자 앙드레 코스톨라니**는 투자자를 '눈을 뜬 채 잠을

자는 악어'로 비유했다. 언제나 위험한 환경에 노출되어 있으므로 늘 깨어 있어야 함을 이야기한 것이다. 그 덕분에 평범했던 사람들의 일상에서부터 우리나라, 이웃 나라, 그리고 먼 나라의 일들이 무엇으로부터 비롯되었는지 보이기 시작할 것이다. 그리고 세상은 뉴스 뒤에 숨어 있는 더 많은 진실들로 움직인다는 것도 깨닫게 될 것이다.

투자를 하는 북극곰이라면 부드럽게 불어오는 바람과 한들거리며 일찍 피어난 꽃조차 예사롭지 않았을 것이다. 여름이 길어지고 얼음이 녹고 있다는 사실을 더 일찍 깨달았을 것이다. 그리고 생각도, 행동도 어쩌면 더 일찍 변했을지 모른다.

투자는 세상을 보는 또 다른 창이다. 세상의 변화를 이해하는 것. 이것이 투자를 하는 이유다. 투자를 하는 사람들의 눈은 사업가의 눈을 닮기 때문에 고령화라는 고요한 대지에서도 새로운 기회를 찾게 된다. 그래서 투자의 결실은 단순하게 금리보다 높은 수익률로 돌아오지 않는다. 저소비, 저성장, 저투자, 저고용의 시대에서도 생존하는 방법을 터득하게 한다. 어쩌면 투자는 생존을 위해 택할 수 있는 안전한 방법인지 모른다. 하지만 역설적으로 투자를 한다는 것 자체는 언제나 위험하다.

바람을 느끼려면 바람 부는 언덕으로 가야 한다. 게임을 즐기려면 지는 법도 알아야 한다. 좋은 투수는 안타를 맞지 않는 선수가 아니라 위기 관리 능력이 뛰어난 선수를 의미한다. 프로페셔널은 실수를 하지 않는 완벽함을 의미하는 것이 아니라 위기를 어떻게 관리하여 목표했던 곳까지 이끌어가는가를 의미한다.

투자도 마찬가지다. 투자는 시장 전체의 위험을 감수하기로 하는 것이다. 위험의 정체를 알고 그것을 어떻게 관리해갈 것인가 의사결정하는 것이 중요하다. 점수를 잃기도 하고 얻기도 하는 야구 게임에 다르지 않다. 즐기면 된다. 다만 쉽게 흥분하지 않고, 수시로 오는 위기에 노련하게 대처하고, 그래서 진정으로 편안하게 즐기려면 위험에 대한 기본 이해와 나름의 가이드라인을 몇 가지 만드는 것이 필요하다. 위험을 알면 시장이 탐욕적일 때 공포를 느끼고, 시장이 공포에 떨때 욕심을 가질 수 있다.

공짜 점심은 없다

Success means entering the risk zone.

공짜 점심은 없다.

나는 이 두 문장을 참 좋아한다. 세상에 대가 없이 얻을 수 있는 것이 무엇일까. 그래서 우리는 이 말을 위안 삼아 새로운 것에 도전하고 모험을 하기도 한다.

시중 금리 이상의 수익을 위하여 투자를 하는 경우도 마찬가지다. 위험을 감수하지 않는 수익은 없다. 그런데 어차피 가진 게 없었던 상태였으면 성공을 위해 위험을 감수하고 도전하여 부딪힐 수는 있는데, 이것이 투자의 영역으로 오면 좀 달라진다. 투자를 할 때는 이미 가진 것이 있고, 그만큼을 갖기 위해서 열심히 일해야 했고 덜 쓰려고 참아야 했기 때문이다. 그래서 대부분의 사람들은 손실에 대해서는 회피하면서 좀 더 높은 수익을 얻으려고 한다.

일반적으로 수익은 다음 세 가지로부터 비롯되는 대가다.

첫째는 시간이다. 돈의 소비를 유보한 데 대한 보상으로 순수 금리라고 할 수 있다. 둘째는 물가 상승이다. 투자를 하는 일정 기간 동안 물가는 상승하고 그로 인해 화폐가치가 하락하는 리스크가 있다. 수익은 그에 대한 보상이다. 셋째는 불확실성이다. 미래에 원금이 제대로 회수될지 아닐지에 대한 보상이다.

손실을 회피한 상태에서의 수익률을 무위험 수익률이라고 한다. 세 번째 대가인 불확실성이 제거된 것으로 국고채 수익률을 의미한다. 따라서 국채 수익률에는 순수 금리에 인플레이션 보상률이 포함된다고 이해하면 된다. 2015년 11월 기준 우리나라 3년 만기 국채 수익률은 약 1.8% 내외, 5년 만기 국채 수익률은 약 2.0% 내외다. 소비자 물가 상승률(CPI)은 0.6%~0.7%이며, 기준 금리는 1.5%다.

그런데 우리는 이 수익률에 그다지 만족할 수가 없으므로 '불확실성'을 감수하기 시작한다. 이것을 일반적으로 '투자'라고 이야기할 수 있다. 결국 진정한 의미의 수익은 곧 불확실성이다. 수익의 정체는 불확실성이고 이를 변동성 - 위험이라고 부른다. 그래서 경제가 요동을 치고, 시장이 불안하여 리스크가 확대될 경우 투자자산의 손실이 커지지만 한편으로는 투자의 기회가 되기도 한다. 불확실성을 원천으로 하는 수익의 기회도 확대되었기 때문이다.

아무튼 투자의 목적이 수익에 있다면 위험을 알아야 한다. 위험을 이해하고 그것을 최소화하는 것이 사실상 투자의 가장 큰 원칙이며 전제일 것이다.

위험은 일반적으로 체계적인 위험과 비체계적인 위험으로 분류한다. 체계적 위험은 시장 전체의 위험이다. 1997년 한국의 IMF 구제 금융, 2008년 미국 서브프라임 위기, 2011년 유로존 재정 위기 등을 들

수 있다. 시장 전체적으로 위기가 전염되므로 좋은 기업들도 심각한 상황에 처하기도 하고, 우량 회사들의 주가도 시장과 함께 곤두박질 칠 수도 있다. 경기 순환에 의한 불황이나 전쟁, 재해 등 피해 갈 수 없는 리스크다.

반면 경기가 좋아서 기업들의 실적도 좋고, 그 분위기로 주가도 전 반적으로 높은 상태임에도 불구하고 어떤 기업은 경영진의 변화나 갈 등, 소송, 윤리적 문제, 기타 사건 사고 등을 겪는다. 이는 실적 악화로 이어져 주가가 하락하거나 심지어 기업 존폐의 위기 상황에 놓일 수 도 있는데 이를 비체계적 위험이라고 한다.

체계적 위험은 시장 전체의 위험인데 반해 비체계적 위험은 기업 고유의 위험 또는 특정 산업이나 업종의 위험으로 볼 수 있다. 비체계 적 위험은 시장 전체와는 관계가 없고 각각의 개별 위험이기 때문에 자산의 수를 늘림으로써, 즉 여러 기업, 여러 산업으로 분산하여 투자 함으로써 위험을 제거할 수 있다. '계란을 한 바구니에 담지 마라'라는 오래된 격언은 이를 두고 하는 말이다. 체계적 위험은 시장 전체의 리 스크이기 때문에 분산으로 해결할 수가 없다.

그렇다면 체계적 위험은 어떻게 극복할 수 있을까? 일반 투자자가 할 수 있는 방법은 '버티는 것'밖에 없다. 경기는 일정한 순환 주기를 갖는다. 통화 공급, 금리 변동, 물가 변동, 기업 재고의 변동 등에 의해 서 파동 곡선을 그리는데 시장 전체의 리스크가 커졌다는 것은 곧 경 기가 수축기에 있다는 것을 의미한다. 따라서 확장기가 되어 투자한 자산 가치가 회복 또는 상승할 때까지 기다리는 수밖에 없다는 것이 다. 투자의 계절로 치면 겨울이니 조용히 추위를 견디고 씨앗을 준비 하며, 연장을 다듬고, 농사 일정과 작물 계획을 세우는 시기다. 그러다 보면 봄이 오고 여름과 가을의 수확을 맛볼 수 있다.

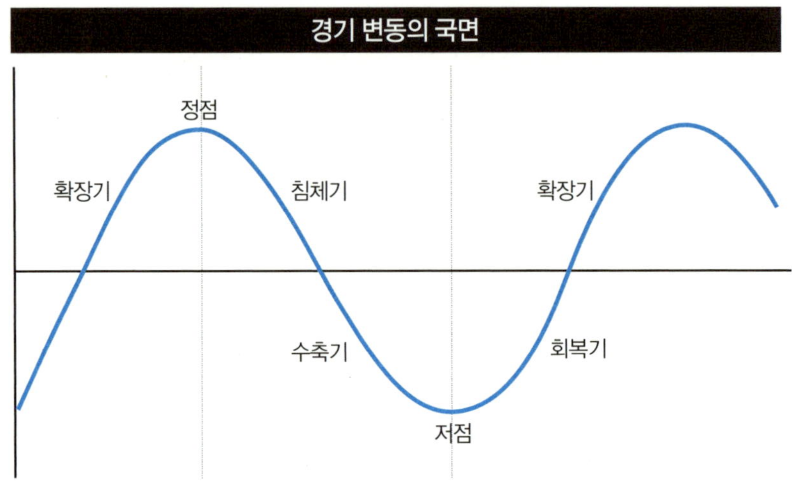

완전한 규칙성이 있는 것은 아니지만 정점에서 정점까지의 주기는 일반적으로 키친 파동에 해당하는 2~5년 사이로 본다. 물론 정보와 돈의 흐름이 빨라지면서 최근에는 경제 주기가 좀 더 단축되는 경향이 있다. 아무튼 우리가 투자를 할 때에는 최소한 3년 이상 장기 투자하라고 하는 이유가 여기에 있는 것이다.

간단히 요약해보자.

수익의 그림자는 위험이고, 그 위험은 시장 전체의 위험과 개별 자산의 위험으로 분류한다. 개별 자산의 위험은 분산 투자로 제거하고 시장 전체의 위험은 장기 투자로 버틴다. 이것이 그동안 수많은 투자자들 또는 그중 전설적인 투자자들이 그렇게도 외쳐왔던 투자의 핵심, '장기 투자'와 '분산 투자'이다.

그렇다면 장기적인 분산 투자는 구체적으로 어떻게 하는 것일까? 지금부터는 일반인들이 가장 쉽게 할 수 있는 투자 방법들에 대해, 그러나 꼭 지켜야 할 투자원칙에 대해 이야기해보자.

유일한 공짜 점심이 있다?

공짜 점심은 없다(There is no such thing as a free lunch).

무언가를 선택하는 데 수반되는 기회 비용을 의미한다. 이 말은 시카고학파의 태두이자 노벨 경제학상을 수상한 밀턴 프리드먼이 자주 언급하여 경제학에서는 특히 자주 인용되는 명언이기도 하다. 투자에서 이 말을 인용한다면 '위험 없는 수익은 없다'라고 할 수도 있겠다.

1952년. 프리드먼이 갓 스물다섯 살이 된 어느 대학원생의 〈포트폴리오 선택 : Portfolio Selection〉이라는 14페이지 짧은 박사 논문을 심사한 적이 있었는데 심사 후 그에게 농담 반 진담 반 이렇게 이야기했다고 한다.

"수식의 유도에서 오류는 없었네만, 이것은 경제학이라 할 수 없네."

하지만 그 짧은 논문은 이후 전 세계 투자자들에게 분산 투자의 지침을 제공하고 현대 포트폴리오 이론의 근간이 되었다. 약 40년 뒤에는 노벨 경제학상을 수상하게 되는데 그가 바로 수익률의 이면에 있는 위험을 정의하고, 그것을 어떻게 최소화할 것인가를 이론적으로 정리한 해리 마코위츠 박사*다. 그의 포트폴리오 이론은 '분산 투자는 공짜 점심으로 통하는 왕도'라는 그의 말로 정리될 수 있을 것 같다. 이 말은 워렌 버핏의 '다각화(분산)는 무지에 대한 보호 수단이다'는 말과도 일맥상통하는데 투자의 세계에서 분산 투자는 그만큼 '일단 먹고 들어가는' 것에 해당된다는 의미다.

'분산 투자'는 이제 누구나 알고 누구나 당연히 하는 일쯤으로 여겨지는 말이다. 그런데 실제로 자산관리 현장에서 고객들의 투자자산 리스트를 분석하다 보면 분산 투자에 대한 오해가 많고 이로 인해 실제적인 포트폴리오 효과를 보지 못하거나 때로는 심리적으로 고통스러운 상황에 처하는 것을 경험하게 된다.

그렇다면 분산 투자는 도대체 왜 하고, 구체적으로 어떻게 하는지를 보자. 실제 투자에서는 다음 그림처럼 간단하지 않지만 분산 투자에 대해 쉽게 이해하기 위해 단순화시켜 예를 들어보자.

위험이 없는 국채에 투자하여 연간 수익률 3%로 목돈을 운용한다고 가정하면 ①과 같은 그래프가 만들어진다. 그런데 이 수익률에 만족할 수 없어서 기대 수익률이 10%인 주식에 투자한다고 치자. 공짜 점심은 없으므로 A와 같은 그래프가 그려질 것이다. 변동성이라는 위험을 감수해야 하기 때문이다. 위험을 분산하기 위해 B라는 주식에 나누어 투자하면 변동성이 감소하면서 ②와 같은 그래프가 만들어 진다.

그런데 여기에서 중요한 것은 단순하게 A와 B로 나누어 투자하는

---

* 해리 마코위츠(Harry Max Markowitz), 1927년~, 미국의 경제학자. 노벨 경제학상 수상. 현대 포트폴리오 이론의 선구자. 최적의 평균-분산 포트폴리오를 위한 '마코위츠의 효율적 투자선'을 도출했다.

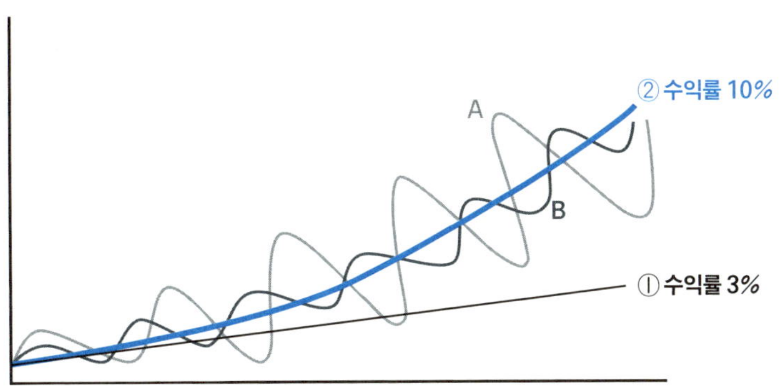

것이 아니라 A와 B의 상관관계가 낮아야 한다는 것이다. A와 B의 변동성은 서로 같다고 하여도 변동하는 방향이 서로 달라야 한다. 동일한 경제 변수에 의해 같이 오르거나 같이 내려간다면 투자 종목이 수십 개로 많아진다 해도 분산의 효과는 없어진다. 그러나 상관 계수가 음의 방향인 종목을 적절히 분산할 경우 동일한 수익률에도 위험은 훨씬 낮아지게 된다. 예를 들어 유가가 오르면 정유주는 상승하여 수혜를 보겠지만 항공주는 하락할 것이다. 이 두 자산을 투자 포트폴리오에 편입하면 정유주 2개에 투자하거나 항공주 2개에 투자하는 것보다 공짜 점심을 먹을 확률이 훨씬 높아지게 된다.

몇 개의 종목으로 분산하는 것이 좋을까? 마코위츠 이후의 포트폴리오 이론가들에 의하면 15개 이상의 우량주에 분산 투자하면 개별 종목의 변동성(비체계적 위험)은 거의 사라지고 시장 전체의 변동성(체계적 위험)만 남게 된다고 한다. 결국 분산 투자를 한다는 것은 비체계적 위험은 제거하고 체계적 위험을 감수하는 대가로 수익을 얻는다는 것을 의미한다. 또한 이것이 투자를 처음 하거나 '덜 신경 쓰면서' 하려고 하는 사람들의 가장 합리적인 방법이다.

산업도 분산 효과가 있을까? 당연히 같은 산업 내의 종목보다는 다른 산업의 종목들을 편입하는 것이 분산 효과는 더 높아질 것이다. 더 나아가 한 국가의 산업별 분산보다는 한국과 미국, 유럽, 중국 등 국가별 분산을 시도할 경우 분산 효과는 극대화될 것이다. 다만 글로벌 경제의 공조율이 이미 매우 높은 상태이긴 하지만 그 안에서도 국가 간 상관관계가 낮은 지점을 찾는 것이 좋다.

그런데 이 모든 것은 사실 위험자산으로서의 주식형 자산군에서의 분산을 의미한다. 토빈은 마코위츠의 이론에 무위험자산(현금 또는 현금에 준하는 정부 채권)을 포함하여 포트폴리오 이론을 더 진전시켰는데 주식형 자산의 분산과 더불어 자산의 일부는 현금, 예금, 채권, 금 등 안전자산으로 분산할 경우 효과가 더 커진다고 했다. 이는 요즘 우리가 강조하는 자산 배분 이론과 동일하다고 볼 수 있다.

만약 펀드를 활용한 분산 효과를 추구할 경우 이 부분은 더욱 중요해진다. 수년 전에 성장주 펀드, 가치 배당주 펀드, 인덱스펀드 등 국내펀드 간의 비교 분석과 더불어 국내 주식형펀드와 해외 주식형펀드, 그리고 원자재펀드 등 지역 간, 또는 지역과 섹터 간 펀드의 단기, 중기, 장기 성과 추이를 비교 분석한 적이 있었다. 결론적으로 주식형 자산 간 낮은 상관관계의 자산을 찾아 포트폴리오 효과를 높이기에는 실제로 한계가 있었다. 주식형펀드는 채권형펀드와 결합할 경우 비로소 상관관계가 낮게 나타났다. 특히 국내 주식형펀드와 미국 채권형펀드와는 포트폴리오 효과가 비교적 높은 것으로 파악되었다.

분산은 마치 고추농사를 장마로 다 망쳤지만 배추농사로 만회하고 벼농사로 기본을 채운 농부의 농장과도 같다. 씨앗의 종목만 달라지는 것이 아니라 수확의 계절도 분산된다.

그런데 우리는 여기에서 또 답답한 마음이 들기도 한다. 다 좋은데 얼마나 넓은 땅이 있어야 분산 농법이 가능하다는 말인가? 우량주 15종목 이상을 사려면 얼마가 있어야 하며, 또 얼마가 있어야 국가별로도 분산을 하며, 또 얼마가 있어야 현금이며 예금이며 채권이며 떼어놓고 주식형 자산으로 수익률을 높일 수 있단 말인가? 그걸 또 얼마나 공부를 하고 머리 싸매야 큰 실패 없이 할 수 있단 말인가? 결국 부자들만의 이야기 아닌가?

펀드는 이러한 고민을 통해서 생겨난 투자 방법이다. 그러면 이제 펀드를 통한 투자 방법으로 들어가보자.

그래도 펀드가 답이다

—

펀드하라

서로 상관관계 낮은 우량주 열댓 개 정도로 분산해보자. 그런데 문제는 자금이다. 개별 종목 한 주씩만 사려고 해도 목돈이 필요하다. 재원이 충분하다고 치자. 이제는 업종도 분석해야 하고 각 기업에 대한 분석도 해야 한다. 포트폴리오 효과도 분석해야 한다. 정보와 지식도 필요하지만 시간도 필요하다.

결국 일반 개인이 종목 투자를 하려면 원론적인 분산은 포기해야 할 경우가 많다. 정보와 지식도 제한적이다. 소수의 예를 가지고 일반화시키기도 하며, 자신의 구미에 당기지 않는 정보는 무시하게 된다. 불확실한 상황에 직면하면 자신이 보유한 것은 잘될 것이라 막연하게 낙관한다. 본인은 그 업종에 대해 나름 잘 안다고 과신하기도 한다. 이것은 투자자들이 일반적으로 갖게 되는 전형적인 편향들이다.

어느 투자 전문가와 식사를 하면서 그의 일상에 대해 듣게 된 적이 있다. 새벽에 일어나서 출근을 하면 여러 건의 미팅과 보고서 작업과 투자에 대한 의사결정을 한다. 장이 마감되면 기업 탐방을 시작한다. 어떤 기업은 대표이사도 만나고 관리자도 만난다. 영업직원들이 밖에서 일을 하는지 내부에 머물고 있는지도 본다. 때로는 경비원도 만나고 공장에 드나드는 트럭의 운송 횟수도 파악한다.

그러다 보면 재무제표나 보고서에서 볼 수 없었던, 진흙 속에 묻혀 있는 진주 같은 기업을 발견할 때도 있다고 한다. 그럴 때면 가슴이 심하게 요동을 친다고 했다. 집에 가면 모두가 잠든 시간이다. 일요일에 교회에 가서 비몽사몽 예배를 드리다 보면 그제야 옆에 있는 아내 얼굴을 볼 수 있다면서 웃었다.

재원도 충분치 않고, 전문적인 지식과 정보도 충분치 않고, 시간도 충분치 않은 사람들이 투자를 하려고 한다. 그들은 비슷한 투자 철학과 전략을 전제로 자유롭게 가능한 만큼의 돈을 투자하여 수백억에서 수천억을 모은다. 이 자금을 아침부터 저녁까지 직접 기업을 탐방해가면서 고민하는 투자 전문가를 고용하여 운용하게 한다. 그는 일정하게 합의된 투자 철학으로 현장의 정보를 분석하며 수십 개 기업의 주식으로 분산하여 투자하기 시작한다. 이것이 펀드 투자다.

펀드를 하는 이유를 단 하나만 들어야 한다면 펀드 자체가 분산 투자이기 때문이다. 적은 돈으로도 분산 투자를 할 수 있다. 수십 개의 기업에 투자하므로 개별 기업의 리스크, 즉 비체계적인 위험이 제거된다.

펀드 투자를 하는 또 다른 이유를 들라고 하면 나보다 훨씬 많은 시간을 고민하고, 발로 뛰면서 탐방하고, 훨씬 전문적인 지식과 정보를 접하는 전문가가 운용해주기 때문이다. 때문에 우리는 훨씬 적은 스트레스를 겪게 되고, 훨씬 많은 시간을 본업에 집중할 수 있게 되는 것이다.

펀드 자체가 분산 투자이기는 하지만 펀드도 몇 가지로 분산하여 포트폴리오하는 것이 좋다. 우리나라의 공모펀드 규모는 총 230조 정도로 세계 13위인데 비해 공모펀드 개수는 약 3,500여 개로 세계 1위다. 하지만 그만큼 제 역할을 못하는 펀드도 많다고 보아야 한다. 개수가 많은 만큼 분류 방법도 다양하겠으나 펀드 분산은 주로 스타일 및 섹터펀드*로 분류하여 배분한다.

오른쪽의 표를 활용하여 분류하면 쉽게 펀드 포트폴리오를 할 수 있다.

국내 주식형펀드의 스타일은 먼저 대형주, 중형주, 소형주로 분류한다. 대형주는 시가 총액 1위부터 대략 100위까지, 중형주는 100위부터 300위, 소형주는 그 이하의 주식이다. 투자 위험은 당연히 소형주로 갈수록 커진다. 표로 보면 아래 방향이 된다.

스타일 분류의 두 번째는 가치주와 성장주로의 구분이다. 가치주는 이익 성장성이 떨어지는 대신 저평가된 주식이다. 성장주는 비싸게 거래되는 대신 이익 성장성이 높은 종목을 의미한다. 논란은 있으나 일반적으로 가치주가 성장주에 비해 변동성이 낮아 더 안정적이라고 보고 있다. 따라서 상대적으로 더 안정적인 대형주와 변동성이 큰 성장주가 결합되면 포트폴리오 효과가 있을 것이다. 이러한 펀드를 대형성장주라 한다. 상대적으로 변동성이 큰 중소형주와 안정적인 가치주에 투자하는 펀드는 중소형 가치주라 할 수 있다.

물론 이러한 분류 방법이 획일적으로 적용되지 않고 좀 더 유연하고 자유롭게 운용되고는 있다. 다만 펀드의 투자 철학과 운용전략을 판단하거나 투자 철학이 일관되게 유지되고 있는지를 보는 데 있어서

---

*　전통적인 투자 대상이던 부동산, 주식, 채권 등에서 탈피하여 특정 업종에만 투자하는 펀드를 말한다.

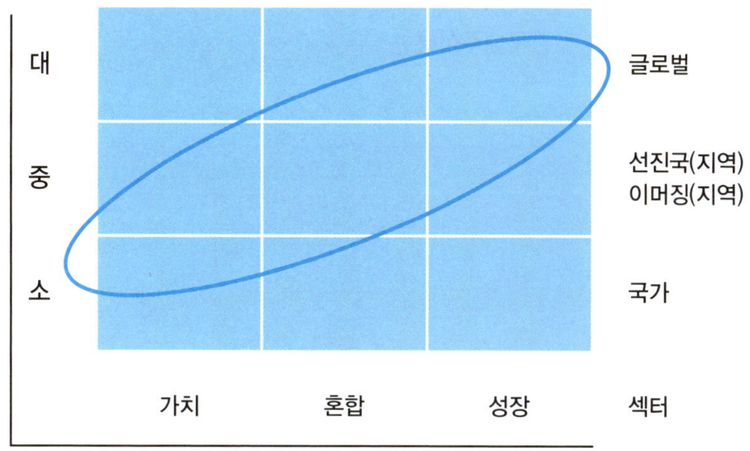

일정한 가이드라인은 된다. 국내 주식형펀드를 3~4개 가지고 있다고 해도 그것이 모두 대형 성장주 혹은 중소형 가치주로 분류된다면 투자 전문가의 실력을 논외로 할 때 포트폴리오 효과는 그다지 없다고 봐야 한다. 이러한 스타일 구분이 무의미하다고 보는 투자자의 경우 시장 자체에 투자하는 인덱스펀드를 선택하게 된다.

해외펀드는 전세계 골고루 투자하는 글로벌펀드, 유럽펀드나 이머징펀드처럼 특정 지역 또는 선진국과 신흥국을 선별하여 투자하는 지역펀드, 그리고 중국펀드 또는 미국펀드처럼 단일 국가에 투자하는 국가펀드 등으로 구분한다. 섹터펀드의 경우 원자재, 헬스케어, 에너지 등 특정 업종이나 테마에 투자하는 펀드를 의미한다. 한편 펀드를 자산군으로 분류하면 당연히 채권형펀드와 주식형펀드로 구분된다.

이를 종합하면 아래 매트릭스와 같이 될 것이다. 투자대상의 펀드를 해당하는 곳에 적어보자. 그것이 적절하게 분산된다면 포트폴리오가 만들어졌다고 할 수 있을 것이다.

예전에는 국내 투자 비중을 해외에 비해 더 높게 가져갔지만 최근

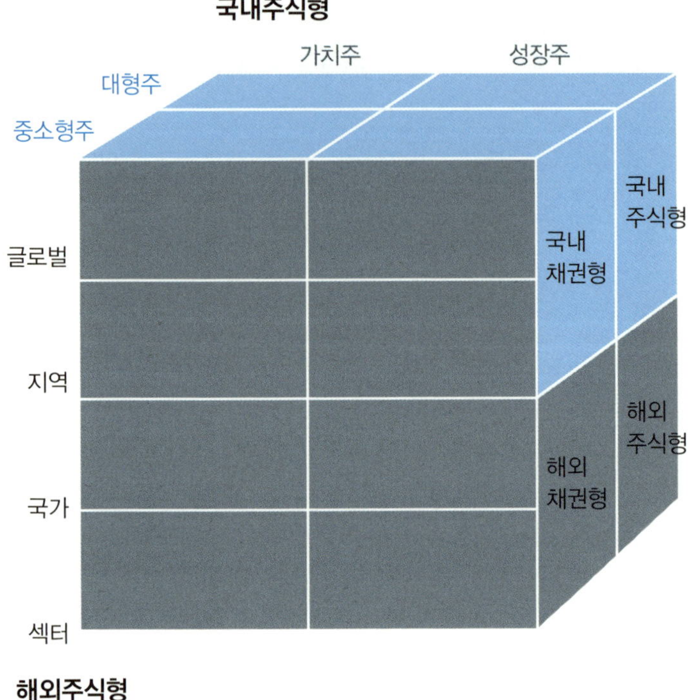

에는 한국보다 더 성장성이 좋거나 잠재력이 큰 나라를 찾아가는 경향이 늘고 있다. 섹터펀드의 경우 변동성이 매우 크므로 전체 투자자산의 10~20% 수준으로 배분하는 것이 보통이다. 이중 헬스케어 산업의 경우 그 성장률이 글로벌 잠재 성장률을 훨씬 웃돌고 있는데 이것은 전 세계적인 고령화 추세를 감안할 때 앞으로도 지속될 가능성이 높으므로 주목할 필요가 있다.

자산 배분의 지도를 그려라

펀드 역시 전체 가계 자산으로 보면 한 부분일 뿐이다. 전체 자산군을 지도로 놓고 중장기적 목표 하에 가입하는 것이 필요하다. 무엇보다 자산 배분이라는 과정 속에서 포트폴리오해야 한다. 자산 배분에 대한 기본적인 이해는 재테크든 재무설계든 무엇을 하든지 매우 중요하므로 그 개념과 실제 적용 방법에 대해 짚고 가자.

자산 배분이란 '위험 수준이 다르고', '기대 수익률이 다른' 여러 자산(현금, 채권, 주식, 부동산, 원자재 등)을 '일정한 기준에 의해 배분'하여 포트폴리오를 구성하는 의사결정 행위다.

왜 자산을 배분하라고 할까? 투자 위험을 줄이고 목표한 수익률을 달성하기 위해서다. 그게 꼭 배분을 통해서만 가능한가? 1990년대에 진행된 브린슨, 후드, 비보우어의 포트폴리오 수익률의 결정 요소에

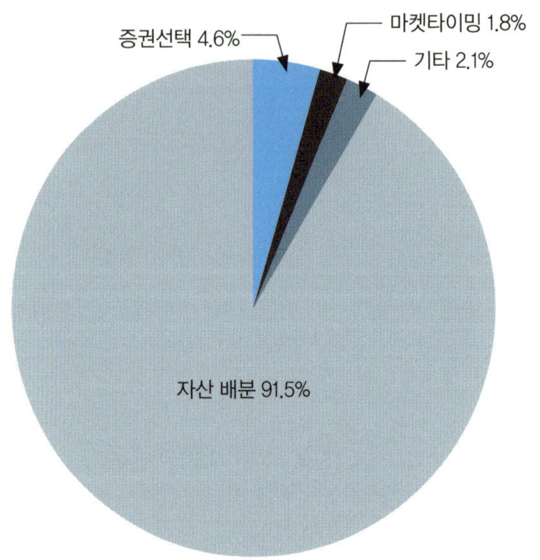

〈1990년 브린슨, 후드, 비보우어의 BHB 모형〉

대한 연구* 결과는 너무나도 유명하다. '종목을 잘 선택'해봐야 5% 미만, '시장예측'을 잘 해봐야 2% 미만의 기여도를 갖는 반면, '자산 배분'은 91.5%의 결정적 기여를 한다는 것이다.

　자산 배분도 전략적 자산 배분(Strategic Asset Allocation)과 전술적 자산 배분(Tactical Asset Allocation)으로 분류된다. 전략적 자산 배분은 처음 투자 포트폴리오안을 계획할 때의 기준 설정이다. 각 자산에

---

* 개리 브린슨, 란돌프 후드, 길버트 비보우어 : 1974~1983년 미국의 91개 대형 연금펀드의 성과에 대해 1986년 〈파이낸셜 애널리스트〉에 보고. 여기서 자산 배분의 공헌도가 91.5%라고 발표했다. 이후 자산 배분에 대한 다양한 연구가 이어진다. 참고로 1986~1994년 영국의 206개 연금펀드에 대한 BLT(Blake, Lehmann,Timmermann)의 성과 분석에 의하면 펀드 성과의 89.9% ~ 97%가 자산 배분으로 결정되며, 존 보글이 1987년 ~ 1996년 뱅가드 그룹 산하 연금펀드의 성과에 대해 분석한 결과 역시 자산 배분 공헌도가 88.7%에 이른다.

대한 비중과 변동 가능한 폭을 결정하는 것이다. 예를 들어 자산 비중을 채권 40%±5%, 주식 60%±5%로 배분했다고 하자. 채권형과 주식형 비중을 각각 40%, 60%로 장기적으로 유지하되 경기 변동에 따라 각각 5% 구간에서 비중을 줄이거나 늘릴 수 있다는 것을 의미한다. 이러한 가이드라인이 전략적 자산 배분이다.

그리고 그 변동폭을 언제 늘리고 언제 줄일 것인가를 결정하는 것, 즉 리밸런싱하는 것이 전술적 자산 배분이다. 예를 들면 주식시장이 크게 상승해 주식형 자산의 평가액이 높아져서 70% 비중이 되고 채권형 비중은 30%가 되었다고 하자. 그러면 주식형 비중의 가이드라인은 60±5%이므로 5~15%를 덜어내어 채권형으로 이동시키면 전략적 자산 배분의 기준으로 되돌아가게 된다. 이것을 언제 하느냐, 그 비중을 얼마만큼 리밸런싱할 것인가를 결정하는 것이다.

결국 처음 투자 계획을 세우면서 기준을 설정하고 포트폴리오 안을 수립하는 과정을 전략적 자산 배분으로, 그리고 포트폴리오를 점검하고 관리하는 과정을 전술적 자산 배분으로 이해하면 될 것이다. 이 따분한 것을 꼭 해야 하나? 그렇다. 투자에서 자산 배분은 수학에서 사칙연산과도 같은 것이라 생각해야 한다. 그렇다면 이것을 좀 더 쉽게 할 수 있는 방법은 없을까? 있다.

다음 그림은 일반 가계에서 전략적 자산 배분을 실행할 수 있는 예시표다.

먼저 자산 배분은 톱다운(Top-Down) 방식**의 의사결정임을 이

** 의사결정시 먼저 전체적인 틀과 구조 하에서 구체적인 사안으로 접근하여 선택하는 것을 의미한다. 전체 지형을 판단하고, 숲을 보고, 숲 속의 각종 나무를 보는 방식이다. 자산 배분은 구체적인 상품부터 시작하는 것이 아니라 금융과 부동산→금융 중에서 채권과 주식→채권 중에서는 국공채와 회사채 등으로 접근하는 것이 바람직하므로 톱다운 방식이라 할 수 있다. 이와 대비되는 의사결정 방식을 보텀업(Bottom-Up)이라 한다.

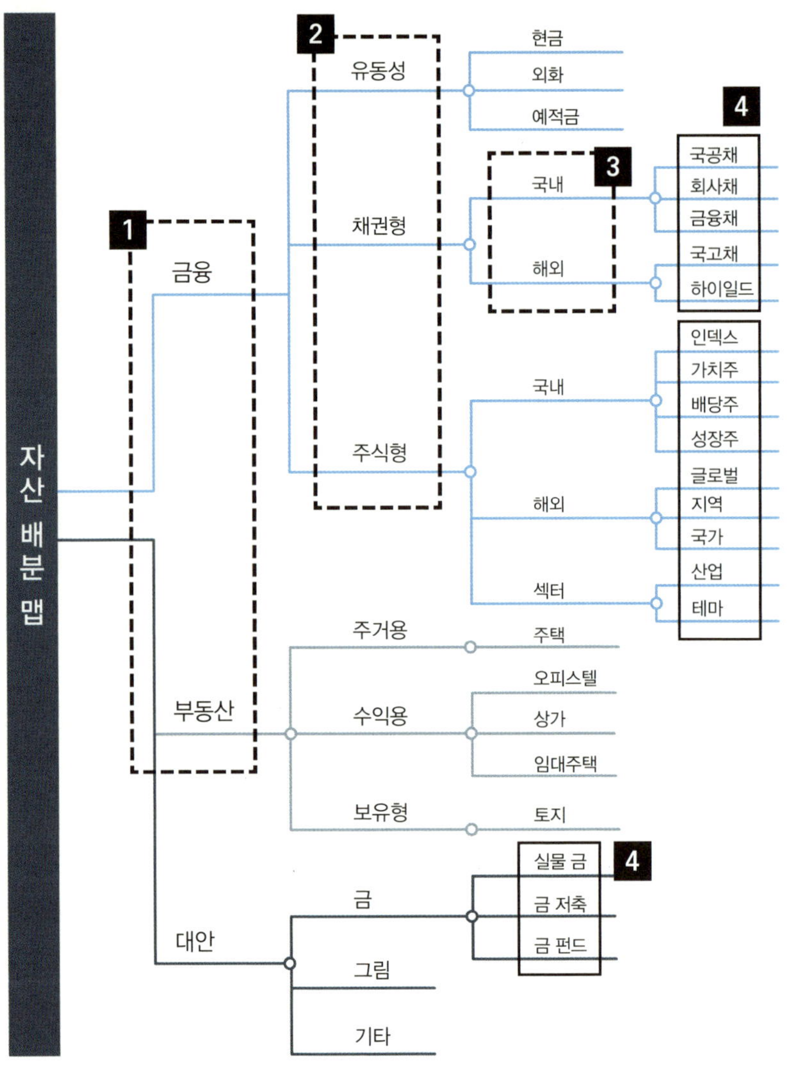

해하자. 즉 포트폴리오 선정 과정이 신문이나 금융기관의 수익률 순위표 등을 보면서 상품부터 고르는 일과는 다르다.

1단계에서는 가계 재무 상황과 미래 계획에 맞게 금융과 부동산의 비중을 결정한다. 만약 현재 금융과 부동산 비중이 10 : 90인데, 중장기적 비중을 30 : 70으로 했다면 부지런히 저축을 하여 금융자산을 늘리든가 현재 보유 부동산을 처분하든가 두 가지 중 하나를 해야 한다는 것을 의미한다.

2단계에서는 금융자산에서도 다시 유동성 : 채권형 : 주식형 비중을 나눈다. 주식형 자산을 아무리 배분하여도 결국 상관관계가 낮은 것은 현금 및 채권형이다. 따라서 유동성과 채권형 비중을 배분하는 것은 경제 상황이나 나이의 많고 적음을 떠나 필수적이라 할 수 있다. 2단계부터는 경기의 흐름을 좀 더 반영하기 시작한다.

3단계에서는 채권형, 주식형 각 자산군에서 국내와 해외 비중을 결정한다. 과거에는 정보의 접근성 등을 이유로 국내 투자 비중을 높게 했으나 최근에는 해외 비중을 좀 더 적극적으로 늘여가는 움직임이 많다. 한국보다 더 젊고 역동적인 나라로 눈을 돌리는 것이다.

4단계는 투자 지역 배분, 스타일 배분, 산업 배분 등이 이루어진다.

만약 주식형을 국내 : 해외를 30 : 70으로 배분했다고 하면, 이중 국내의 경우 성장주나 가치주나 등으로 배분하고, 해외의 경우 투자 지역을 나눈다. 앞에서 언급한 펀드 스타일 배분 방법을 참조할 수 있다. 헬스케어, 원자재 등 특정 산업이나 업종에 대한 배분도 결정한다. 4단계에서는 현재의 경제 상황을 기초로 한 앞으로의 전망이나 의견이 많이 반영될 수밖에 없을 것이다.

5단계에서 최종 상품이 결정된다. 만약 국내 주식형에는 가치주펀드를, 해외 주식형에는 중국펀드를 배분했다면 각 상품군 중 가장 안정적이고 믿을 만한 펀드를 골라낸다.

이러한 일련의 과정을 통해 우리는 무엇을 얻을 수 있을까.

첫째, 투자에 대한 지나친 기대와 지나친 두려움을 갖지 않게 된다.

자산 배분을 하게 되면 시장의 작은 움직임에 심리적으로 흔들리거나, 시장을 수시로 예측하여 투자 대상을 빈번하게 변경하는 일이 없어진다. 이것은 투자의 시계를 좀 더 길고 넓게 가져가게 해준다.

둘째, 손실을 줄이게 된다. 만약 위의 전략적 자산 배분 방법에 의해 중국펀드에 투자했다고 가정하자. 중국이 폭락했다고 치자. 그런데 내가 투자할 수 있는 자금 중 과연 얼마가 배분되었을까? 더구나 중국과 다른 방향으로 움직이는 해외펀드도 있고, 또 전체 주식형 자산과 다르게 움직이는 채권형도 있다. 우리는 자산 배분을 통해 시장의 변동성을 때때로 조망할 수 있는 여유가 생긴다.

셋째, 시장의 열매를 공유할 수 있다. 시장에 대한 예측은 오히려 시장으로부터의 이탈을 가져오는 경우가 많다. 묵묵히 자산 배분을 유지할 때 아무도 예측할 수 없는 시장에 열매가 맺히는 시기를 놓치지 않게 된다.

넷째, 세상의 흐름을 느낄 수 있다. 자산시장은 세상의 돈의 흐름을 반영한다. 돈은 정보를 따라 움직이고 그 정보는 세상의 다양한 움직임을 의미한다. 우리가 자산 배분 행위를 한다는 것은 이미 여기에 대한 통찰을 하게 된다는 것이다.

처음의 전략적 자산 배분은 리밸런싱에 해당하는 전술적 자산 배분으로 더욱 보완된다. 아래의 경우를 예를 들어보자.

먼저 금융과 부동산 비중을 최초 13 : 84에서 28 : 70으로 목표했는데 현재 비중은 14 : 83이다. 이에 따라 조정 목표값은 부동산 자산을 약 8,500만원 축소하여 금융자산으로 전환해야 한다는 것을 보여준다.

금융자산에서의 비중도 마찬가지다. 현재 비중은 목표 비중 대비 유동성과 주식형 비중이 높은데 주식형의 경우 주식시장 상승에 의한

자산 배분

구분	2014/12/17	최종 비중	목표비중	2015/6/10	현재 비중	조정 목표값
금융자산	8,072 만원	13%	28%	8,840 만원	14%	8,457 만원
부동산	51,500 만원	84%	70%	51,500 만원	83%	−8,259 만원
기타	1,433 만원	2%	2%	1,433 만원	2%	−191 만원
합계	61,005 만원		100%	61,773 만원		

금융자산 비중

구분	2014/12/17	최종 비중	목표비중	2015/6/10	현재 비중	조정 목표값
유동성	1,410 만원	17%	10%	1,420 만원	16%	−537 만원
채권형	3,085 만원	38%	45%	3,100 만원	35%	878 만원
혼합형	만원	0%	0%	만원	0%	만원
주식형	3,577 만원	44%	45%	4,320 만원	49%	−342 만원
합계	8,072 만원		100%	8,840 만원		

이유일 수 있다. 그중 특히 수익률이 높은 펀드 등의 부분 매도를 통해 주식형 비중을 45% 또는 40% 수준까지 줄이고 이를 채권형으로 전환한다면 전체적인 금융자산 구성이 목표 비중으로 조정될 것이다. 이것은 자연스럽게 주식시장에서의 수익을 안전자산으로 이동시키는 효과를 가져온다.

전술적 자산 배분은 주식시장이 더 좋아질까, 아니면 더 나빠질까에 대한 예측보다는 비중이 초과하면 덜어내어 모자란 곳에 더하는 기계적 리밸런싱에 충실할 뿐이다. 이것이 반드시 더 좋은 결과를 가져오는 것은 아니다. 하지만 최소한 고평가된 자산을 팔고 저평가된 자산을 매입하는 일은 비교적 수월하게 된다는 장점이 있다.

실제 모니터링 단계에서 이루어지는 포트폴리오 비율에 대한 검토는 '어깨 위'와 '무릎 아래'에 대한 훌륭한 시그널에 해당된다. 따라서 수익률을 극대화하는 경우보다 시장의 하락시 손실을 최소화하는 경우가 많았던 것으로 생각된다.

금융상품

이것만 알아도 충분하다

나는 저축과 투자를 하는 데 있어 단순한 방법일수록 좋고, 또 금융 상품 하나하나 자체가 인생에 영향을 주는 것도 아니라고 생각한다. 금융권에서 가장 낮은 금리의 적금일지라도 가입하여 모아가는 것이 그렇지 않은 경우보다는 더 좋은 결과를 가져오기 때문에 좋은 상품이라 할 수 있다. 나름대로 잘 골라서 가입한 펀드가 1년이 지나고 2년이 지났는데도 마이너스 수익률을 벗어나지 못한다 하더라도 아무것도 하지 않은 것보다 더 좋은 결과를 가져올 수 있기 때문에 그 역시 좋은 상품이라 할 수 있다.

대부분의 사람들은 새것에 민감하다. 하지만 저축과 투자에는 왕도가 없다. 아래 상품들은 어쩌면 전통적인 금융상품군일 수 있다. 하지만 이것만 이해하고 활용해도 자산 배분에 이미 충분히 도움이 될 것으로 본다. 구체적인 상품의 특징이나 내용은 다른 매체들을 통해서 자세히 알 수 있을 것이다. 각 상품의 간단한 개념과 유의사항 정도만

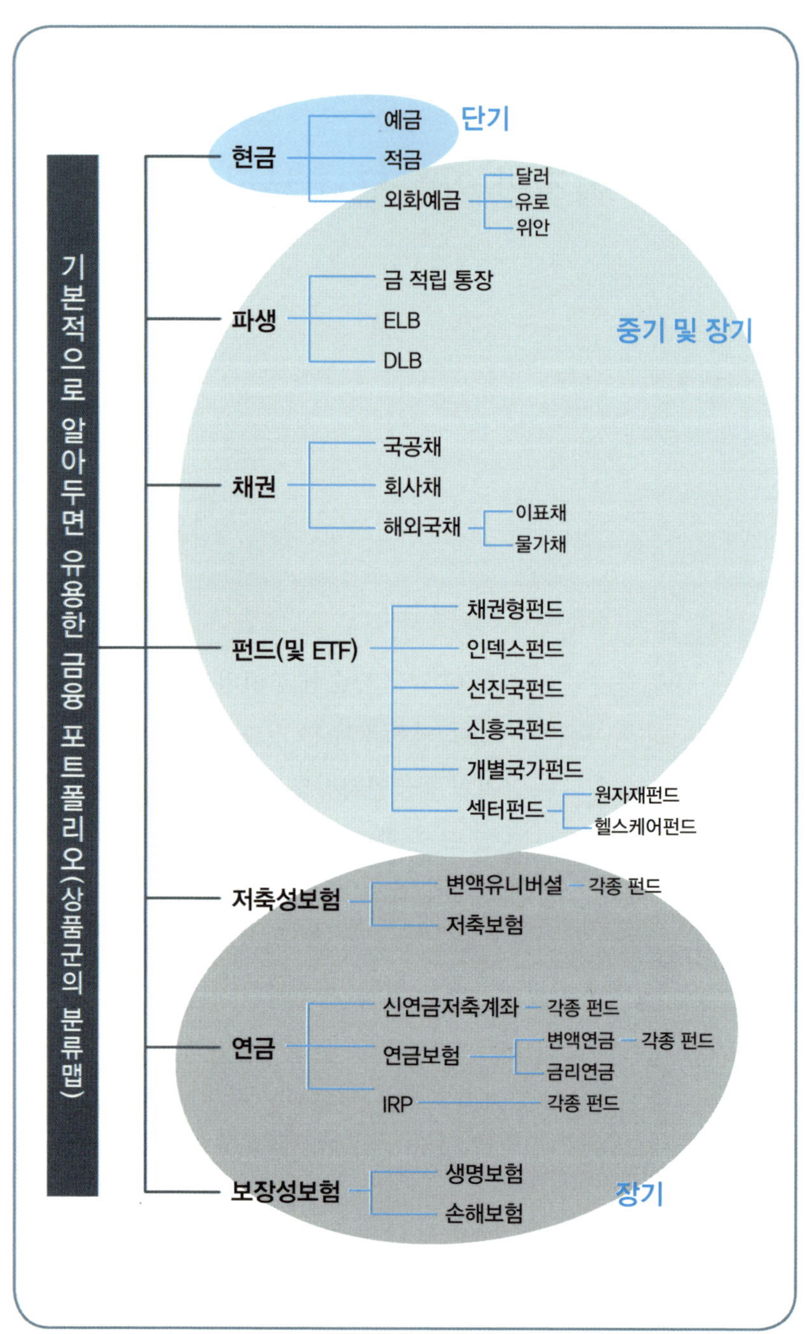

기본적으로 알아두면 유용한 금융 포트폴리오(상품군의 분류맵)

현금 — 예금 / 적금 / 외화예금 — 달러 / 유로 / 위안

단기

파생 — 금 적립 통장 / ELB / DLB

채권 — 국공채 / 회사채 / 해외국채 — 이표채 / 물가채

펀드(및 ETF) — 채권형펀드 / 인덱스펀드 / 선진국펀드 / 신흥국펀드 / 개별국가펀드 / 섹터펀드 — 원자재펀드 / 헬스케어펀드

중기 및 장기

저축성보험 — 변액유니버셜 — 각종 펀드 / 저축보험

연금 — 신연금저축계좌 — 각종 펀드 / 연금보험 — 변액연금 — 각종 펀드 / 금리연금 / IRP — 각종 펀드

보장성보험 — 생명보험 / 손해보험

장기

보도록 하자.

단기

· 현금

이자는 적으나 입출금이 자유로워서 유동성이 뛰어나고 손실 가능성이 없는 예적금, CMA, MMF 등은 현금자산으로 분류한다. 글로벌 경제 하에서 외화 예금의 수요도 늘고 있다. 주로 환율 변동에 의한 환차익을 목적으로 한다. 하지만 환차익이 아니더라도 자산이 점점 늘어갈 경우 자산의 다각화를 위해 배분하는 것이 바람직하다. 달러나 유로화는 안전자산으로서의 교환가치가 있고 위안화의 경우 장기적으로 투자가치가 높다고 본다. 환차익에는 세금이 부과되지 않으나 이자에는 세금이 부과된다.

중기 및 장기

· 금 적립통장

금실물의 거래 없이 적금처럼 통장에 금을 적립할 수 있으며 저렴한 비용으로 금 투자 효과를 볼 수 있는 금 직접 투자상품이다. 국제 금 시세와 달러 대비 원화 환율을 적용해 금으로 적립한다. 금 역시 단기적인 시세 차익을 기대하는 것은 바람직하지 않다. 변동성이 매우 크기 때문이다. 다만 자산이 늘어나면서 금융과 부동산의 사이에 있는 또 다른 실물을 보유하는 방식으로서 접근해야 한다. 금을 보유한다는 것은 최악의 경제 상황을 염두에 두고 투자하는 것이다. 금은 삼국시대에도 돈이었고 21세기에도 돈이다. 즉 시간을 초월한 교환가치를 갖는다. 금은 한국에서도 돈이고 아마존에서도 돈이다. 공간을 초월한 교환가치를 갖는다. 전쟁과 재난 · 재해 때문에 모든 자산의 가치가 떨어질 때 금의 가치는 더욱 빛난다. 따라서 금에 대한 투자는 수익의 개념이 아니라 완벽하고 절대적인 교환가치를 확보하는 것으로 이해해야 한다.

· ELB(Equity Linked Bonds, 주가연계파생 결합사채)

주식, 주가지수 등과 연계하여 미리 정해놓은 손익 조건에 따라 수익을 지급하는 금융 투자상품으로 쉽게 말하면 원금이 보장되는 ELS(Equity-Linked Securities, 주가연계증권)를 말한다. 주식은 손실 발생시 보유하거나 손절하거나 투자자의 선택, 즉 통제력이 있는 데 반해 일반적인 ELS의 경우 손실이 발생해도 만기에는 강제 상환되므로 가입하는 순간 이미 투자자의 통제력은 없다고 봐야 한다. 이것이 ELS의 가장 큰 리스크다. 따라서 예금 금리보다 조금 높은 수익을 추구하되 안정적이길 원한다면 원금이 보장되는 ELB가 적당하다고 할 수 있다.

· 채권

채권은 일정한 목돈을 필요로 한다. 부자를 닮아가고자 한다면 채권은 별도의 학습으로 반드시 이해해야 한다. 채권의 수익은 다양하지만 보통 6개월 단위로 지급되는 이자와 채권 가격 변화에 따른 매매 차익으로 볼 수 있다. 내가 돈을 빌려준 증서를 다른 이에게 팔 수 있는 것이다. 그 과정에서 프리미엄이 붙을 수도 있고 손실이 생길 수도 있다. 이중 이자에는 과세가 되고 매매 차익은 비과세된다. 채권 투자의 전제가 안정적인 수익이라고 한다면 국공채와 AA 이상 신용등급을 지닌 채권에 투자하는 것이 바람직하다고 본다. 국공채의 경우 만기 상환은 사실상 보증되는 것이므로 중간에 매매할 것이 아니라면 무위험 투자로 볼 수 있다. 일반적으로 장기 국고채의 경우 과세 혜택 등과 더불어 시중 금리보다 높은 수익률을 추구할 수 있다.

물가 연동 국고채의 경우는 소비자 물가 상승률(CPI)만큼 원금이 저절로 상승하는 채권이다. 여기에 이자율이 적용되어 지급된다. 따라서 물가채는 이자와 매매 차익이라는 채권 수익 모델에 물가 상승률이라는 수익 모델이 더해진 셈이다. 물가 상승에 따라 자산 가치가 올라가는 것은 실물자산의 보유 효과가 있는 것이다. 따라서 물가채를 금융의 골드, 금융의 부동산이라 부르기도 한다. 물가채는 물가 상승률이라는 비과세 수익을 더해주되 과세가 되는 표면 이자율은 낮다. 따라서 전체적인 수익률이 높아도 대표적인 절세 채권으로 분류된다.

해외 국고채 역시 국고채와 동일하게 이해를 하면 된다. 이자가 지급되고 매도시 매매 차익을 기대할 수 있다. 다만 각 나라의 조달 금리에 따라 표면 이율이 다르다. 더불어 환율의 변동이 있기 때문에 환차익 또는 환차손이라는 수익 모델이 더해진다.

· ETF(Exchange Traded Funds)

KOSPI 200, KOSPI 50과 같은 특정 지수의 수익율을 얻을 수 있도록 설계된 지수 연동형펀드다. 펀드인데 주식으로 만든 것이다. 주식 시장 전체를 추종하는 ETF부터 최근에는 각 업종이나 그룹별로 특화된 ETF도 많다. ETF는 수수료나 거래 비용의 절감 면에서 탁월하다. 주식으로 거래되니 펀드보다 유동성이 뛰어나다. 펀드로는 찾기 어려운데 투자하고 싶은 자산으로 ETF가 있다면 활용하기도 좋다. 예를 들어 미국 국고채에 투자하는 펀드를 찾기는 어려우나 미국 국고채 ETF는 투자할 수 있는 것이다. 여러 가지 장점이 있으나 일부 ETF를 제외하고는 적립식으로 투자하기가 어렵다는 점 등은 아직 불편한 사항이다.

장기

· 변액 유니버셜보험

보험료 대부분이 펀드에 투자되는 변액 보험으로 적게는 수 개에서 많게는 수십 개의 펀드에 투자된다. 자유로운 입출금이 가능하다. 10년 이상 유지하면 비과세 혜택이 있고 해외펀드 투자시 매매 차익에 대한 비과세가 일반 펀드 대비 유리한 점이다. 그러나 중요한 것은 이익이 있어야 한다는 것이다. 적립식 변액 유니버셜의 경우 사업비를 제외하고 나면 수익이 나도 단기적으로 원금에 도달하지 못하는 경우가 많다. 이를 극복하려면 펀드 변경과 추가 납입 기능을 잘 활용하는 것이 좋다. 펀드 변경이 원스톱으로 간편하게 이루어지는 점은 일반 펀드 포트폴리오에서는 하기 어려운 부분이다. 따라서 경제 상황에 맞게 적절하게 투자관리를 하여 수익률을 제고할 수 있다. 최근에는 일부 보험사의 경우 추가 납입 보험료 수수료를 완전히 없앤 경우가 있는데 이를 활용할 경우 투자관리와 비용절감 효과가 극대화될수 있다. 변액보험은 반드시 10년 이상 유지할 것을 전제로 본인의 노후자금 혹은 자녀들의 자산 운용 계좌로 이전하는 것이 좋다.

· 신연금 저축 계좌

기존의 연금 저축(보험, 신탁, 펀드)의 업그레이드 버전이다. 세액공제 혜택 및 수익에 대한 과세를 이자 소득세(15.4%)가 아니라 연금 소득세(3.3~5.5%)로 과세한다는 점은 동일하다. 중요한 것은 신연금 저축 계좌 안에 채권형, 국내 주식형, 해외 주식형 등 자유롭게 선택할 수 있는 다양한 펀드들이 있다는 점이다. 또한 시황에 따라 적절하게 포트폴리오 변경 관리를 할 수 있다는 점이 최대 장점이다. 여기에 중도 인출 기능을 부여하여 긴급할 경우 유동성이 확보된다. 세액공제 대상은 연간 400만원이지만 납입 가능액은 연간 1,800만원이므로 연간 1,400만원에 대해서는 일반 펀드 포트폴리오로 운용해 활용 가능하다.

· IRP(Individual Retirement Pension, 개인형 퇴직연금)

근로자가 퇴직연금을 직접 관리할 수 있는 계좌로서, 퇴직연금에 가입한 근로자 및 퇴직금, 퇴직연금 일시금을 수령한 퇴직자가 가입할 수 있다. 연금 저축과 마찬가지로 55세 이상으로서 가입 기간이 5년일 경우 연금을 받을 자격이 생기며 연금은 연금 수령 한도(최장 10년) 내에서 받을 수 있다. 납입액 300만원까지 세액공제를 받을 수 있으며, 연금 저축이 없을 경우 연금 저축 세액공제분 400만원 포함 700만원까지 세액공제가 가능하다.

· 변액연금

연금 보험의 대표 주자로 변액 유니버셜보험과 비슷하게 이해할 수 있다. 다만, 연금 개시 시점에 원금이 보장된다는 점이 다르다. 최근에는 보험회사 간 경쟁에 따라 수익률에 대한 최저 보증이 파격적인 상품도 출시되고 있다.

금융권에 실제로 존재하는 상품들을 분류한다면 얼마나 많겠는가. 표에는 ELS, 개별 주식 등 우리가 많이 접하는 상품군도 제외되어 있으며, 선물 옵션 등 파생 상품 및 그 밖에 많은 상품군들도 빠져 있다. 그것은 나의 개인적인 성향이기도 하고 투자 원칙이기도 하기 때문이다. 하지만 경험적으로 보면 이 정도의 상품군으로도 충분히 모든 것을 활용할 수 있다고 생각한다.

여기에 간단히 분류한 상품들은 커피 원두와도 같다. 에스프레소가 되기도 하고 아메리카노가 되기도 한다. 기호에 따라 카푸치노나 카페라테가 되기도 한다. 모든 상품들은 절대적으로 좋고 나쁨이 없다. 용도와 투자 성향에 맞으면 좋은 것이다. 용도와 투자 성향에 맞지 않으면 나쁜 것이다. 어떤 이에게는 약이 되는 음식이 어떤 이에게는 독이 되는 것과 같다.

자본주의에서 수많은 금융 정보가 있는 것은 당연하다. 그런데 해석되지 않은 금융 정보는 독과도 같다. 최소한 위의 상품들에 대해서는 기본적으로 이해할 수 있어야 한다. 그러고 나면 다른 많은 상품들은 그저 물과 우유가 배합된 에스프레소의 변형을 이해하듯 쉬워질 것이다.

금융상품

―

선택 프로세스

저축이나 투자를 할 때는 금융상품 선택이 매우 중요하다. 신문을 펴놓고 선택하는 것이 아니라 자신의 삶을 살펴보며 접근해야 한다. 여기에는 전략적인 프로세스가 필요하다. 이는 수시로 갈등하고 흔들릴 때 지침이 되는 가이드라인이기도 하다.

돈의 용도와 필요 시점을 계획한다

돈의 용도와 필요 시점을 계획하는 일은 재무적 인생에서의 알파요 오메가다. 이것은 모든 것을 시작하는 이유고, 지속하는 힘이며, 조정하는 방향타다. 자산 배분이며 포트폴리오이며 상품 선택이며 그 무엇이든 여기에 종속되고 배열된다. 금융이든 비금융이든 모든 상품은 다 좋다. 용도에 맞게 선택만 된다면. 반대로 용도에 맞지 않는 모든 상품은 다 나쁘다.

용도와 필요 시점이 결정된다는 것은 기본적으로 저축 및 투자 기간, 목표 저축액이 설정된다는 것을 의미한다. 그리고 통장에 목적과 의미가 부여된다. 나는 이것을 통장에 라벨링(Labelling)한다고 표현한다. 돈이 단기에 쓰일 용도라면 기본적으로 위험자산에 투자하는 것은 바람직하지 않다. 돈이 중기, 또는 장기에 걸쳐 형성된 이후 쓰일 예정이라면 투자형 상품도 좋을 것이다.* 그것이 재조정되고 변경되는 과정에서도 동일한 목적으로 유지될 가능성이 높아진다. 돈을 미래에 누가 사용하게 될 것인가에 따라서도 상품은 달라질 수도 있다. 예를 들어 자녀가 사용하게 될 경우 채권, 펀드, 신탁, 보험 등 그 구조를 달리할 수도 있고, 또 예상되는 사용 지역에 따라 원화, 달러화, 위안화 등 화폐를 달리할 수도 있다.

목표 저축액에서 저축(무위험)과 투자(위험)의 비중을 결정한다

분산 투자는 수익률을 위한 보험에 해당한다. 만약 주택자금을 위해 100만원씩 7년간 투자하기로 했다고 하자. 100만원 모두를 주식이나 펀드 등 투자상품으로 할 것인지, 그중 일부는 적금 등 안전자산으로 할 것인지를 검토해야 한다. 투자 적합성 평가를 통해 위험 성향을 반영하는 것이 좋다. 다음 표는 현장에서 활용하는 위험 성향별 배분과 기대 수익률 추정을 위한 계산표다.

상품군을 분류하고 적합한 것을 선택한다

저축이든 투자든 용도에 맞고, 위험 성향에 맞고, 기대하는 수익률에 부응하는 상품을 선택해야 한다. 상품 선택시 언론이나 인터넷 검

---

* 일반적인 금융권에서는 1년만 넘어도 장기상품으로 규정하는데, 삶의 계획과 동반하는 재무설계 관점에서는 단기는 3년 이내, 중기는 3~10년, 장기는 10년 이후를 의미한다.

분류	주식형	채권형	현금성	계	주식 기대 수익률	채권 기대 수익률	현금 기대 수익률	포트폴리오 기대 수익률
공격적 투자형	80%	15%	5%	100%	10.0%	3.5%	1.5%	**8.60%**
적극 투자형	60%	30%	10%	100%	10.0%	3.5%	1.5%	**7.20%**
위험 중립형	50%	30%	20%	100%	10.0%	3.5%	1.5%	**6.35%**
안정 추구형	20%	50%	30%	100%	10.0%	3.5%	1.5%	**4.20%**
안정형	10%	70%	20%	100%	10.0%	3.5%	1.5%	**3.75%**

색을 활용하는 건 매우 어리석은 일이다. 기삿거리나 포스팅의 소재보다 차라리 고전적이고 단순한 것이 좋을 수 있다(구체적인 상품들에 대해서는 앞의 '금융상품, 이것만 알아도 충분하다'를 참조하기 바란다).

동일한 수익에서 위험과 비용을 비교한다

이제 보다 효율적인 투자를 위해 포트폴리오 지배 원리가 작동하게 된다. 예를 들어 투자펀드에 대한 연간 기대 수익률을 10%로 설정했다면 각 펀드를 선택하는 과정에서 보다 위험(변동성, 표준 편차)이 낮은 상품을 선택하게 될 것이다. 반대로 후보 상품들의 위험이 동일하다면 기대 수익률이 더 높은 상품을 선택하게 된다. 나아가 기대 수익률과 위험도 동일하다면 소요되는 비용이 적을수록 좋을 것이다.

손실시 대응 가능 여부, 통제 용이함을 따져본다

투자한 상품의 수익률이 마이너스라면 때때로 투자하기에 좋은 시기일 수 있다. 그러나 돈이 필요한 시점으로 다가갈수록 포트폴리오 수익률은 목표하는 수준으로 개선되어가야 한다. 그렇다면 투자 기간 동안 상품의 교체, 해지, 증액 등 적절한 조정이 가능해야 한다. 특히 상품의 만기 시점에 손실이 발생해 있다면 비록 강제적이긴 하지만 만기를 연장하여 수익률 개선의 기회를 확보하는 것도 필요하다. 앞에서 ELS 등을 포트폴리오에서 배제한다고 한 이유는 ELS가 시장이 좋을 때는 6개월 단위로 강제 상환되기도 하고, 좋지 않을 때에는 만기 유보의 여지가 없이 강제로 손실 상환되는 등 투자하는 순간, 투자자가 할 수 있는 것은 아무것도 없기 때문이다.

세금을 비교한다

세금도 비용이다. 펀드를 기준으로 한다면 채권형펀드와 해외펀드는 이자 소득세 과세, 국내 주식형펀드는 부분적으로 비과세된다. 여기에 선박펀드, 유전펀드처럼 저율로 분리 과세하는 절세형 상품들도 있다. 동일한 기대 수익률과 위험과 비용이라면 해외 주식형펀드보다는 국내 주식형이 절세가 되므로 더 낫다.

그러나 때때로 절세 자체가 목적으로 전도되는 경우를 주의해야 한다. 선박펀드나 유전펀드가 포트폴리오의 분산을 통해 위험을 낮추기 위해 일부 편입된다면 모를까 절세를 목적으로 가입된다면 매우 어리석은 일이 될 것이다. 절세는 늘 +α로 고려하는 것이 바람직하다. 소득세를 낸다는 것은 어쨌든 수익이 있었다는 것을 의미한다. 따라서 먼저 위험이 낮은 것을 선택한 후 수수료와 세금 등 비용을 감안하는 것이 바람직하다.

단기는 금리형, 중기는 투자형, 장기는 국고채와 보험이 기본이다

나는 예전에 외화의 상승에 상당한 확신을 갖고 해당 외화 상승시

초과 수익을 얻을 수 있는 1년 만기 DLS나 단기 신탁을 투자 포트폴리오에 포함시킨 적이 있다. 나는 이것을 두고두고 후회했는데 그것은 시장은 언제나 우리의 예측을 수없이 비웃는다는 진리를 잠깐이나마 무시한 스스로의 어리석음에 대한 자조이기도 했다.

3년 이내에 쓸 돈은 무조건 금리형 상품으로 하거나, 원금 보장이 되는 투자상품이 좋다. 단기적인 경기 순환 주기 이내에 있을 경우 자금이 필요한 시기에 원금 손실 상태일 수 있기 때문이다. 또한 수익률의 효과가 단기적으로는 큰 차이를 가져오지 못하므로 수익률이 낮은 무위험자산에의 투자가 더 바람직하다.

3년 이상에서 10년 사이에 쓰일 자금이라면 비로소 투자형 상품을 선택할 만하다. 물론 여기에서 분산 투자 원칙은 지켜야 한다.

10년 이후 쓰일 자금은 보험회사의 상품이 유용하다고 본다. 자녀 교육 및 독립 재원, 노후자금 등이 대표적이다. 저축성 보험과 연금 등 보험 상품들은 처음부터 Whole Life를 전제로 만들어졌기 때문이다. 역으로 단기 상품으로는 전혀 맞지 않으므로, 10년 이상 가져가지 않을 것이라면 10분도 보유하지 않는 것이 좋다.

국고채의 경우 만기 보유를 전제로 한다면 사실상 무위험자산에 해당한다. 장기 채권에 투자한다면 시중 금리보다 수익률이 높고, 때로 시세 차익이 가능하며 세제상의 혜택도 뛰어나므로 적극적으로 눈여겨볼 만하다.

장기 투자자금은 묵묵히 숙성시킬 수 있는 것이 좋다

장기 투자자금은 마치 창고에서 숙성되는 와인과도 같아서 오래 숙성될수록 명품이 된다는 속성과 동시에 수시로 꺼내 맛보고 싶은 유혹에 노출된다. 더구나 우리의 욕망이 늘 자원을 초과하는 경향이 있다면 더욱 그렇다. 따라서 장기 목적자금 및 은퇴 이후 경제적 자유를 위한 투자 포트폴리오는 강제 저축을 전제로 해야 한다. 또한 중간에 포트폴리오 변경과 같은 조정시 자금이 인출되어 사용되는 등 수시로 이탈되지 않게 하는 것이 바람직하다. 미래의 내가 쓸 자금이면, 현재의 내가 쓰기 어렵고 부자유할수록 좋다는 이야기다. 다만 막연히 묻어두고만 갈 수 없기 때문에 때때로 조정을 해야 하는데 이것이 일반 투자 포트폴리오보다 용이해야 한다. 최근의 신연금 저축 계좌와 IRP, 변액연금이나 변액 유니버셜 등은 커다란 바구니 안에서 펀드들을 선택하고 변경할 수 있다는 점에서 장기 투자상품으로서의 수익률 관리 기능이 상당히 개선되었다고 본다.

수익은 현금화하여 재조정한다

저축 투자의 시작은 자산 배분이란 등대이며, 투자 관리는 등대로 향하는 자산 조정 과정이다. 쉽게 예를 들어보자. 주택자금을 위해 채권형펀드와 국내 주식형펀드에 투자했다. 일정한 시간이 흘러 국내 주식형펀드가 원금 1,000만원에 수익이 100만원 발생하여 현재 적립액이 1,100만원이라고 가정하자. 이때에는 다음 세 가지 중에서 적절한 조정안을 선택하는 것이 좋다.

1안: 100만원을 매도하여 이를 채권형펀드에 추가로 더 투자한다.

2안: 100만원을 매도하여 현금으로 보유하다가 국내 주식형펀드가 900만원으로 손실이 발생하면 재투자한다.

3안: 100만원을 매도하여 달러나 실물 금과 같은 안전자산으로 보유한다.

이 조정의 목적은 위험을 낮추고 기대 수익률을 달성하기 위한 것이다. 즉 수익률을 더 극대화하고자 함이 아닌 것이다. 이러한 방법은 시장이 크게 하락하거나 투자상품에 문제가 생겨 완전 정리하려 할 때도 그 손실을 줄이거나 수익을 보존하는 데 매우 유용했던 경험이 있다.

자산의 분산은 조정으로 완성된다. 아무리 좋은 포트폴리오라 하더라도 관리하기가 어렵다면 6개월 안에 후회스러워질 수 있다. 현란한 포트폴리오보다 단순하고 적절하게 조정 가능한 채권형펀드와 인덱스펀드 단 두 개가 훨씬 나을 수 있다.

따라서 상품을 몇 개로 나누더라도 투자자산에 대한 의사결정에 의해 일사불란하게 조정 및 변경이 가능해야 한다. 더구나 시장과 상품에 대한 기본적인 이해와 통찰을 하기 어렵거나, 이를 도와줄 좋은 재무상담사가 없다면 투자상품에 대해서는 당분간 유보하는 것이 나을 수 있다.

포트폴리오 평가를 먼저 하고 그 안에서 개별 상품을 평가한다

우리는 앞에서 분산 투자를 이야기할 때, 그 핵심은 상관관계가 반대 방향일수록 포트폴리오 효과가 크다고 했다. 따라서 그 평가도 개별 자산보다 먼저 포트폴리오 전체에 대해서 하는 것이 필요하다. 만약 주택자금을 위한 투자 포트폴리오가 적금 20, 채권형펀드 30, 인덱스펀드 20, 중국펀드 20, 헬스케어펀드 10으로 했다면 먼저 전체 적립금과 전체 수익률이 기대 수준에 부합되는지를 보는 것이 맞다. 상관관계가 다르다면 때로는 인덱스펀드의 높은 수익률 이면에 채권형펀드의 저조한 성과가 있을 수 있다. 그러나 이때 해당 채권형펀드가 잘못된 것이라 평가하는 오류를 범하지 말아야 한다. 그것이 오히려 정상적일 수 있기 때문이다. 오히려 수익률이 좋은 인덱스펀드나 중국펀드가 벤치마크 대비 수익률이 낮거나, 위험도가 높거나, 투자 전문가의 교체가 이루어져서 불안정해질 수 있다. 그러면 교체 대상은 채권형펀드가 아니라 인덱스펀드나 중국 본토 펀드가 되는 것이다.

지금까지 저축 및 투자를 위한 금융상품 선택 프로세스에 대해 10가지 단계를 이야기했다. 이렇게 계획하고, 이렇게 투자하고, 이렇게 관리를 한다 해도 우리는 수시로 심리적 갈등과 두려움에 당면하게 될 것이다. 때로는 무언가를 결정해야 하는 순간도 마주하게 된다. 그때마다 이 프로세스는 큰 욕심 없이, 큰 실수 없이 의사결정하는 데에 좋은 지침이 될 것이다. 당연히 우리는 본업에 더 집중할 수 있고 재무적인 부분 외에 삶의 다른 중요한 순간들을 놓치지 않을 수 있다.

종잣돈의 정체

—

종잣돈의 마술

우리 속담은 유머 있으면서도 심오한 말들이 참 많은 것 같은데 '귀신 씻나락 까먹는 소리'도 그중 하나 아닐까 싶다. 이치에 맞지 않고 어리석은 말에 빗대는 속담이다. '씻나락'은 나락의 씨가 되는 거니까 볍씨를 의미한다. 아마도 가을에 추수를 하면 내년 농사를 위해 가장 튼실한 놈들로 씻나락을 골랐으리라. 그리고 창고 서늘하고 건조한 곳, 쥐도 다니지 않는 곳에 보관하는 등 꽤 신경 썼을 것이다. 씻나락들은 이듬해 수십 수백 배의 양으로 확대 재생산되었을 것이다. 만약 어찌어찌한 사정이 있어 봄에 뿌릴 씻나락이 없게 된다면 그는 아마도 동네 부자 양반댁에 가서 장리로 씨앗을 빌리게 되었을 것이다. 그해 흉년까지 겹친다면 그의 조그만 땅도 이제 양반댁에 넘어가고 말았을 터, 그러니까 농부가 겨울부터 봄 사이에 혹여 아무리 배가 고프고 굶주려도 씻나락만큼은 손에 대지 않았을 것이다. 그뿐일까. 농부들의 사정을 아는 귀신조차 먹지 않는 것이 씻나락 아니었을까? 그러니 귀신이 씻나락 까먹는 소리라는 것은 말도 안 되며 이치에도 맞지 않는다는 것이다.

돈에도 씻나락이 있다. 그것이 종잣돈이다. 흔한 말로 밑천이다. 밑천 없이는 아무것도 할 수 없다. 볍씨 없이 한해 농사가 불가능하듯, 종잣돈이라는 목돈을 만들지 않으면 정상적인 경제활동이 어려워진다. 농부도, 귀신도 씻나락을 까먹지 않듯 이제 가계에도 까먹지 않는 돈의 씨앗을 만들어야 한다. 『열두 살에 부자가 된 키라』, 『돈』 등의 저자 보도 새퍼는 "쓰면 안 되는 돈을 저축하라"고 했는데 이것이 곧 종잣돈이다.

흔히 종잣돈은 목돈을 의미한다. 그러나 원칙적으로는 한 달의 수입 중 최소 30%는 더 큰돈을 위한 '씨앗'이라는 것을 기억하자. 종잣돈은 조만간 필수적으로 쓰일 돈이나 미래에 쓰일 예정이라 강제로 묻어두며 가는 노후자금 등과는 구분하는 것이 바람직하다.

그렇다면 '얼마가 되어야 종잣돈일까'는 어리석은 질문이긴 하다. 논 한 마지기 가진 농부와 백 마지기 가진 농부의 씻나락 규모가 다른 것과 마찬가지다. 개인적으로 당장 동원하기는 어렵지만 3년 정도 좀 독하게 모으면 만들 만한 돈, 그래서 매력적이긴 한데 저축에 대한 부담은 좀 되는 돈, 그러나 도전해 보고 싶은 돈, 그것이 1차 종잣돈이다.

그렇다면 종잣돈은 도대체 왜 필요할까?

먼저 경제적인 스프링 존을 만들어준다

인생은 히말라야 준령이나 주가지수 그래프만큼 굴곡이 심하다. 일시적 실직이나 사업의 실패 등은 오히려 일상이다. 최소한의 종잣돈은 스프링 역할을 하면서 냉정하고 침착한 재기를 돕는다. 떨어지는 것을 연착륙시키는 역할만 하는 것이 아니다. 도약할 때 더 높이 뛰어

오르게 하는 것도 종잣돈의 스프링 기능이다.

종잣돈에는 정보가 모이기 시작한다

정보는 돈이라는 빛을 찾아드는 불나방과 같다. 그래서 종잣돈에는 씨앗이 심겨질 세계 곳곳의 농토에 대한 정보들이 찾아든다. 물론 그 정보를 해석하고 옥토를 가려내는 능력은 스스로의 몫이다.

종잣돈이 있다면 대략 3~5년 주기의 자산 바겐세일 기간을 놓치지 않을 수 있다

경제가 팽창했다가 수축하고 다시 팽창하고 수축하는 사이클을 경기 순환이라고 한다. 경기가 한 사이클 돌고 나면 부자는 더 부자가 되어 있고, 서민은 더 가난해져 있다. 풍년과 흉년이 번갈아 한 바퀴 돌면 소농의 땅은 없어지고 대농의 땅만 더 많아지는 것과도 같다.

경기가 수축하여 불황기에 들어가면 대부분의 자산군 즉 채권도 주식도 주택도 상가도 모두 바겐세일 되어 매물로 나오는데 이중 좋은 물건들을 싸게 사들일 밑천이 있어야 한다. 그 준비가 되어 있을 때 재무적으로 도약할 준비가 되었다고 할 수 있다.

3년 주기의 종잣돈 점검과 확대는 그래서 유용하다. 불황은 누군가에게는 혹독하게 추운 겨울 벌판이지만, 누군가에게는 새로운 세상을 열기 위한 발판을 마련하는 뜨거운 기회의 계절이다.

또한 종잣돈이 있어야 자산의 눈덩이 효과가 시작된다

일단 눈뭉치처럼 만들기만 하면 긍정적 효과가 발생하기 쉽다. 심리적으로도 그렇고 실제 수치상으로도 그렇다.

우리는 앞에서 미래 자산 = 원금$(1+ 수익률)^{기간}$의 공식을 다룬 적이 있다. 미래의 자산에 영향을 주는 것은 원금과 수익률과 투자 기간의 승수인데 그중 가장 영향을 많이 주는 것이 원금의 크기와 장기 투자가 된다고 했다. 1,000만원과 5,000만원을 동일한 수익률 7%로 투자했다고 하면 3년 후엔 각각 1,225만원, 6,125만원이 된다. 이 원리금을 고스란히 한 번 더 3년 굴리면 1,500만원, 7,500만원이 된다.

일반적으로 복리의 마술을 이야기하지만 복리라는 로켓의 추진체는 크기와 수익의 지속성이다. 시간이 5년 미만이면 단리와의 차이가 크지 않다. 원금도 클수록, 수익률도 높을수록 복리 효과는 의미가 있어진다. 그리고 낮더라도 수익이 지속적으로 발생해야 한다. 작은 종잣돈을 운용해보면 그것이 규모가 커져야, 그리고 한 번 더 굴리고 또 한 번 굴릴수록 눈에 보이는 효과가 있다는 것을 알게 되면서 추가적인 저축과 장기 투자를 하게 될 가능성이 높아진다. 수익의 지속성을 위한 분산 투자는 당연하고 자연스런 전제다.

마지막으로 종잣돈은 생산적인 돈이 된다

100만원이 있다면 동남아 여행과 명품 핸드백 사이에서 고민을 하기 쉽다. 1,000만원이 있다면 차량 교체와 재투자 사이에서 고민하기 쉽다. 1억원이 만들어지면 채권이냐 펀드냐 수익형 상가냐 사이에서 고민하기 쉽다.

돈은 커질수록 생산적인 곳을 향한다. 돈이 일을 하게 됨을 의미한다. 종잣돈이 커지면서 결국엔 본인의 경제적 자유를 위한 대체 소득원으로 전환된다. 종잣돈의 정체는 경제적 자유를 위한 씨앗인 것이다.

우리는 늘 경제적 자유를 꿈꾼다. 그런데 그것을 우선순위에 두는 사람은 많지 않다. 매월의 소득이 입금될 때마다 까먹으면 안 되는 셋나락이 무엇인지를 생각하고 단호하게 떼어내야 한다.

종잣돈

어떻게 마련하나

종잣돈 만드는 것에 특별한 방법이 있을까? 목돈과 동일하므로 왕도는 절약과 저축밖에 없다. 다만 다음 사항들을 고려하면 조금의 도움이 될 것이다.

가장 강렬한 꿈을 선명하게 이미지화하여 종잣돈 통장에 라벨링한다

가장 좋아하고, 가장 하고 싶고, 가장 갖고 싶은 것을 목표로 할 때 종잣돈에 강한 동기 부여가 된다. 그 강렬한 것은 가능하면 구체적인 자산일수록 좋다.

나는 수년 전부터 지리산 아래 모처를 매년 고향처럼 방문하는데 그 지역 이름을 따서 '00펀드'을 만들었다. 나에게는 통장의 돈이 매월 얼마씩 늘어난다가 아니라 매월 00군 모처의 땅이 3~4평씩 늘어나는 것으로 이미지화된다. 무언가를 살까 말까 망설일 때 그 저울은

00군 토지다. 매월 술자리를 두어 차례 줄이면 토지가 한 평씩 더 늘어난다. 차를 바꿀 때가 되어 1~2년을 더 탈까 말까 고민될 때 차 가격은 토지의 평수로 환산된다. 나의 가슴을 뛰게 하는 것은 강이 흐르고, 꽃이 피고, 구름을 이고 있는 터전이지 고급 승용차는 아니기 때문에 00펀드는 고민과 갈등 속에서 더 좋은 선택을 하게 한다.

기간은 3년, 1차 목표액은 연봉의 50~100%가 적당하다

미혼일 경우 2년으로 하여도 좋다. 목표하는 금액이 크다고 기간을 너무 길게 잡는 것은 종잣돈 마련에는 적합하지 않다. 지칠 수 있기 때문이다. 그리고 3년이면 본인 연봉을 기준으로 적게는 50%에서 많으면 100% 정도에 근접하게 될 것이다. 이 정도면 매력적이면서 눈 질끈 감고 도전해볼 만한 세월이다. 3년 금방 간다. 매년 저축액의 목표도 3분의 1씩 달성되어가고 있는지 정기적으로 점검하는 것은 꼭 필요한 일이다.

첫 종잣돈에 대한 성공 경험이 중요하다

3년이라는 시간을 인내하고 만든 첫 종잣돈은 명품 브랜드를 산 것보다 큰 쾌감을 줄 것이다. 그리고 이것은 재무적 인생의 작은 성공 경험이 되면서 2차, 3차 종잣돈에 대한 동기와 자신감을 부여하게 된다. 따라서 종잣돈 만드는 기간 중 매년 늘어나는 자금에 대해 스스로 칭찬하고 축하하는 것이 필요하다.

만드는 기간 동안은 수익률보다는 절약과 저축에 집중한다

3년 주기로 목돈을 형성하므로 수익률은 영향을 주지 않는다. 적금 등으로도 충분하다. 저축 원금을 늘리고 포기하지 않는 것이 곧 수익률이다. 1차 목표 기간이 끝나고 만들어진 종잣돈을 재투자할 때 비로소 중장기적 관점에서 분산 투자 포트폴리오를 설계한다.

저축 가능액 중 5년 이내에 쓰일 자금과 노후자금 목적의 저축을 뺀 금액을 종잣돈으로 인식한다

5년 이내에 쓰일 자금은 목돈 마련 후 자산 운용의 여유가 없고, 결국 어딘가에 쓸 돈이기 때문이다. 노후자금은 성격상 종잣돈의 범주에 넣고 운용하기가 어려우며 별도의 관리를 하는 것이 바람직하다. 종잣돈을 만들 때는 단기(3년 이내)를 반복적으로, 운용할 때는 중기(5~10년)적 관점으로 투자하는 것이 좋다.

종잣돈 마련에도 균형이 필요하다

돈을 모으는 쾌감을 느끼는 것은 매우 중요하다고 본다. 따라서 아무리 필요한 것이라 하더라도 노후자금에 대한 과도한 집중, 또는 부채 상환에 대한 과도한 집중은 지양하는 것이 좋다. 저축의 많은 부분이 여기에 할애될 때 수지 타산은 맞추어갈 수 있겠지만 종잣돈의 긍정적 효과는 포기해야 하기 때문이다.

반대로 목돈 자체를 만들기 위해 과도하게 집중할 경우에는 생명보험 등의 위험 관리가 취약해지기 쉽고, 노후 준비도 뒤로 미루기 십상이다. 이 또한 바람직하지 않다. 재무관리에서도 중요한 것과 긴급한 것이 있는데 목돈 만드는 것을 긴급하다고 생각하면서 위험 관리와 은퇴 준비 등의 중요한 사항들을 포기하는 것은 더 어리석은 일이다.

빛은
자산이
아니다

4

오즈의 마법사

—

그리고 주빌리 은행

고대 이스라엘에서는 50년을 기점으로 모든 것을 제자리로 돌려놓는다는 뜻의 '희년'이라는 제도가 있었다. 희년(禧年)은 '회복', '기쁨'이라는 뜻을 갖고 있다. 이때가 되면 노예는 자유를 얻었고, 집과 토지는 원래 주인에게 돌려주었으며, 모든 빚도 탕감되었다. 모든 것이 '회복'되는 이 해를 '주빌리(Jubilee)'라고 했다.

2012년 미국에서 빚 탕감 프로젝트로 '롤링 주빌리' 운동*이 시작되었다. 그리고 현재까지 약 380억원의 부실 채권이 소각됨으로써 2,700명 이상의 장기 채무자가 새로운 삶을 시작할 수 있게 되었다.

최근 빚으로 인해 죽음으로까지 내몰리는 채무자가 지속적으로 늘어나면서 우리나라에서도 장기 연체된 부실 채권을 사들여 채무자들

---

* 　롤링 주빌리(Rolling Jubilee) 운동 : 미국의 시민 단체 '월가를 점령하라(OWS, Occupy Wall Street)'가 주도하는 빚 탕감 프로젝트. 시민의 성금을 모아 부실 채권을 사들인 뒤 이를 무상 소각하여 절박한 채무자들을 구제하는 운동이다.

의 빚을 탕감해주는 운동이 시작되었다. 그 운동을 주도하는 조직으로 일종의 사회적 기업인 '주빌리 은행'이 설립되었는데, 초대 은행장을 수도권의 지방자치단체장이 맡고 종교단체 등이 기부금을 조성하는 모습은 매우 의미 있는 일이라고 생각한다. 이것은 채무나 가난을 한 개인의 잘못으로만 보는 것이 아니라 사회 전체에 존재하는 약탈적 시스템에 대한 회복과 정상화를 의미하기 때문이다. 이러한 프로젝트가 더욱 확장될수록 빚이 없는 가계에도, 기업에도, 국가에도 긍정적 영향을 주게 된다. '사람을 살리는 착한 은행 – 주빌리 은행' 이야기를 조금 더 보도록 하자.

실제로 성남시 기독교 연합회가 내놓은 1억원의 성금과 성남에서 모인 3,279만원의 성금으로 486명의 빚 33억원이 탕감돼 악성 채무에 시달렸던 사람들에게 새로운 삶을 열어주었다. 주빌리 은행은 금융 기관으로부터 부실 채권을 싸게 구입해 채무자에게 원금의 7%만 상환하도록 하여 신용이 불량한 이들을 정상적인 신용 상태로 회복시켜 경제활동 의지를 갖게 하자는 데 그 목적이 있다.

_〈한국일보〉. 2015. 9. 6

그런데 위의 기사를 보면 참으로 이상하다. 도대체 1억 3천여 만원의 성금으로 어떻게 33억원의 악성 채무를 탕감할 수 있다는 말인가? 채권을 싸게 구입해서 원금의 7%만 상환하도록 하다니 그건 또 무슨 말인가? 주빌리 은행 제윤경 이사의 다음 뉴스펀딩 '빚 때문에 죽지 마세요' 중 일부를 인용한다.

빚도 헐값에 땡처리되고 있다… 100만원짜리 채권을 추심하다가 여

의치 않으면 대부업체에 팔아넘긴다. 평균 5만원. 이제 대부업체는 원금 100만원은 물론 연체 이자 및 법정 비용까지 기간에 따라 1,000여 만원 이상도 받아낼 권리를 갖는다. 만약 이자는 차치하고 원금만 제대로 추심해서 받아낸다 해도 95%가 남는 장사이다…이런 이유로 인터넷에서 부실 채권 투자, 일명 NPL(Non-performing Loan)이 재테크의 한 방법으로 소개되어 인기를 끌고 있을 정도이다… 고통이 가득한 채권은 금융사에서 대부업체로 넘어가 추심을 하다가 추심에 실패하면 또 다른 대부업체로 되팔린다…. 우리는 채권의 2차 시장에서의 거래 실태를 알고 있었기 때문에 이 여성을 괴롭히는 대부업체가 채권을 1% 전후의 가격으로 매입했을 것이라 예상했다….”

돈을 대출해준 원래 은행은 채무 상환 능력이 어려울 경우 쉽게 채권을 포기해버렸는데 제3자가 협박과 폭력까지 동원해 착복하는 구조다. 주빌리 은행의 경우 이것을 반대로 적용하는 것이다. 예를 들어 100만원의 자금으로 2,000만원의 부실 채권을 매입하고, 본래 채무자들에게는 주빌리 은행에 140만원만 갚게 하는 것이다. 40만원은 영리가 아니라 자체 비용과 또 다른 채무 탕감을 위한 자금이 될 것이다.

문제는 부실 채권이 거래되는 과정에서 빚은 사실상 묻혀버렸다가 다시 되살아나기를 반복한다는 것이다. 채무자는 그 어디에 숨을 곳도 없고, 그 어느 정상적인 경제생활을 할 수도 없다. 헐값에 거래되던 부실한 기업의 주식이 본래의 가치로 회귀하려면 기업의 경영과 이익이 정상화 되어야 하는 것과 달리 부실한 채권이 액면의 가치를 갖는 데에는 폭력적인 방법만이 남는다. 빌린 사람의 인격과 존엄성은 1%로 낮아지고, 수익률 99%짜리 채권은 당장의 군침 도는 먹잇감일 뿐이다. 빚이 상환 가능 수위를 넘어서게 되면 상황은 그 빚에 투자하는 투자자에게는 가장 우호적인 환경에 지나지 않는다. 채무자의 인생과 가정, 그의 소득과 남은 재산, 심지어 그의 육체마저 더 이상 그의 것이 아니라 투자자들의 자산에 속하게 된다. 노예 문서처럼 빚 문서가 매매된다.

지금 빚 탕감 운동을 소개하는 것이 아니다. 빚의 증폭된 허상을 이야기하는 것이다. 휘장 뒤 오즈의 마법사처럼 작고 초라한 본모습에 비해 훨씬 강력한 영향력을 발휘한다. 어쩌면 '고작 그것 때문에' 수많은 세월을 고통스럽게 일하고 낭비하는지도 모른다. 그것을 알면서도 빚의 마법사에 지배될 수밖에 없는 현실이 더 무섭다. 빚은 채무자를 노예로 만든다. 그것이 빚이다.

그래서 '부채도 자산이다'라는 말은 채권자의 것이지 채무자의 것이 아니다. 그런데도 TV와 라디오, 신문에서 금융기관과 기업과 정부가 나서서 빚을 광고하고 있다. 때로는 유혹하고, 때로는 강요한다. 경제활동을 하면서 빚으로부터 온전히 자유로울 수 있는 사람은 많지 않다. 그것은 행운에 가깝다. 때로는 소비를 위해 빚을 내고, 때로는 생산적 사업을 위해 빚을 낸다. 일시적인 빚도 있고 반복적인 빚도 있다. 성공과 자유를 위한 빚도 있고 영원한 굴레와 같은 빚도 있다. 공통점은 빚을 내는 그 순간은 모두 위험하다는 것이다.

이자를 주어야 하는 채무자보다 이자를 받는 채권자가 되는 것이 당연히 좋겠지만, 설령 그 어떤 이유로 빚을 지게 되더라도, 빚을 청산하지 못하면 결코 부자가 될 수 없으며 그 이전에 자유로운 영혼조차 가질 수 없다. 조지 사무엘 클레이슨*의 『어떻게 부자가 되는가 : 바빌

---

*　조지 사무엘 클레이슨(George Samuel Clason), 1874 ~ 1957, 미국. 클레이슨 지도 회사와 클레이슨 출판사 운영. 부에 대한 교훈을 바빌론 우화 형식으로 저술한 『The Richest Man in Babylon』은 시대를 초월한 명저로 읽히고 있다.

론 우화가 전하는 7가지 비밀』에는 빚으로 인해 노예가 된 다바시르에게 그 여주인 시라가 훈계하는 장면이 나온다. 그녀의 말은 가계 빚이 1,100조를 넘어 빠르고 위태롭게 증가하는 한국 가계에도 동일한 울림이 있다. 빚은 어디로부터 오는지 다시 한 번 통찰해야 하며, 어떻게 통제하고 어떻게 청산할 것인지도 알아야 한다. 그 이전에 시라의 준엄한 경고부터 새겨듣는 것이 좋겠다.

네가 섬기는 왕을 보아라. 갖은 수단을 동원하여 적과 싸우지 않느냐? 네가 진 빚이 네 적이다. 네 빚이 너를 바빌론에서 쫓아냈다. 너는 빚이 늘어나도록 내버려두었고 빚은 네가 감당할 수 없도록 강대해졌다. 자유민으로 빚과 싸웠더라면, 너는 적을 무찌르고 이웃에게 떳떳했을 것이다. 그러나 너는 적과 싸울 영혼이 없었고, 네 자긍심이 나락으로 떨어져 시리아에서 노예가 되도록 놔둔 것이다.

<h1 style="text-align:center">빛은
—
어디에서 오는가</h1>

자본주의라는 탑은 기본적으로 빛으로 쌓아간다.[*]

부채가 일정 높이의 임계점에 도달하면 한 번씩 무너지고 다시 쌓아지기를 반복해왔다. 그것을 대공황이라 하기도 하고, 버블 붕괴라 하기도 하고, 금융위기, 재정 위기, 경제위기라고도 불러왔다. 그것을 무엇으로 부르든 간에 그 본질은 빛이다.

과도하게 빛이 누적되면 가계의 소비가 줄어든다. 재고가 늘어나고 기업의 투자가 줄어든다. 고용시장이 불안해지면 가계의 소득이 다시 휘청거린다. 이자 부담을 못 이기는 가구의 주택들이 여기저기 매물로 나오면서 자산 가격의 하락이 빨라진다. 저가로 나오는 주택마저 소화가 되지 않는다. 주택 가격이 낮아지면 한계가구들의 대출이 회

---

[*]   자본주의는 실제 발행된 화폐를 근원으로 하여 원래 없던 돈이 '신용'이라는 이름으로 창조된다. 예를 들어 지급 준비율 10% 제도 하에서 1억원의 통화는 약 10억원의 규모로 확대된다. 없던 돈은 빛으로 만들어지는 것이다. 이 과정에서 부도 창조되지만 빛도 늘어난다.

수되면서 일찌감치 연체 대열에 합류하게 되고 자산시장은 더욱 얼어붙는다. 부채가 없는 가계도 무관하지 않다. 그들의 집값도 함께 하락하며 그에 따라 그들의 소비도 급격하게 줄어든다. 연쇄적으로 대규모 실업이 이어진다. 빚과 관계가 없는 근로자도 하루아침에 일자리를 잃는다. 이제 빚의 문제는 채무자만의 문제가 아니다. 나라와 규모와 시기는 달랐어도 대공황나 금융위기, 경제위기 모두 이것의 반복에 다름 아니다.

2015년 9월, 부채가 임계점에 도달했다는 우려가 커졌다. 정부와 상위 대기업을 제외한 기업들과 가계 등 모든 부문에서 부채 증가 속도와 연체율이 빠르게 상승하고 있다. 총 부채가 2014년 GDP대비 300%에 육박, 1929년 미국 대공황 직전의 부채 비중과 동일한 수준에 이르고 있다.

빚은 자본주의에서 가장 팔기 좋은 상품이다. 정부는 저금리와 대출한도 확대를 통해 빚을 구입하기 좋은 환경을 만들고, 기업과 은행은 우아한 욕망으로 자극한다. 이 연계 구조는 경제성장의 손쉬운 도구로서 늘 활용되어 왔다.

빚이 없으면 경제도 없다. 학생은 학자금 대출을 내고, 결혼하는 젊은이는 전세 대출을 내고, 급등하는 전세에 지친 서민과 중산층은 대출을 내어 집을 산다. 마이너스 계좌에서 학원비를 내고, 신용카드로 해외여행을 가고, 캐피털로 자동차를 사며, 집을 담보로 연금을 받는다.

빚은 어디로부터 오는가?

가끔 사람들이 묻는다. "부채도 자산이라고 하던데요?"

이것은 레버리지를 의미한다. 예를 들어 전세 보증금이 2년마다 급등한다고 치자. 그것은 본인의 소득에서 아무리 아끼고 절약하여 모아도 그 인상분을 감당하지 못하는 수준이다. 그래서 할 수 없이 전세 보증금 담보 대출을 낸다.

전세 보증금이 오르고 올라서 이제 주택 가격과 큰 차이가 없다. 그런데 정부에서 담보 대출 한도(LTV)와 소득 대비 부채 비율(DTI)을 높여주고, 역사상 가장 낮은 초저금리를 만들어준다.

매년 이사 준비를 해야 하는 아내와 때때로 전학까지 가야 하는 아이를 보며 이제는 약간의 대출 이자를 더 부담하고서 안주하고 싶다는 생각이 들지 않는 가장이 얼마나 있을까? 때마침 정부 정책에 공조하여 언론 여기저기에서 집값이 상승하고, 분양시장이 문전성시를 이룬다는 뉴스가 나오기 시작하면 무주택 가장의 머릿속엔 두 가지 무지갯빛 생각이 가득해진다.

"급여는 점점 오르니까 3년 뒤부터는 원리금 상환에 문제는 없을 거야."

"집값도 오르니까 지금 대출 끼고 사는 게 더 현명할 거야."

주택과 관련한 레버리지 투자는 가계 부채의 가장 광범위하고 대표적 이유다. 그런데 그것은 주택에 대한 개인의 탐욕으로부터 비롯되기보다는 오히려 기업과 은행, 언제나 그들의 편에 선 정부, 그리고 언론 등의 부도덕과 탐욕이 가계를 만만한 먹잇감으로 삼는 것에서 비롯되는 경우가 대부분이다. 그리고 가장 큰 손실은 착하고 성실하고 빠듯하게 살아가느라 정보로부터 가장 소외되어 있던 중산층과 서민이 짊어지게 된다. 주택이 가장 비쌀 때 대출을 동원하여 받아주는 마지막 소비자이기 때문이다. 그것은 욕심이 아니라 두려움에 의한 것이다.

그러나 빚의 혈관은 차가우며 성격은 무자비하다. 빚을 내게 된 이유에 대해 이해를 해주거나, 그 사연에 대해 공감해주지 않는다. 그래서 이자와 원금 상환에 대한 막연한 계획은 금물이다. 빚보다 차갑고 치밀해야 한다.

부채의 비중이 늘어나면 일시적 실업, 건강으로 인한 휴직, 경기 변동에 의한 자영업자의 매출 감소 등 언제나 있을 수 있는 일상의 변동성이 가계에는 매우 치명적이다. 금리인상에 대한 충격은 이를 배가시킨다.

낮은 이율의 담보 대출 이자가 부담이 되면서 그 두 배의 저축은행 빚으로, 다시 그 두 배의 카드 빚으로, 다시 그 두 배의 대부업체 빚으로 증폭된다. 이자의 증가 속도는 단숨에 두 배씩 승수 효과를 낸다. 빚의 증가 속도는 순자산의 증가 속도보다 훨씬 빠르고, 결코 마이너스 수익률을 기록하지 않으며, 불경기와 경제위기 상황에서 그 수익률은 훨씬 높아지므로 부채 원금이 두 배가 되는 것은 때로 순식간이기도 하다.

이것은 불운하고 가난한 어느 누구의 이야기가 아니라 350만 명의 연체자와 328만 명의 예비연체자*, 즉 경제활동인구 3.5명당 1명에게 일어나는 흔한 일이다. 즉 나의 이야기가 될 수도 있다는 것이다. 때때로 그것은 절망과 불행의 끝 모를 터널로 안내하지만 그 시작은 너무도 평범하다.

현실 금융에서 존재하는 복리는 세 가지 조건이 요구된다. 첫째는 시간이다. 단기간에 적용되는 복리는 기만이다. 둘째는 수익률이다. 저금리 환경에서의 복리는 거의 무의미하다. 셋째는 매년 꾸준히 수익이 발생해야 함을 전제로 한다. 매년 7%씩 10년 이상 수익이 나야 원금은 두 배가 될 수 있다. 저금리 환경, 투자 리스크가 고조된 환경

에서 위 세 가지 조건을 맞추어 복리 효과를 기대하기는 매우 어렵다. 자산을 두 배로 만드는 일이 쉽지 않은 것이다. 저금리 환경에서 실존하는 복리상품은 없다. 그 유일한 것이 빚이다. 아인슈타인은 복리를 일컬어 '세계 8번째 불가사의'고 '인간의 놀라운 발명품 중 하나'라고 했는데, 오늘날 빚의 복리 효과 측면에서는 너무나도 정확한 통찰이라 할 수 있다.

빚은 자산이 아니다. 빚은 무엇인가?

미래에 발생될 소득을 미리 끌어오면 신용 대출이다. 현재 있는 자산을 담보로 끌어오면 담보 대출이다. 그래서 미래 소득의 지속성에 문제가 생길 때, 현재 자산의 가치가 하락할 때 부채는 강력한 덫으로 작용한다. 그러한 상황은 현대 경제에서 매일 벌어지는 일이라는 것을 간파해야 한다. 그리고 부채에 대한 합리적이고 단호한 원칙을 세워야 한다.

—

절제의 자유

돈이 많다고 행복해지지는 않지만 돈 없이 행복해지기도 어렵다. 그런데 돈은 도대체 얼마가 있어야 영원히 자유로울 수 있을까? 우리는 초거액 자산가가 무분별한 소비로 인해 많은 채무를 안게 되고 결국 파산의 위기에 몰리는 뉴스를 흔치 않게 접한다. 또 당첨된 복권이 오히려 비극의 씨앗이 되는 뉴스는 이제 특별하지도 않다. 1년간 수백 억을 벌어도 단 몇 년 만에 파산할 수 있는데, 한 달에 몇 백만원 벌어서 파산에 이르기는 순식간이다. 결국 돈은 얼마를 갖느냐, 얼마를 버느냐의 문제가 아니라 어떻게 통제하느냐에 달려 있다고 볼 수 있다.

자본주의라는 불가사리의 먹이는 좋은 말로 '신용'이다. 본질은 '빚'이다. 그 짐승은 신용으로 인해 몸집을 팽창시켜 간다. 그래서 행복에 대한 자본주의의 메시지는 '물질'에 대한 욕망이다. 그것은 '돈'으로 소유할 수 있고, 돈은 곧 누군가의 빚이기 때문이다. 행복에 대한 욕망이 커지면 내가 가진 돈이 부족해지고, 미래의 소득을 앞당겨 현재로 결제하게 되고, 그 빚이 누적되다가 감당하지 못하는 수준이 될 때 비로소 자본주의가 준 행복의 메시지가 과연 무엇이었는지 깨닫게 되는 것이다. 소득을 넘어서는 소비의 대부분은 자본주의의 메시지에 대한 중독 현상이다. 공허한 마음이 온갖 상품으로 채워질 것으로 믿는 것이다. 그것은 아무리 피워도 채워지지 않는 담배 연기와 같은 것이다.

산에 핀 예쁜 야생화를 굳이 내 앞마당에 옮겨 심지 않는다. 이른 아침 준비하여 땀 흘리며 찾아 올라가는 기쁨이 더 크기 때문이다. 한번 입고 말 옷이라면 내 옷장보다 백화점의 쇼윈도에 있는 편이 나을 수 있다. 먼 산에 있는 꽃과 같을 수 있으니 말이다.

물질로 채워서 행복해질 수 있는 소비의 끝은 없다. 그래서 절제된 소비는 빚을 지는 삶을 막아주는 첫 출발이다. 그 시작은 비물질적인 새로운 가치로부터 만족하는 법을 찾는 것이다. '부자학'의 한동철 교수는 『머니 콘서트』에서 다음과 같이 이야기한다.

인간 생활에서 물질 지향이 차지하는 비율은 50% 이하이어야 한다. 중산층이 더 행복해지려면 돈하고 직접 연계가 적은 활동에 중점을 두고 살아야 한다. 가족 관계를 중시하고, 취미, 종교, 문화활동을 적극적으로 하면 상당한 수준의 행복감을 느낄 수 있다. 가족 간 따뜻한 대화, 정신세계의 심연으로 향하는 종교, 등산과 관람 등 취미, 문화활동이 행복감을 키워준다.

실제로 무분별한 소비의 주요한 원인이 공허함에 대한 대체 심리로 발견되는데 그러한 공허함은 한동철 교수의 지적대로 가족 관계, 취미, 종교와 문화활동에 따른 충만함이 부족한 데에서 기인하는 경우가 많다.

행복한 가정을 만드는 것에 우선순위를 둔 다음에는 소비 생활에 대한 산술적 원칙도 지켜가야 한다. 월간 가계수지는 60%를 최고 가이드라인으로 하라. 소득의 60%로 사는 법을 익혀야 한다.

미리 사서 누리면서 갚아가는 것도 저축 아니냐고 묻는 사람도 있다. 예를 들어 주택이나 자동차 등의 구입을 앞두고 묻는 질문이다. 만약 주택 구입 후 가격이 고정된다면 대출 이자는 미리 누리는 효용에 대한 대가일 뿐이다. 주택 가격이 오른다면 레버리지 수익이 된다는 것을 의미한다. 그러나 주택 가격이 내린다면 레버리지 손실이 된다. 자동차의 경우 구입하는 순간 감가상각이 시작된다. 자산 가치가 감소한다는 것이다. 무엇을 택할 것인가는 본인의 몫이다. 하지만 '부채도 자산이다, 부채 상환도 저축이다'라는 말처럼 안일한 환상은 없다.

소비성 지출에서도 마찬가지다. '2장 지출을 경영하는 12가지 방법'에서도 언급했지만 먼저, 할부 구매하지 마라. 할부를 한다는 것은 그 어떤 이유에도 불구하고 이미 월간 지출 범위를 넘어선다는 것이다. 이것은 미래 소득을 앞당겨 소비함과 동시에 그 비용 지불을 더 먼 미래로 유예하는 것으로 소비성 부채의 가장 큰 원인이며 시작이다. 돈에 대한 태도가 돈을 지배하는가, 돈에 지배 당하는가를 결정하게 하는데 할부 구매의 습관은 결국 후자로 이어지게 한다.

다음으로 스스로의 자존감과 소비의 성향을 되짚어볼 필요가 있다. 타인에게 과시하기 위한 소비, 타인과의 비교 심리에 의한 소비는 자신에 대한 신념이 부족하고 낮은 자존감에서 비롯된다. 그러나 이러한 습관이 반복되면 심리적 자존감뿐만 아니라 오래지 않아 사회적, 경제적인 지위에서도 존중받는 삶이 불가능해진다는 것을 꼭 경계해야 한다. 무절제한 소비는 무자비한 가난으로 이어진다.

『돈』의 저자 보도 섀퍼가 말하는 빚을 탈출하는 경험을 되새겨볼 필요가 있다.

이전에 나는, 내가 원하는 대로 할 수 있는 게 자유라고 정의했었다. 그러나 현재 자유에 대한 나의 새 정의는 이렇다. 자유는 자신이 계획한 것을 실현하기 위해 절제할 수 있는 능력을 의미한다…. 나는 처음으로 내 재능을 끌어올려줄 지렛대를 보았다. 절제는 힘이다. 그리고 절제는 우리 안에 담긴 무한한 능력을 밖으로 끌어낸다. 절제가 없으면 어떤 재능이든 쓸모없이 허비되고 만다…. 절제가 자유를 준다.

교육비, 다시 생각하자

한국에서 주거 관련 비용을 제외하면 가계 지출의 가장 큰 부담은 교육비다. 2010년 가계 금융 조사 결과에 따르면 1년 후 가계 부채 증가 예상의 가장 주된 원인이 교육비 24.3%, 생활비 20.0%, 거주 주택 14.9%, 부채 상환 15.0%, 전월세 보증금 7.9% 순으로 나타났다. 이처럼 교육비가 가계 부채 증대의 주요 요인 중 하나임을 확인할 수 있다. 실제로 2013년 말 기준으로 교육비 관련 부채 증가율은 12.3%로 가계 부채 증가율 6.0%의 두 배 속도를 보이고 있다.

가계 소득이 감소하면 덜 먹고 덜 입고 덜 즐기면서 맞추어갈 수도 있다. 그런데 자녀의 미래와 관련한 교육 관련 비용은 쉽게 줄이기가 어렵다. 그래서 교육비 항목은 경직성 지출 또는 비탄력적 지출이라고 할 수 있다.

세계 1위를 차지하는 사교육비 지출 국가의 가정에는 캥거루족과 헬리콥터족의 조합이 있다. 캥거루족은 나이가 들어서도 부모로부터 독립하지 못하고 부모에 의존해 사는 자녀들을 의미하며, 그런 자녀

주변을 헬리콥터처럼 돌면서 일일이 개입하고 보호하는 부모를 헬리콥터족이라 한다.

그런데 캥거루족이니 헬리콥터족이니 하면서 과도한 교육비 지출의 책임을 개인의 탐욕으로만 돌리는 것도 맞지 않다. 사교육비 지출에 대해 가장 힘들어하는 사람은 그것을 위해 아르바이트를 해야 하고, 노후를 포기해야 하며, 그것으로도 모자라 빚까지 져야 하는 부모 당사자다. 그들 또한 생존을 위해 가장 쉬운 방법을 택하는 것뿐이기 때문이다.

우리나라는 고령화 저성장 국가로 들어섰고 무한 경쟁을 통해 승자 독식하는 신자유주의 경제 체제가 강화되고 있다. 양극화는 심화되고 중산층은 무너지고 일반 실업률의 3배, 체감 실업률은 22%를 넘는 청년 실업률 등을 감안하면 적어도 한반도에서 '인류'가 살아남기에는 매우 열악한 환경이라 볼 수 있다. 실제로 저출산 1위, 자살률 1위라는 통계는 이미 한반도에서 인구가 줄어들고 있다는 의미가 아니겠는가.

사막 같은 환경에 캥거루 같은 자식을 내보내야 하는 데 따르는 부모의 공포심은 이해할 만하다. '남들 따라하다 보면 중간은 가겠지'라는 집단의식의 발로도 이해할 수 있다. 나는 교육에 대한 전문가가 아니다. 그래서 교육 방식이나 교육철학에 개입할 의도는 없다. 하지만 현재 교육 방식과 교육비 지출의 결과가 오히려 부모와 자식 모두의 생존력을 약화시키는 것이라면 이제는 자녀들의 미래를 좀 더 다른 각도로 생각해볼 필요가 있다.

부모의 그릇은 자녀의 미래를 담기엔 너무 작다

할 배리언 교수는 인류가 수천년간 축적해온 데이터를 이제는 이틀마다 같은 양의 정보로 만들어내고 있다고 했다. 빅데이터 시대를 말하는 것이다. 어쩌면 수천 년간 존재했던 직업의 수만큼 이틀마다 또다른 직업이 만들어지고 있을지도 모른다. 내가 공부하던 시절 나의 부모님이 보던 직업과 비전들은 이미 많은 것이 없어졌다. 대신 상상조차 하지 못했던 새로운 직업과 비전이 훨씬 다양하게 열려 있다. 마찬가지로 내가 보고 있는 이 세상, 내가 알고 있는 정보는 한낱 우물 안에서 바라보는 하늘일 뿐이다. 어리석어 보이는 자녀일지라도 그들은 이미 수천 년의 누적된 데이터, 그 정보를 유전자로 안고 태어난 사람들이다. 그들은 우물 밖에서 세상을 본다. 그래서 그들의 가능성은 훨씬 크고 그들의 미래는 부모의 그것보다 훨씬 역동적이다.

그것을 완벽하게 믿는 것이 사교육과 대학 진학이라는 자위적이고 막연한 집단의식에 기대는 것보다 훨씬 현명한 일이라 본다.

성공론에 좋은 대학 나오라는 얘기는 없다

성공한 사람들의 이야기를 들어보자. 그들은 생각이 다르고 행동이 다르며 습관이 다르다. 그리고 그들은 소수다. 소수의 방식은 다수의 방식과 다르다. 그런데도 왜 우리는 다수에 속해 있지 않으면 불안해 할까? 왜 남들과 똑같이 생각하고 똑같이 행동하고 똑같은 습관을 갖지 않으면 불안해 할까? 왜 남들 하는 대로 학원 보내고, 남들 하는 대로 '더 알아주는' 대학 보내고, 남들 하는 대로 어학연수 보내야만 안심이 될까?

다수의 방식에서도 성공하는 소수가 배출된다. 우리는 그것만을 보는 것이다. 하지만 처음부터 성공한 소수의 방식을 택한다면 어떨까? 배팅에 대한 성공 확률은 후자가 훨씬 높을 것이다. 그렇다면, 어쩌면 우리는 돈을 들여가면서까지 성공의 길로부터 멀어지는 법을 교육시키고 있는지도 모른다.

자녀를 쓰기 좋은 도구로 만들지 마라

언젠가 기업 경영 컨설팅회사를 운영하는 선배와 아이들 교육과 관련한 이야기를 나눈 적이 있다. 그때 선배는 이런 이야기를 했다.

"직원을 채용하는 고용주 입장에서 보면 스펙이 좋은 사람들은 참 사용하기 편하지. 말도 잘 듣고, 외국어도 잘하고, 지식도 있어서 잘 알아듣고. 쉽게 말하면 고용주가 잘 써먹게 만들어진 건데 그냥 그것뿐이지. 우리 자식들은 그리 키우지 말자. 만약 그들이 철학과 역사와 예술 등 여러 방면에 대해 깊은 통찰이 있고 다양하고 창의적인 사고를 하는 사람들이라면 때때로 사장 입장에서 얼마나 불편하겠어. 그래도 우리 애들은 그렇게 키우자."

그것은 봄의 새싹을 느끼고, 꽃향기에 취해 강가를 거닐고, 떨어지는 낙엽을 보며 눈물 흘리는 감성으로부터 시작된다.

"그래 알아. 근데 우선 대학에 간 다음에 생각하자."

그들의 감성, 방황, 반항의 권리를 고작 이런 말로 빼앗지 말라. 그것은 그들이 미래에 생존하기 위한, 스스로 인생의 성공과 행복을 찾아가기 위한 중요한 기반이기 때문이다.

자녀들의 최종 목표는 입학과 입사가 아니다

대학이 입사를 결정하고, 입사가 평생의 일자리를 결정하던 시대는 이미 지나고 있다. 기술의 발전이 산업의 각 분야를 그물망처럼 연계시키면서 융복합 산업으로 진화하며 발전하고 있다. 단순하게 말하면 돌연변이 산업과 돌연변이 직업들이 탄생하면서 새로운 기회들이 지속적으로 창출된다는 것을 의미한다. 그것은 대학 4년간의 공부로 평생을 우려먹는 것이 불가능하다는 것이다. 중소기업에서 대기업으로의 일자리 이동, 대기업에서 소자본 창업으로의 이동 등 직업에서의 역동성도 훨씬 커진다.

돌연변이 시대에 훨씬 생존율과 성공률을 높이는 것은 돌연변이 같은 생각과 도전정신이다. 사교육의 가장 큰 폐해는 획일성과 의존성이다. 융복합 능력은 창의성에서 비롯된다. 더불어 선택하는 능력, 의사결정 능력이 없다면 새로운 시대에 단지 스펙 좋은 '멸종 위기 동물'에 지나지 않을 것이다.

새로운 사회 모델이 시도될 것이다

현재의 정치, 경제, 사회 복지, 교육 시스템과 집단 철학 및 문화로는 고령화 신6저 환경에 처한 한국 사회의 탈출구가 보이지 않는다. 그렇다면 기존 시스템에 대한 반성과 새로운 대안 모색에 대한 크고 작은 시도가 계속될 것이다. 이것은 미국 중심의 시각과 가치에서 벗어나 유럽의 작은 나라들, 가난하지만 행복한 아시아의 작은 나라들, 국가가 만들지 못한 시스템을 나름으로 구축한 마을 또는 공동체들의 모습에서 배우거나 상상 속에만 있던 어떤 아이디어의 결합 등을 통해 모델링될 수도 있다. 그리고 이러한 수요는 갈수록 커지고 많아질 것이 자명하다. 남들 따라가는 학원비를 아끼고, 남들 따라가는 맹목적인 어학연수비를 아껴서 이러한 공부를 하고 색다른 경험을 쌓는 것은 어떨까? 나는 기왕에 지출되는 교육비라면 그 편이 훨씬 생산적이라 생각한다.

사교육비 대신 2차 보완 교육을 위한 저축과 투자를 하라

결국엔 일을 하다가 더 하고 싶어지거나 더 해야 하는 공부가 생기는 시대가 될 것이다. 그렇다면 그렇게 달달 볶아서 보내려 했던 아이의 그 대학은 예비 코스에 지나지 않을 수도 있다. 그것에 올인하기보다는 자녀의 2차 보완 교육을 위한 종잣돈과 본인의 노후를 위한 투자를 하는 것이 더 현명하다.

자녀로부터 독립하라

가장 어리석은 것이 빚을 내어 교육시키는 것이다. 더 어리석은 것은 본인의 노후를 포기하는 것이다. 그 모든 것은 자녀에게 대물림된다. 앞에서 빚이 어떻게 증폭되는가를 언급했다. 그다지 훌륭한 결과를 가져오지도 않는 사교육과 대학의 대가로 자녀가 빚물림을 받고, 부모의 노후를 감당하게 된다면 그것은 재무적으로 볼 때 최악의 투자이자, 최고의 리스크다.

스스로 인생 전체를 주도적으로 살아가라. 부자는 아니라도 돈을 지배하는 삶을 살라. 은퇴 이후에는 경제적으로 자녀로부터 홀연히 떠나라. 그 모든 것을 삶의 방식으로서 자녀들이 배우게 된다.

창의적인 교육에는 과도한 교육비가 소요되지 않는다. 자녀의 가능성을 완벽하게 믿고, 스스로 고민하고 스스로 답을 찾아가게 시간과 기회를 주는 것이 필요하다. 다수가 생각하는 순서와 다른 순서로 생각하게 하고, 다수가 가는 길과 다른 길을 가게 할 필요도 있다. '고등학교 졸업 → 대학 졸업 → 대기업 취업'의 프로세스가 아니라 '고등학교 졸업 → 여행, 아르바이트, 자원 봉사, 취업, 창업→대학 입학' 등의 프로세스가 더 합리적일 수도 있다. 선택은 자녀들의 몫이다.

더불어 자녀가 어릴 때에는 부모가 멘토가 되고, 아이들이 자라면 과외교사보다 인생 멘토를 먼저 소개하는 것이 가정에서는 훨씬 좋은 사교육이 될 것이다.

—

빚 얻어 집을 사야 한다면

거주할 집은 언젠가는 내 집으로 마련해야 한다. 주택에 대하여는 다음 5장에 있는 '집은 더 이상 대안이 아니다' 부분을 참조하기 바란다. 대부분 주택 구입에는 빚을 끌어들이게 되어 있다. 빚을 조달하는 비중이 낮을수록 좋을 것이다. 그런데 문제는 부채 비중을 높지 않게 하여 주택을 구입하는 경우에도 그 리스크는 매우 높아진 상황이라는 것이다.

아티프 미안 교수와 아미르 수피 교수는 『빚으로 지은 집』에서 '레버드 로스(levered losses) 이론*'을 들어 가계의 빚이 어떻게 경기 침체로 이어지는지를 이야기한다.

---

* 　레버드 로스(levered losses) 이론 : 빚 때문에 발생하고 그로 인해 피해가 증폭된 손실을 의미한다. 1,000만원으로 10배의 레버리지를 일으켜 1억원의 자산에 투자한 경우에는 10%의 자산 가치 하락으로 자기 자본을 전부 잃게 된다. 극단적으로 비교하면, 만약 100배의 레버리지를 일으키게 된다면 단 1% 하락만으로도 자기 자본을 모두 잃게 되는 것이다.

정부와 금융기관에서 대출 문턱을 낮추고 대출 마케팅을 강화한다 → 주택 구매가 늘어나며 가계 부채도 급증한다 → 저신용자의 대출 문턱도 낮아진다 → 주택 가격은 더욱 높아진다 → 대출로 인해 가계는 소비를 줄인다 → 주택 가격의 하락과 투매가 시작된다 → 자산 가격의 하락으로 수요는 더욱 감소한다.→실업률과 대출 연체율이 증가한다.→연체자 주택에 대한 은행의 압류와 헐값 처분이 이루어진다.→ 주택 폭락이 가속화된다.→경제 전체에서 대규모 실업이 발생한다. 불황과 대침체에 접어든다.

쉽게 말하면 이런 상황이다. 안정된 직장에 다니고 있는데 정부에서는 금리를 낮추어주고 주택 구입을 장려한다. 소득으로 충분히 갚아갈 수 있는 수준의 빚을 조달하여 집을 샀는데, 어느 날부터 주변의 집값들이 떨어지기 시작한다. 소비가 감소한다는 뉴스가 많더니 탄탄하던 회사의 영업 이익은 순식간에 악화되고, 설마 했던 정리해고의 불행이 닥친다. 이자 납입하기도 버거워 집을 내놓았는데 엎친 데 덮친 격으로 집값이 폭락해 있고, 팔고 나니 아무것도 남아 있지 않는 최악의 상황이다.

부채가 증가하면 소비 여력이 줄어 경기가 악화되고 이는 다시 임금 하락이나 실업으로 이어지면서 수요 감소를 가속화시키는 악순환이 벌어진다는 어빙 피셔의 부채 디플레이션 이론과 일맥상통한다. 합리적인 수준의 대출 좀 내어 주택을 구입했다고 실업의 부메랑을 맞는다? 이것은 지나친 비약이 아닐까? 과연 이러한 일이 벌어질 확률은 얼마나 될까? 안타깝게도 지금 그 가능성은 매우 높아진 것으로 보인다. 그것은 이미 한국의 가계 부채 수준이 임계점에 도달해 있고 그 증가 속도도 매우 빠르다는 현실로부터 비롯된다.

레버드 로스 이론은 이론적 프레임에 의한 비약이나 가설이 아니라 수많은 데이터 분석에 의한 실증이라 매우 중요한 이론으로 평가 받는다. 무엇보다 오늘의 한국 경제가 어쩌면 이렇게 그 불행한 이론적 프레임을 따라가고 있는지가 섬뜩할 뿐이다. 그들은 '경제적 재앙에는 거의 언제나 가계 부채의 급격한 증가라는 현상이 선행해서 일어난다'라고 덧붙였는데 이것은 특히 주목해야 할 경고라 할 수 있다.

이론에서 또 하나 주목해야 할 부분이 있다. 그것은 주택 자산의 가치가 변할 때 빚진 사람들에게 특히 손실이 집중된다는 것이다. 예를 들어보자. A는 5억원의 주택을 부채 없이 구입했고, B는 LTV* 70%까지, 즉 3억 5천만원의 대출을 활용하여 구입했다고 하자. 다른 자산이 없다고 가정할 때 A의 순자산은 5억원, B의 순자산은 1억 5천만원이다. 자산 가격이 30% 하락했다고 하자. A의 순자산은 3억 5천만원, B의 순자산은 0이다. 이때 순자산의 변화율은 A는 30%이지만 B는 100%다. 이는 집값 하락 폭의 3.34배로 순자산이 크게 하락함을 의미하는데 이를 레버리지 승수 효과라 한다. 이것이 빚을 지고 주택을 구입한 사람들이 손실이 더 커지는 첫번째 현상이다.

만약 A와 B가 동시에 3억 5천만원으로 매각했다고 하자. A는 여전히 순자산이 있으므로 경제적 선택의 여지가 남아 있다. 그들은 오히려 더 많은 기회를 갖게 될 수 있다. 그러나 아무것도 남아 있지 않은 B의 경우 더 가난해질 가능성만 커진다. 이것이 빚으로 주택을 구입하는 사람들의 두 번째 추가 손실이다.

---

* 　2014년 우리나라 LTV(Loan To Value : 주택 담보 인정 비율)는 기존 50~60%에서 70%로, DTI(Debt To Income : 총부채상환비율)는 기존 40~50%에서 60%로 일괄 완화되었다. 즉 주택 가격이 5억원이라면 70%까지 담보를 인정하여 3억 5천만원까지 대출이 가능하다. 또한 연봉 5천만원인 가계에서는 연간 3천만원까지 원리금을 상환할 수 있다고 가정하여 대출 한도가 설정된다. LTV와 DTI가 늘어난다는 것은 부채 한도를 늘려준다는 것을 의미한다.

B에게 일자리가 없어지는 불운이 겹쳤다고 하자. 그는 대출 이자를 연체하게 되고 은행은 주택을 압류한다. 은행은 주택을 보유할 의사가 없다. 은행은 시가보다 더 낮은 헐값으로, 예를 들어 3억원에 주택을 처분했다고 가정하자. B는 순자산을 모두 잃었을 뿐만 아니라 여전히 5천만원의 부채가 남아 있게 된다. 경제 불황이 빚으로 주택을 구입하는 사람들에게 집중적으로 가하는 세 번째 손실이 된다.

가계 부채로 인한 수요 감소와 불황이 그와 무관한 주택의 가격까지 동반 하락시키고, 그와 무관한 건강한 재무상태의 가장에게 일자리를 빼앗는 것까지 막기는 어렵다. 그럼에도 불구하고 빚 얻어 집 살 때에는 자산 가격으로 인한 손실을 모두 빚진 자가 떠안아야 한다는 사실을 반드시 기억해야 한다. 대출을 끼고 집에 투자한다는 말은 옳지 않다. 그것은 은행이 당신에게 투자한 것이지 당신이 집에 투자한 것이 아니다. 대출이 완전히 상환되기 전까지 주택은 당신의 것이 아니기 때문이다.

개인적으로 주택 구입의 시점은 몇 년 더 늦추는 것이 현명하다고 본다. 다만 꼭 필요한 이유로 인해 구입을 고려하고 있다면, 넓고 쾌적한 집 또는 품격 있는 이웃 공간들에 매료된 마음을 진정하고 대출에 대해서는 다음 세 가지를 반드시 적용하여 판단하는 것이 좋다.

주택가의 20% 이내인가?

2012년 한국가계모형에서는 거주 주택 부채부담지표가 30% 이내라고 했지만, 수도권 중산층의 일반적 선호 주택 가격을 감안하면 20% 이내로 통제하는 것이 바람직하다. 그 이상일 경우 다른 목적을 위한 저축이 어렵고, 미래 삶의 질은 기대보다 낮아질 수밖에 없다.

소득이 70%로 감소해도 원리금의 상환이 가능한가?

주택 관련 대출은 규모가 크고 장기간 상환하는 경우가 많다. 대출 기간을 감안하면 소득의 변동성은 당연히 고려해야 한다. 소득이 줄고 부동산 시장이 침체되는 경우 대출 이자는 가계에 심각한 타격을 입히기 때문이다.

대출 이율이 두 배로 상승해도 원리금 상환이 가능한가?

2015년에 역사상 최저 금리 시대를 경험했다. 금리는 언제나 순환한다. 기준 금리가 올라가고, 대출 금리가 현재 대비 두 배가 되었을 때의 원리금 상환은 어떻게 할 것인가? 예를 들어 담보 대출 1억원을 대출 금리 3.5%로 20년 원리금 균등 분할 상환을 할 경우 매월 58만원씩 상환하게 되는데, 대출 금리 7%가 되면 월간 78만원이 된다. 그리고 소득은 70% 수준으로 하락한 상태다. 이러한 환경에서도 월 78만원 상환이 무리없이 가능한가? 이것이 부채에 대한 기본적인 스트레스 테스트다.

—

빚만 갚지 마라

빚은 돈의 또 다른 형태다. 그래서 빚 자체가 문제가 아니라 이에 대한 태도가 중요하다. 궁극적으로 빚의 청산 혹은 통제 없이 부자가 될 수도 없고, 더더구나 빚으로부터 완전히 자유로워지는 것도 불가능하다. 그런데 빚을 갚아가는 데 있어서도 몇 가지 유념할 것이 있다.

발표된 가계 부채지표를 가이드라인으로 하면 위험하다

가계 재무 관련 각종 기관이나 학회, 그리고 정부 등에서 발표한 가계재무지표는 가계 부채 비중이 높은 현실에서의 평균치를 그대로 반영하거나 또는 저축률이 낮은 미국식 지표를 그대로 사용하는 것으로 판단된다. 이것은 다만 참고값으로 보고 그중 부채 비중은 현실적으로 더 낮추는 것이 바람직하다.

2012년 한국가계모형을 예로 들어보자.

〈2012년 한국가계모형〉

주식형	채권형	현금성
단기 부채	월평균 부채 상환액 / 월평균 가계 소득	≤ 30%
장기 부채	총부채 / 총자산	≤ 40%
거주 주택 마련 부채	거주 주택 마련 부채 잔액 / 총자산	≤ 30%

단기 부채부담지표는 현금 흐름 상의 문제가 발생했을 때 가계 부채로 인한 가계의 위험 노출정도를 파악하게 해주는 지표다. 일반 대출이자 및 부동산부채 상환액 등 부채 상환액이 월간 가계 소득의 30%를 넘어서면 위험하다는 것이다. 여기에서는 연령별로 그 준거 기준이 다른데, 30~40대의 경우 25% 미만, 65세 이상의 경우는 0%가 기준이다. 장기 부채부담지표는 총자산을 매각하여 부채를 청산할 수 있는가, 거주 주택 마련 부채부담지표는 거주 주택 자산가액 대비 담보대출 비중을 의미한다.

개인적으로는 위 부채부담지표의 각 준거 기준이 금융위원회 등 정부 기관의 가이드라인보다 좀 더 가계 현실에 근접했다고 생각되지만 단기 부채부담지표의 경우는 여전히 안일하다는 생각이다. 매월 가계 소득 중 30% 수준이 부채 상환에 투입된다는 것은 가계에서 다른 저축이 사실상 불가능하고, 동시에 약간의 경제적 변동에도 쉽게 무너질 수 있다는 것을 의미한다. 더구나 중산층의 저축률조차 여전히 30%가 되지 않는 현실이다.

그렇다면 LTV(Loan To Value : 주택담보인정비율) 70%, DTI(Debt To Income : 총부채상환비율) 60%의 한국 사회는 정부 정책의 부도덕함이 극에 이르렀다는 것 외에 표현이 불가하다.

부채 상환 계획은 구체적이어야 한다

부채가 많을 경우 리스트업하는 일조차 고통스럽다. 부채의 종류, 이율, 상환 기간, 월간 상환 원리금 등을 정리한 후 우선순위와 월간 상환 가능액을 설정한다.

단기 부채, 고금리 부채 우선순위로 하되 부채 재조정을 한다

단기 부채와 고금리 부채가 많을 경우 악성 부채가 된다. 이것을 단기간에 해결하기 어려울 경우에는 짧고 굵은 단기 부채를 장기 부채로 길고 가늘게 만든다. 은행 등 채권자들은 원금 상환을 바라기 때문에 부채 상환에 대한 타당한 계획만 있다면 이에 대한 협상은 언제나 가능한 편이다. 마찬가지로 여러 개로 나뉘어져 있거나 높은 금리의 부채는 하나로 통합하거나 좀 더 낮은 대출로 전환하는 것도 필요하다.

저수지자금을 반드시 확보하라

월간 고정 및 변동 지출의 6개월에서 1년치가 예비자금의 적정 수준이라고 했다. 부채 상환 중에라도 최소 3개월 치는 유지하는 것이 좋다. 이것은 경제적 가뭄의 저수지와 같다. 예기치 않은 가뭄이 채무의 늪에 빠지게 한다. 만약 일시적인 실업 상태라 하더라도 예비자금이 있어야 더 안정적이고 지속적인 직업을 선택하게 한다. 그렇지 않을 경우 당장의 수입이 급하기 때문에 더 여유 있고 합리적인 선택을 방해할 가능성이 높아진다.

현금 흐름 가이드라인은 6 : 2 : 2

부채 상환시 최우선은 현금 흐름을 건강하게 하는 것이다. 월간 소비는 소득의 60% 이내로 한다. 소득의 20% 이상으로 부채 상환한다. 긴박하거나 악성 부채가 아니라면 소득의 20% 이상은 별도로 저축한다. 부채에만 올인하는 경우 현금 흐름이 다시 악화될 가능성이 있다.

빚만 갚지 마라, 더 중요한 것도 있다

즉, 부채 상환 액수를 줄이더라도 동시에 저축을 하는 것이 좋다. 그 부채가 일정 정도 통제 가능하며, 저축 이자와 대출 이자의 차이도 크지 않다는 전제 하에서다. 먼저 심리적 동기부여 때문이다. 저축을 해서 목돈을 만든다는 것은 그것이 1년 만기이든 2년 만기이든 그 성공 경험은 매우 중요하다. 그 쾌감과 성취감을 반복해서 경험하는 것이 부자가 되는 길이다. 따라서 대출 상환에 올인함으로써 얻는 대출이자 – 저축이자의 차이를 훨씬 넘어서는 긍정적 효과가 있다.

두 번째는 대출을 갚았다가 다시 대출을 내는 것을 막기 위함이다. 저축이 없다면 이것은 언제든 반복된다. 점차 빚을 내는 것에 대해 마취효과가 발생된다.

세 번째는 선택할 카드를 여러 장 가질수록 유리하기 때문이다. 예를 들어 A와 B가 매년 2천만원씩 5년 동안 1억원을 상환하는 목표를 세웠다고 치자. A는 5년 후 1억원을 완전 상환했지만 금융자산이 0이며, B는 부채가 여전히 5천만원이 남았지만 5천만원의 금융자산을 갖고 있다. 이때 B는 최소 세 개의 카드를 갖게 된다. 하나는 5천만원으로 부채 전액을 상환할 수 있다. 또 하나는 일부분은 갚고 나머지는 좋은 자산에 투자할 수 있다. 그리고 마지막 카드는 부채를 5년간 더 갚아가고 금융자산 5천만원은 좋은 자산에 재투자할 수 있다.

레버리지 투자의 당위성을 말하는 것이 아니다. 삶에는 수많은 기회가 오고 간다. 그 기회에는 재원을 필요로 하는 경우가 많다. 언제든 빚을 해결할 재원이 투자대기자금으로서 동시에 존재한다는 것은 갑자기 맞닥뜨릴 기회에 대하여 준비되어 있음을 의미한다. 더군다나 빚의 대붕괴가 시작되는 조짐이 너무나도 곳곳에 만연하다. 아니 이 미 시작되었는지도 모른다. 그러나 두려워하지 말자. 위기는 반드시 기회를 동반한다. 준비된 사람에게는 오히려 결코 놓쳐서는 안되는 도약의 시기가 다가오고 있다.

잡초보다 빨리 자라는 꽃과 풀을 구해 심어라

멋진 정원을 가꾸는 방법으로서 새퍼가 한 말이다. 우리는 빚을 갚 으면서, 혹은 빚을 내면서 스스로의 능력과 꿈을 제한하거나 포기하 기에 이른다. 그것은 매일 초점 없는 눈으로, 습관적으로 정원의 잡초 를 뽑는 일과도 같다. 잡초는 뽑아도 뽑아도 자라난다. 정원은 변함이 없다. 빚을 영원히 이기는 방법은 더 많은 수입을 창출하는 것이다. 그 래서 빚에 대해 적극적으로 싸워가야 한다. 소비적 지출은 절제하고 부채를 열심히 상환하는 와중에도 투자는 멈추지 말아야 하는데, 가 장 중요한 것이 자신에 대한 투자다. 곧 스스로의 능력을 배가하여 수 입을 다원화하고 증대시키는 것이다. 스스로를 존중하고 스스로에게 집중하는 것은 어느 재무적 상황에 처하든 계속되어야 한다. 그것이 가장 궁극적이고 완벽한 솔루션이다.

그리고 이때 빚은 비로소 삶의 동기가 되기도 하고, 지혜와 잠재력 을 깨워줄 좋은 스승이 되기도 한다. 잡초 속에서 자란 야생의 꽃나무 가 더 강하고 향기롭듯이 말이다.

놓치기 쉽지만 놓치면 안 될 것들

5

은퇴

—

가보지 않은 나라

국무총리실 자료에 의하면 2007~2011년 4년간 우리나라에서 자살 사망한 사람의 숫자가 이라크 전쟁과 아프가니스탄 전쟁 사망자 수를 합친 것보다 많다고 한다. 그 대부분은 60세 이상으로 질병과 경제력의 고통이 주요 요인이다. 미국의 소설가 메이 사튼*은 은퇴는 '또 하나의 나라'라고 표현했다. 누구나 반드시 가야 하는 나라다. 남의 나라가 아니라 미래에 내가 살아야 할 나라다. 그런데 그 나라가 전쟁으로 인한 사망자나 교통사고로 인한 사망자보다 자살로 사망하는 사람이 더 많은 곳이라고 한다면 초고위험 지역으로 분류될 수밖에 없을 것이다. 우리는 살면서 매일 영사관의 위험 문자를 받아야 할 상황인 것이다.

우리는 일을 시작하면서부터 자동으로 은퇴로 가는 탑승 수속의 줄

에 서게 된다. 그리고 그리 머지않아 '어느새' 최종 티켓을 발부받는다. 행선지는 그간의 건강과 경제력과 가족 관계의 준비 정도에 의해 결정된다. 사실상 '얼마나 많이'보다 '얼마나 오래전부터 준비했느냐'가 그 척도가 된다. 특히 건강과 경제력은 상호 영향력이 매우 크기 때문에 가장 중요한 사항이다.

그래서 은퇴 준비는 취업과 동시에 시작해야 한다. 우리는 너무 빠르게 나이 들고, 너무 늦게 그 사실을 깨닫는다. 그 '나라'에 가야 한다는 사실을 항상 기억해야 한다. 그리고 그곳에서 무엇을 할 것인가를 인생 전체에 걸쳐 진지하게 생각해야 한다. 그때 은퇴라는 나라는 더 이상 위험 지역이 아니라 자유와 꿈과 즐거움이 있는 비전의 땅이라는 것도 느낄 수 있다.

이 시기에 인생이 완성되므로 은퇴 이전에 잘살았다고 잘산 것이 아니며, 못살았다고 못산 것이 아니다. 따라서 반드시 삶을 완주할 생각으로 자원과 열정을 적절하게 나누어볼 필요가 있다. 가장 먼저 아무리 작은 금액이라도 미래의 늙은 나에게 송금하는 일을 시작해야 한다. 그것이 지금 당장 할 수 있는 유일한 것이기 때문이다.

은퇴 준비와 관련하여 가장 많이 듣는 질문은 다음 세 가지다.

현재 삶도 버거운데 어떻게 은퇴 준비까지 하나요?

그 말은 맞다. 하지만 은퇴는 현재의 연속일 뿐이다. 그리고 현재보다 더 버거운 시기다. 어느 날부터 급여가 뚝 끊기는 것이다. 20년 풍년 들판이 40년 흉년 들판으로 변하는 것이다. 미래는 과거를 이해하고 용서해주지 않는다. 먼저 현재 삶에서 최소한의 두 가지 투자를 시작해야 한다. 하나는 연금에 대한 투자다. 또 하나는 자기 자신, 즉 인적 자산에 대한 투자다. 은퇴 후 필요한 소득을 돈으로만 준비하는 것은 무척 힘들다. 따라서 그만큼 절박하게, 당장 할 수 있는 최소한의 것이라도 동원하여 장기간 준비해야 한다.

애들 교육 마치고 50대부터 10년간 바짝 준비하면 되지 않을까요?

여기에는 두 가지 오류가 있다. 하나는 은퇴 전 10년에 대한 막연한 기대다. 일반적으로 자녀들의 고등학교 시절 사교육비, 대학 시절의 등록금, 가정을 꾸릴 때 독립자금 등이 노후 준비의 가장 큰 장애인데 이 자금들은 대부분 50대부터 은퇴 전후에 걸쳐 소요된다.

거기에다 인생에는 상당한 변동성이 있다. 이 시기까지 현재의 소득이 안정적으로 유지된다는 보장이 없다. 현재의 고용시장은 매우 불안정하기 때문이다. 그리고 재무상태가 지금보다 더 나아질 것이라는 보장도 없다. 경기 순환 주기가 짧아지고 변동성이 커지면서 중산층의 붕괴 속도가 매우 빠른 상황이다. 건강의 변화도 감안해야 한다. 모든 것이 안정적이고 계획적으로 이루어지다가도 건강의 문제로 인해 재무적으로 무너지는 경우도 많다. 인생 앞에서 겸손하고, 또 겸허해지는 것이 좋다.

다른 하나는 단기간의 준비는 더욱 힘들고 불가능하다. 20년 모아서 40년 먹고살 준비하는 것도 매우 어렵다. 물리적으로 균형 자체가 맞지 않는다. 10년 벌어서 40년 먹고살 준비를 한다는 것은 사실상 불가능에 가깝다. 은퇴 준비의 유일한 지원군은 시간이다. 잘 준비된 은퇴는 인생의 골든타임이지만, 그것을 준비하는 시기에도 골든타임이 있다. 바로 지금이다.

시골 가서 농사짓고 살면 돈이 그렇게야 많이 들겠어요?

보건복지부의 〈자살 실태 보고서〉를 보면 60대 이상의 자살 기도

자가 도시에서는 14.1% 비율이나 농촌에서는 45.3%로 훨씬 높은 수치를 나타낸다. 자살률만으로 그 사회를 평가하기는 어렵다. 그러나 자살률이 높은 사회는 기본적으로 살기 좋은 사회라고 볼 수 없다. 농촌 또한 노인들이 살기에 그리 만만치 않음을 보여주는 것이다. 최근 국민연금 연구원 조사결과에 의하면 서울 노후생활비 기준으로 지방 노후생활비는 약 70% 수준으로 조사되었다.

노후의 문제가 건강, 경제력, 외로움 등이라고 한다면 시골의 경우 그것이 더 극대화되어 있다고 보아야 할 것이다. 일본의 경우 지방 신도시로 이주했던 노인들이 다시 도심으로 회귀하는 현상으로 공동화 현상이 문제되고 있다.

전원생활을 생각하고 소박한 꿈을 꾸는 것은 절제하고, 나누고, 공유하고, 성찰하는 삶을 생각하는 것일 수 있다. 그러나 여기에는 재무적인 준비가 기본으로 필요하고, 더불어 삶의 가치관이나 철학 등 비재무적 훈련이 긴 시간 동안 이루어져야 한다. 단순하게 재무적 문제의 도피처로서 시골을 선택할 일이 아니라는 것이다.

사람들은 몸이 노화되어가고, 나이가 점점 많아지는 것을 싫어한다. 그러나 조금만 생각을 바꿔본다면, 은퇴는 매우 기다려지는 시간이 된다. 가족에 대한 모든 책임이 끝나고 하고 싶은 모든 것을 할 수 있는 시간이 주어진다. 세상이 돌아가는 이치에 대한 지혜도 깊어져 있고, 평생을 함께할 친구들도 걸러져 있다. 잘하는 것을 나눌 여유도 있고, 젊은 후배를 이끌어줄 경험과 지식도 있다. 젊어서 열심히 일하고 저축한 보상으로 경제적으로도 독립적이다. 시간이 없고 여유가 없어서 미루었던, 그러나 정작 인생에서 매우 중요했던 가치들을 찾아나설 수 있다.

이러한 시간과 공간, 그리고 이러한 물리적, 정신적인 환경이라면 삶의 비전으로서 인식되는 것이 마땅하다. 한 해 한 해 지나가는 것이 삶의 비전으로 점점 다가가는 일이라면 나이 들어가는 것은 매우 즐겁고 유쾌한 일이 될 것이다.

행복한 은퇴를 위한

—

5. 6. 7 프로젝트

북극의 얼음이 얇아지고 여름이 길어지는 것은 북극곰에게 가혹한 환경을 의미한다. 금리가 얇아지고, 비경제활동 기간이 길어지는 것은 인간의 생존 환경이 매우 척박하게 바뀌었다는 것을 의미한다. 금리의 두께가 4%인 시대와 2%인 시대는 동일한 자산을 갖고 있는 은퇴자의 삶이 완전히 달라진다. 예를 들어 자산 5억원을 4%로 운용할 경우 매년 2,000만원씩 이자를 인출하여 기본생활이 가능하지만 2%로 운용할 경우에는 매년 1,000만원을 인출, 즉 월간 83만원 정도 수준으로 최저생계비에도 못 미친다. 이 경우에는 원금을 같이 헐어 쓰게 되므로 매년 이자는 그만큼 더 줄고, 줄어든 만큼 원금을 더 헐어 쓰게 되면서 일정 기간이 지나면 원금이 '0'가 된다.

그래서 은퇴 준비에서 가장 위협적인 것이 저금리 고령화다. 최소한의 투자라도 최대한 빨리 시작하는 것이 우리가 유일하게 할 수 있는 일이다.

소득원에 대한 전략적 접근

자신의 소득원에 대해 전략적으로 접근해야 한다. 세법이 정의해주지는 않았지만, 은퇴를 세법상의 소득원으로 해석해보자. 세법상규정되어 있는 종합 소득은 그 발생 원천을 이자 소득, 배당 소득, 부동산 임대 소득*, 사업 소득, 근로 소득, 연금 소득, 기타 소득 등으로구분하고 있다. 이중 사업 소득이나 근로 소득이 없어지고 다른 소득으로 대체되는 일이 은퇴다.

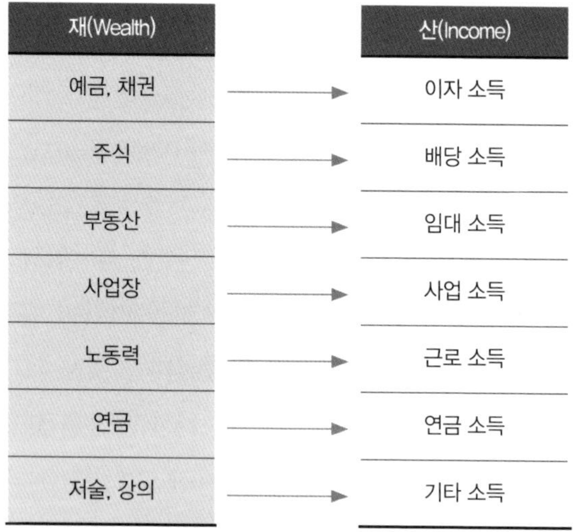

은퇴 이후 가능한 소득에는 대략 채권이나 예금을 통한 이자 소득,주식을 통한 배당 소득, 그리고 임대 소득, 연금 소득 등으로 압축된다. 각각의 소득 항목에서 매월 현재의 가치로 얼마의 수입이 될지를예측하고 준비하는 것이 매우 중요하다. 여러 가지 소득원 중에서 우

---

*   부동산 임대 소득의 경우 사업 소득에 포함되어 있으나 이해의 편의를 위하여 별도로 분리해놓자.

소득원	지속성 / 안정성	외부환경(경제) 변동성	관리 및 정보에 대한 스트레스 지수	세율
연금 소득	매우 높다	매우 낮다	매우 낮다	0% 또는 3~5% (일반적인 개인 연금의 경우)
이자 소득	높다			14%~38%
배당 소득	낮다	매우 높다	매우 높다	14%~38%
임대 소득	중간	매우 높다	매우 높다	6%~38%

선순위와 비중을 정해야 하는데 소득원의 지속성, 안정성과 경제 상황에 대한 변동성에 따른 위험도, 관리와 정보에 대한 스트레스 정도와 세금 등을 고려해야 한다. 큰 틀에서 나의 은퇴 계획과 맞는 소득원을 다양하게 준비해야만 변화 가능한 위험으로부터 안정적이다.

연금 소득은 은퇴 이후에 매월 꼬박꼬박 젊은 날의 자신으로부터 지급받는 평생 급여다. 일단 연금이 지급되기 시작하면 경제 상황이 어떻든 관리할 필요가 없고, 누군가에게 빌려줄 수도 없으며, 빼앗길 염려도 없기 때문에 가장 기본이 되며 중요하다.

예금이나 국공채의 이자는 낮으나 안정성은 높은 편이다. 채권형펀드, 해외펀드 등도 그 수익이 이자 소득에 해당한다. 만기 관리를 해야 하며, 채권의 경우 가격 변동에 따라 매도 및 만기 보유의 의사결정이 필요할 때도 있다. 해외펀드의 경우 당연히 주식형펀드로서의 리스크가 있다.

장기 채권의 경우 분리 과세되기도 하지만 일반적인 이자 소득세는 14%이며, 금융 종합 소득세 대상일 경우 종합 소득에 합산되므로 최고 38% 세율이 적용될 수도 있다.

배당 성향이 높고, 배당 수익률도 좋은 주식을 보유할 경우 좋은 소득원이 된다. 그러나 개별 기업의 이익 변동 또는 경영상의 이유로 인한 변동성이 크므로 배당의 지속성과 안정성은 떨어진다. 배당 소득 역시 이자 소득과 같이 14% 또는 금융 소득 종합 과세 대상이 된다.

많은 사람들이 상가, 오피스텔, 임대주택 등 수익형 부동산을 대체 소득원으로 꿈을 꾼다. 소득의 지속성과 안정성은 중간이다. 공실의 위험이 있기 때문이다. 참고로 2015년 초 오피스텔 공실률은 13%, 상가 건물 공실률은 11%로 두 자릿수를 넘고 있고 지속적으로 초과 공급되고 있다. 더불어 경기에 따라 가격 변동이 심하다. 관리의 스트레스는 가장 높다. 임차료 연체, 세입자 교체, 유지 및 보수, 리모델링 등 그 본질이 사업 소득이기 때문이다. 사업 소득이므로 종합 소득에 포함하여 과세된다.

모든 것을 종합하여 볼 때 은퇴 후 소득원의 비중은 연금 소득 〉 이자 소득 〉 임대 소득 〉 배당 소득으로 하는 것이 현실적이고 합리적이다. 은퇴 이후의 삶이 가장 자유롭고 경제적으로 편안한 소득 구조다.

5 저축 투자액 중 50% 이상은 은퇴를 위해 배분한다

주택 대출, 자녀 교육비 등등 정신 없는데 저축액의 50%를 은퇴자금으로 저축하라면 말도 안 되는 소리처럼 들릴 지도 모른다. 우리나라 대표 가구의 저축률이 20%라고 볼 때 그중 다시 50%라고 하면 가계 소득의 10% 이상을 은퇴를 위해 투자하라는 것이다. 가계가 빡빡한 현실이지만 급여가 10% 삭감되어도 어떻게든 운영되는 것이 또한 가계이기도 하다.

소득 중 결코 까먹지 말아야 할 씻나락 같은 돈이 있다. 그것이 종잣돈을 위한 저축이다. 종잣돈은 경제적 자유를 위한 밑돈이다. 종잣돈이 목돈으로 만들어지고, 불려지고 운용되면서 최종적으로 채권, 부동산, 연금 등 은퇴 소득원으로서 역할을 할 것이다. 그러나 이와 별개로 처음부터 연금 등에 저축액의 50%를 배분하는 것을 목표로 하자.

6 은퇴 소득 수준은 현재 소득의 60%가 가이드라인이다

갑자기 급여가 중단되고, 출근을 하지 않을 뿐 은퇴 생활은 현재 생활의 연장이다. 인간 관계와 사회 활동이 그대로 이어지며, 삶의 질도 쉽게 떨어지지 않는다. 대부분 현재 소득의 60% 수준이 유지될 때 궁핍함을 느끼지 않는다. OECD 연금 소득 대체율 평균은 63.6%다. 세계 은행 권고 기준은 70~80%이므로 가히 높은 수준이 아닌 것이다.

국민연금의 소득 대체율이 40~45%라는 것은 40년 이상 납부한 경우를 의미한다. 현실적으로는 15~25% 수준으로 보아야 한다. 그 나머지 40%를 준비하는 것이 본인의 몫이다.

7 은퇴 후 소득의 70%는 연금 소득으로 목표하라

여기에 장기 국채 등의 이자 소득으로 10~15%, 부동산 임대 소득 등으로 10~15%를 구성하는 것이 바람직하다. 최악의 경우 이자 소득이 심각하게 감소하거나 중단되고, 공실로 인한 임대 수입이 중단된다 하더라도 기대 소득의 70%가 유지된다면 본인이 희망하는 삶의 질도 유지될 수 있기 때문이다.

가계 소득 500만원, 월 저축 목표액 150만원인 홍길동 씨가 '행복한 은퇴를 위한 5. 6. 7 프로젝트'를 시작하는 경우다.

5 : 저축 가능액 150만원 중

· 종잣돈 마련을 위한 투자(단기, 중기) 80만원

· 종잣돈 마련을 위한 투자(장기) 20만원

· 연금 투자 50만원

6 : 은퇴 기대 소득 300만원

7 : 은퇴 후 소득 300만원 중 각 비중

· 연금 210만원

· 채권 이자 45만원

· 임대료 45만원

이 경우, 채권 이자와 임대료는 종잣돈의 장기 운용에 의한 채권 및 부동산 매입으로 해소하고, 은퇴 준비는 연금 소득의 충당을 위한 저축 투자에 당분간 주력해야 한다.

집은 더 이상
—
대안이 아니다

2014년 7월에 최경환 경제부총리가 임명되고 연일 경제정책이 발표된 적이 있다. 그 핵심은 두 가지였는데 하나는 주택 대출 규제를 사실상 없애버린 것이고 또 하나는 금리 인하였다. 언론은 이를 '초이노믹스'라고 부르며 부동산 시장의 움직임에 대해 호들갑 떠는 모습을 보이기도 했다.

아마 정부에서는 부동산 부양을 경기 회복의 최우선 과제이자 마지막 보루로 판단한 듯했다. 부동산 규제와 대출 규제 완화 + 금리 인하 = 주택 구매율 상승 → 부의 효과 발생 → 가계 소득 증가 → 내수 활성화 → 기업 투자 증가 → 고용 증대 → 가계 소득 증가라는 선순환을 기대하는 것이다.

경기 회복을 오로지 가계의 부채 확대에 의존한다는 것은 이미 부동산 시장이 그 어떤 정책으로도 손을 쓸 수 없을 만큼 갈 데까지 갔다는 것을 의미했다. 실제로 초이노믹스의 시작과 함께 LTV가 70%까지, DTI가 60%까지 완화되고 당시 2.5% 기준 금리는 2015년 9월 기준 1.5%로 낮아졌다. 그러잖아도 위태로운 가계 부채는 더욱 급격하게 증가하여 2013년 기준 1,021조에서 2015년 6월말 기준 1,130조 5,000억을 넘어서고 있다. 경제의 선순환이 아니라 '부채 증가로 인한 저소비 → 기업의 투자 감소 → 고용 불안 → 가계 소득 감소 → 가계 부채의 질적 악화' 등 오히려 부채 디플레이션이 우려되는 상황이다.

어쩌면 초이노믹스는 부동산을 담보로 추가 발급한 신용카드에 지나지 않을 수도 있다. 이 마지막 돌려막기 카드가 모든 것을 다시 정상화시켜줄 수 있을까? 그것은 정부가 꿈꾸는 집행 유예의 환상*이다. 그들은 단두대 아래의 현실을 알고 있었을 것이다. 정부가 아무리 인위적으로 부양하려고 해도 부동산을 떠받치는 것은 불가능하다는 것을 말이다. 다만 정치인들의 캘린더는 단 4년, 그래서 어떤 수단과 방법에 의해서든 일시적으로만이라도 부동산 시장이 살아나주면 된다. 그 이후 결과는 모른다. 그들은 외면하고 싶었을 것이다. 그래서 그것이 더 부도덕한 정책이라고 생각된다.

주택시장에 무슨 일이 일어나고 있을까? 왜 정부의 부양 정책은 일시적인 아드레날린 주사에 지나지 않을까? 전세가가 하늘을 찌르고 월세가 허공으로 매월 사라지는데 우리는 도대체 언제 집을 사는 것이 현명할까?

정부가 갖가지 방법으로 현재 시장을 떠받치고 있는 지금은 주택을 팔려는 사람들에게 좋은 때이지 사려고 하는 사람들의 때가 아니다. 강가에 서서 발밑을 보자. 찰랑이는 물결을 모래성으로 막고 아이

---

* 집행 유예의 환상 : 처형 직전의 사형수가 마지막 순간에 형 집행이 유예될지도 모른다는 환상을 품게 된다는 정신 의학적 개념. 현실을 직시하여 구체적 문제 해결을 하지 못하고 막연한 기대만을 하는 경우를 의미한다.

들 놀이터를 만들 수는 있다. 그러나 높은 곳에서 구비구비 흐르는 강을 보라. 그 흐름을 막을 수 있는 것은 아무것도 없다. 모든 자산에 대한 접근이 그렇지만 특히 주택시장을 볼 때엔 찰랑이는 잔파도를 볼 일이 아니다.

인구 구조의 변화라는 거대한 강 구비와 흐름을 보아야 한다. 이러한 관점은 국내의 경우에는 10년 전 출간된 『인구 변화가 부의 지도를 바꾼다』 등을 필두로 여러 경제 연구소들의 보고서에서도 공통된 결론으로 도출된 바로 이미 시장의 정설이라 본다. 역세권의 좋은 물건, 재개발·재건축 정보에 귀 기울이고 발품 팔아 다니는 것도 좋지만, 인구 구조를 중심으로 다른 변수들이 결합하여 시장의 수요가 어떻게 형성되고 있는지 통찰하는 것이 우선적이다. 이에 대해 몇 가지 간단히 정리해본다.

경제활동 인구와 주택 매입 연령층이 급격히 감소하고 있다

경제활동 인구는 만 15세부터 64세 이하 연령대를 의미한다. 경제활동을 하기 때문에 이 연령대의 추이는 산업에 많은 영향을 미친다. 그중 주택에 대한 실제 구매력을 갖춘 연령대는 35세에서 54세로 판단한다. 가정을 갖추는 20대 후반에서 30대 초중반까지는 경제활동 초기이며, 은퇴 시점에 있는 65세 이상 노령 가구는 주택을 줄여가거나 처분하는 연령대이기 때문이다.

경제활동 인구는 2016년을 정점으로 감소한다. 주택의 실질 수요층인 35~54세 연령층은 2011년을 정점으로 이미 매년 감소하고 있다. 참고로 일본의 35~54세 인구는 1990년을 정점으로 감소했고, 그

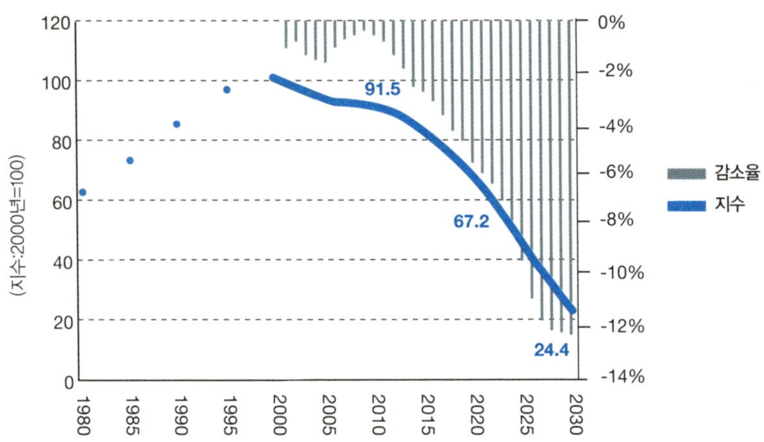

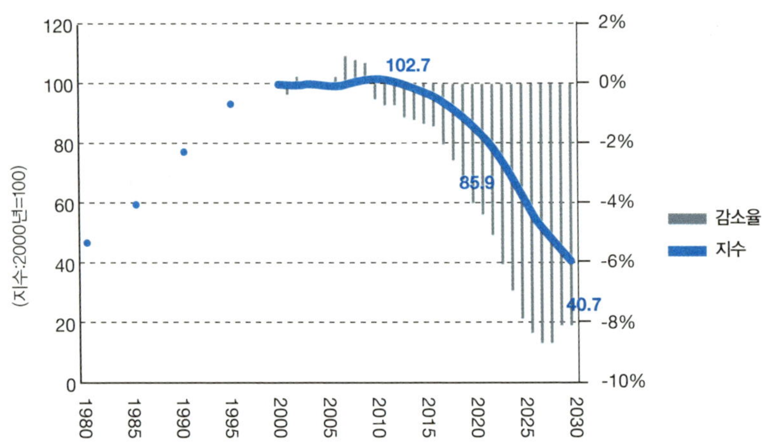

(주)통계청 자료를 바탕으로 선대인경제연구소 추계, 작성

시기가 일본 부동산 버블의 고점이었다.[*]

연령대별 부동산 자산 증가액과 연령대별 가구수 증감분으로 도출한 선대인경제연구소의 '부동산 구매력 지수'는 시장에 대한 매우 중요한 통찰을 제공한다. 연구소의 분석을 인용하여 예를 들면, 수도권에서 5억원짜리 주택을 구입할 수 있는 가구가 100가구 있다면 2010년에는 약 103가구, 2020년에는 약 86가구, 2030년에는 약 41가구로 급감한다는 것이다. 물론 전국 지수는 수도권에 비해 더 급격하게 감소한다.

그런데 주택 수요층이 줄고 있는 것은 양적인 문제에 해당된다. 청년 실업률이 높고, 양질의 정규직이 부족하고, 결혼이 늦어지고, 가계 소득 증가율이 낮은 것은 주택 수요층의 질적인 문제로 심각성을 더하는 것이라 할 수 있다.

주택시장은 초과 공급 상태다

미래학자 최윤식 박사는 『2030년 대담한 미래』에서 다음과 같이 이야기한다.

전문가들은 전국에서 640만 가구 가량을 실질적인 무주택 가구로 추정한다. 현대경제연구원은 2013년 기준으로 집 살 여력이 있는 무주택 가구를 144만 가구 정도로 분석했다. 반면에 매도해야 할 주택의 물량은 주택 임대 사업자들이 보유한 134만 호와 다주택 보유자들이 소유한 410만 호를 포함해 총 544만 호로 추정한다.

민간 자체에서만 약 400만 호의 초과공급이 이루어지는 셈이다. 여기에 은퇴를 시작하는 베이비부머들의 주택다운사이징 과정에서의 주택매도 또한 예상된다. 건설사들의 밀어내기식 분양과 정부의 공급 등은 별개다.

가계 부채가 임계점에 도달해 있다

앞에서 언급했듯이 2015년 6월 기준 가계 부채는 1,130조5천억 원이다. 여기에 자영업자들의 부채 약 230조, 그리고 새로운 세입자가 들어와야만 보증금을 내줄 수 있는 임대 보증금까지 추정하면 실제 가계 부채는 이미 1,500조를 넘어서고 있다고 봐야 한다. GDP의 100%에 이르고 있는 것이다.

참고로 1991년 일본 부동산 버블 붕괴시 가계 부채는 GDP 대비 63.2%였고, 2008년 미국 서브프라임 위기시 가계 부채는 GDP 대비 96%였다. 미국의 경우 금융위기 이후 가계 부채 비중은 하락해왔는데 국내의 경우 매우 빠른 속도로 증가하고 있다.

빚더미에 의존한 경제는 아랫돌 빼서 윗돌을 괴는 것과 같다. 더 큰 빚을 내 자산시장을 떠받칠 사람들이 나타나지 않을 때 이 돌 쌓는 게임은 끝이 난다. 선대인경제연구소에 의하면 최근 2년간의 게임 판에는 주택 구매력이 높았던 40~50대가 손을 털고, 소득과 자산 규모가 적은 20~30대가 게임 판에 대거 들어선 것으로 판단된다. 전체 대출 잔액 증가액 중 20~30대의 대출 잔액 증가액이 40%를 차지하고 있다. End Game은 이미 시작되었는지 모른다.

미국 금리인상은 주택시장 붕괴의 트리거가 될 수 있다

2008년 금융위기 이후 천문학적인 양적 완화도 끝났고 미국 경제가 서서히 회복해가면서 약 7년간 유지되던 제로 금리 시대도 끝나가고 있다. 미국 경제의 회복은 중장기적으로 좋은 일임에 틀림없다. 그러나 신흥국의 빚 많은 누군가에게는 재앙과 같은 시간이 다가오는 것을 의미한다. 그리고 그것은 그 나라 전체의 문제이기도 하다.

전문가들은 미국 금리 상승 사이클을 대략 2019년까지 보고 있다. 단기적으로는 기준 금리를 3.75%, 2019년까지 4~5%까지 올라갈 것으로 예상한다. 금융권에서 아직 민간으로 돌지 않은 유동성 자금이 주택시장 등에서 버블을 만들 경우 인플레이션의 우려도 예상된다. 이 경우 더 높은 수준의 시장 금리도 가능해진다.

한국의 경우 시차를 두고 금리인상에 동참해야 할 것이다. 통상적으로 미국 기준 금리 대비 약 2% 포인트 더 높이 유지해야 자본 수지를 맞춘다고 볼 때 기준 금리 5~7% 시대로의 진입도 예상할 수 있다. 그뿐 아니라 대출 금리는 기준 금리 대비 1.5~2% 높다는 사실을 기억해야 한다.

한국은행 금융안정보고서에 따르면 이미 150만 가구는 한계 가구에 도달해 있다. 가계 소득의 40% 이상이 부채 원리금 상환에 들어간다. 금리 1% 포인트만 올라가도 10만 명이, 다시 1% 포인트가 더 올라가면 추가로 26만 명이 디폴트될 것으로 예상된다. 여기에 집값이 10% 하락하면 가계금융부채 중 30%가 부실 위험에 처한다. 그리고 한계 가구는 부동산 등 실물자산 보유 비중이 91%로 높아 부동산 하락 위험에 더 취약하다.

금리인상이 현실화될 경우 한계 가구의 주택이 매물로 나올 것이다. 부채 비중이 높은 가계의 주택도, 다주택자의 주택도 나올 것이다. 건설업체들의 밀어내기 공급에 의해 급증한 미분양 물량도 쏟아질 것이다. 그리고 노후자금이 취약한 베이비부머들의 매도 물량도 가세할 것이다. 그런데 너도 나도 팔려고만 할 뿐, 이제 더 이상 주택을 살 수 있는 주구매층이 없다. 더구나 기존 주택들은 노후화되었거나, 스마트 시대의 폴더폰처럼 차세대 구매층들의 라이프 스타일이나 기호와는 맞지 않는다.

주택시장의 전망은 매우 우울하며 한국 경제의 가장 취약한 고리이기도 하다. 이러한 시장 현실에서 대출 한도가 늘어나서 신용 여력이 생겼다, 가계 소득도 증가했기 때문에 구매력이 늘어났다, 그래서 부동산 가격은 다시 오르거나 더 떨어지지는 않을 것이다라는 주장은 도대체 어떻게 가능한지 이해되지 않는다. 또한 인구는 줄고 있으나 가구 분화에 따라 가구 수가 늘고 있으므로 주택 가격은 쉽게 떨어지지 않는다는 주장 역시 궁색하다. 1~2인 가구의 경우 대부분이 아직 경제력이 취약한 젊은 층이거나 역시 경제력이 취약한 고령 가구이기 때문이다.

부채의 주춧돌 위에 건설된 주택시장의 기반은 금리인상의 사이클에 들어서면서 너무나도 위태로워 보인다. 그러면 도대체 어떻게 해야 할까?

금융으로 주택시장의 바겐세일을 준비하라

물가가 낮게 유지되는 상황, 또는 부채를 내어 투자하는 것보다는 부채를 줄여가는 상황, 소비가 낮고 실질적으로 디플레이션의 시대가 있다. 이때는 부동산 등의 실물자산은 가치가 하락하고 돈의 가치는 올라간다. 시장이 회복된다면 좋다. 하지만 그 가능성보다는 향후 몇 년 간은 자산시장의 변동성이 높아질 확률이 훨씬 높다.

당분간 금융자산을 극대화시키는 것이 좋다. 저축도 더 속도를 내는 것이 좋다. 그것이 자산의 바겐세일 시즌에 좋은 물건들을 저가에 매입할 수 있는 기회를 갖는 유일한 방법이다. 반대로 현재 금융과 부채를 늘려서 부동산 등 실물자산을 매입하는 것은 그 반대방향을 선택하는 일이다. 그로 인한 손실은 지금까지의 자산을 모으기 위해 들여왔던 것보다 훨씬 많은 시간과 노력을 또다시 요구하게 될 것이다.

선취자산의 힘

보험

보험. 한마디로 참 가입하기 싫다. 안 좋은 상황을 가정한다는 것 자체도 그렇지만, 저축할 돈도 빠듯한데 매월 사라지는 비용만 늘어나는 것 같다. 그런데 거꾸로 생각하면, 저축하기도 빠듯하게 가계가 운용되는데, 그 소득이 어느 날 뚝 끊기고 오히려 더 많은 돈이 요구되는 상황이라면 얼마나 절망적일까?

우리는 앞에서 인생 전체에 맞추어 재무적 계획(Plan)을 세운 다음, 그 계획대로 합리적으로 실행(Do)해 나아갈 방법들에 대해 이야기했다. 저축과 투자는 시간이 지나야 일정한 자산으로 쌓이는 후취 자산이다. 후취 자산은 위험이 없는 세계에서만 독립적으로 단독으로 가능하다. 후취 자산이 형성되기 전에 위험 발생시에는 가정 경제에 필요한 재원과 갭이 생기는데 이것을 충족시키는 것이 보험이라는 선취 자산이다. 보험료를 내는 순간 보장 금액이 형성되기 때문이다.

위험설계는 재무설계의 영역 중에서 그 완결성을 담보하는 매우 중요한 부분이다.

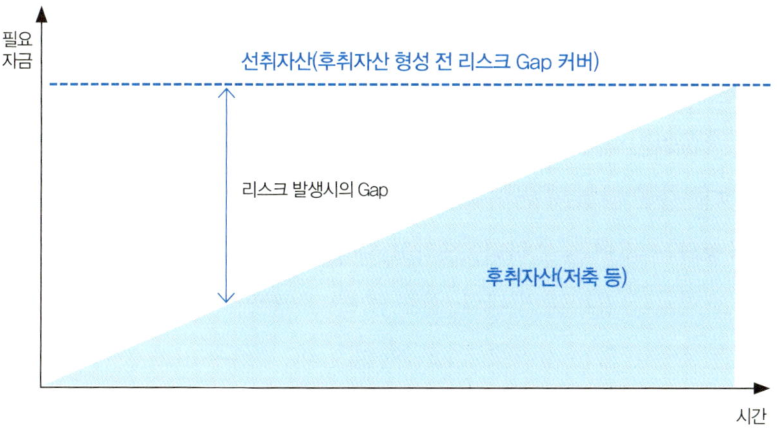

자녀들의 교육자금과 독립자금, 그리고 주택자금 등 필수 목적자금
들을 어떻게 마련해갈지, 또 궁극적인 자유를 위한 은퇴자금을 어떻
게 준비할지 등이 아무리 잘 수립되고 실행된다 하더라도 인적 리스
크가 발생되면 그 모든 것은 중단되거나 축소 혹은 변경될 수밖에 없
기 때문이다. 더 극단적으로 말한다면 아무리 잘 수립된 투자설계나
은퇴설계의 효용도 조기 사망의 리스크를 커버할 수는 없다.

한 가정으로 보았을 때 수익률이 낮은 상태로도 장기 재무목표를
이루어갈 수 있고, 세금을 많이 지출하면서도 행복하게 살아갈 수 있
지만, 주소득원이 소멸되는 인적 리스크가 발생할 경우에는 모든 것
이 무너지는 상황에 봉착한다. 이때 치밀하게 준비된 위험설계에 의
한 보험은 자녀와 배우자 등 가정의 역사를 변화시킬 수도있다.

따라서 당신의 재무설계사가 가계의 사망 및 질병 리스크에 대한
이야기를 회피하거나 그 위험설계를 게을리하는 경우 그의 전문성도,
성실성도, 윤리성도 모두 의심해봐야 한다.

위험을 이해하면 보험이 쉽다

가계에서 볼 때 위험설계는 가계의 리스크에 대해 평가하고, 보장을 설계하고, 납입할 수 있는 재원을 고려하여 최적의 보험 설계를 하는 것으로 이해하면 될 것이다. 그런데 보험은 너무 많고 복잡하다. 막상 준비하려고 하면 이것도 저것도 다 필요한 것 같고 그 비용도 만만치 않다. 결국 위험을 커버하는 것이므로 위험을 분류하고 우선순위를 결정하는 것이 중요하다. 그리고 위험을 평가하고 적절한 보장 규모와 보험료를 결정하면 된다. 실무적으로는 담당 설계사가 하겠지만 결정은 본인이 하는 것이므로 개념적인 이해는 할 수 있는 것이 좋다.

표는 위험 처리 방법을 나타낸다.

우측으로 갈수록 위험의 발생 빈도가 많고, 위로 갈수록 위험의 손실 폭이 클 경우 각 영역에서 '어떻게 위험을 처리할 것인가'다. 만약 '위험이 빈번하게 발생하는데 그 규모도 크다'라고 한다면 그것은 위험을 애초부터 회피하는 방법이 유일하다. 산에 갈 때 라이터 소지를 금지하거나, 취사를 금지하는 것과 같다. 빈도는 잦은데 손실 규모가 작으면 위험을 축소한다. 도둑 많은 동네에 감시 카메라가 늘고, 각 주택의 잠금 장치가 강화되는 것이 대표적이다. 위험 발생 확률도 낮고 발생해 봐야 별로 손실이 없으면 위험을 그냥 안고 간다. 감내 가능하기 때문이다. 확률은 낮은데 벌어지면 큰 손실이 발생하는 경우는 보통 그 손실을 보험 기관에서 대신하게 된다. 이때 위험을 전가, 또는 이전한다고 한다. 이전하기 위해 부담하는 비용이 보험료다. 따라서 보험의 가장 기본 목표는 확률적으로 낮고, 발생

	빈도 少	빈도 多
규모 大	전가(이전)	회피
규모 小	보유	축소

할 경우 경제적인 손실이 큰 것에 대비하는 것이다. 이것을 좀 더 쉽게 가계에 적용해보자.

먼저 위험을 그 규모에 따라 대위험, 중위험, 소위험으로 분류할 수

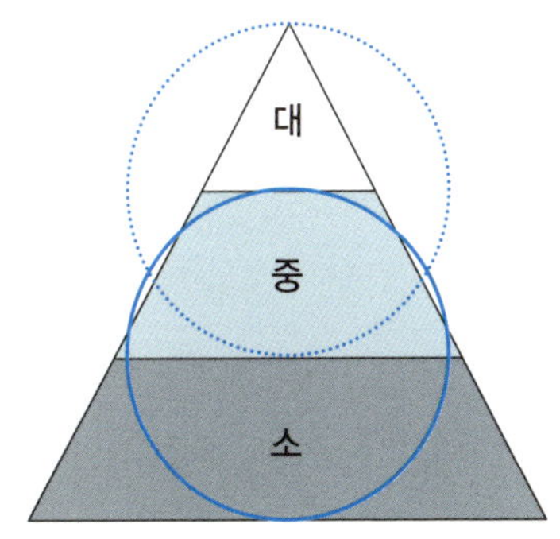

있다. 소위험은 발생 빈도는 높으나 재무적 리스크는 크지 않다. 독감으로 병원에 가거나, 골절로 깁스를 하거나 일상적인 질병 등으로 의료비가 들어가는 경우 등을 예로 들 수 있다. 중위험은 큰 수술을 하거나, 장기간 치료를 하는 등 의료비 지출이 많아서 재무적으로 부담이 되는 경우다. 그런데 회복이 된다면 다시 경제활동을 통해 복구가 가능한 위험이다. 암 자체는 중위험인데 그것이 사망으로 이어지면 대위험이다.

대위험은 발생 빈도가 아주 낮다. 예를 들어 사망, 또는 고도장애 등이다. 사망을 예로 들면 일생에 단 한 번 발생되지만 그와 동시에 재무적 가치는 더 이상 복구될 수 없을 만큼 파괴적이다.

그렇다면 이제 우선순위를 정해보자.

대, 중, 소 위험 중 어느 하나만 먼저 커버하여 리스크를 어디론가 이전해야 한다면 무엇부터 선택할 것인가? 대위험을 보험회사에 전가하는 것이 생명보험으로 종신보험과 정기보험이 대표적이다. 그리고 중위험, 소위험을 주로 전가하는 것이 건강보험 및 실손보험이다.

개인적으로는 남녀노소, 미혼 기혼 무관하게 종신보험(혹은 정기보험) + 실손보험이 가장 좋은 구조라고 생각한다.

대위험 발생시 어느 정도의 보장 규모가 적절할까?

위험을 측정하는 몇 가지 방법으로 생애 가치 방법, 니즈 분석 방법, 자본 보유 방법 등이 있으나 이중 니즈 분석 방법이 재무설계 관점에서 가장 정밀하고 설득력이 있다고 볼 수 있다. 쉽게 생각하면 가계의 주소득원이 사망 또는 고도장애 상태라고 가정한 후 아래 질문들에 답해 보는 것이다.

- 배우자 단독 경제활동시 예상 소득은?
- 이때 부족한 생활비 규모는?
- 저축 가능한 액수는?
- 저축 감소에 따른 미래 재무계획의 위협 요인은?
- 자녀 교육, 독립, 주거, 대출 등을 해결하기 위해 현재 준비된 자산과 그 규모는?
- 추가적으로 늘어날 수 있는 비용은?
- 삶의 질 하락 가능성은?

이것을 계량화하여 현재 필요한 자금을 산출하고 시간이 경과됨에 따라 보장 내용도 변화되도록 하는 것이 보험 설계다.

이중에 일정 기간 동안만 보장되면 되는 자금들이 있다. 이에 활용되는 것이 정기보험 또는 정기 특약이다. 순수 보장이므로 보험료가 저렴하지만 보장 기간이 정해져 있다는 단점이 있다. 매월 생활비가 지급되게 하는 보험도 있다. 보통 가족 수입 보장보험(특약)이라 한다. 종신보험은 평생 동안 보장을 받기 때문에 납입이 끝나면 그 사망 보장금은 자산으로서의 가치가 있다. 종신보험에 정기 특약과 가족 수입 특약을 더하여 설계할 경우 훌륭한 위험 보장이 만들어질 수 있다. 다만 종신보험의 규모와 정기 특약의 규모를 어느 정도로 할 것인가는 납입 여력에 맞추어 월간 현금 흐름에 부담이 되지 않게 하는 것이 좋다. 보험은 기본 정신이 상호 부조에 의한 보장이다. 만기 환급금에 연연하여 과도한 비중을 차지할 경우 단기 및 중기 저축액이 감소한다.

실손보험 역시 그 본래 목적에 맞게 가입하는 것이 좋다. 기본은 빈도가 높고 비교적 규모가 작은 위험에 대비하는 것이다. 즉 사소한 치료비를 받게 되었다고 좋아할 일이 아니라는 것이다. 이미 그것보다 더 많이 누적된 보험료가 납입되었으니 말이다. 다만 장기간의 입원 치료, 생명보험으로 감당할 수 없을 정도로 부담되는 의료비 등에 매우 탁월한 기능이 있으므로 그 정도에서 저렴하게 가입하도록 한다.

참고로 모든 보험료는 본인의 소득 기간 동안 길게 나누어 납입하는 것이 좋다. 현금 흐름의 부담을 낮추며, 언제든 발생 가능한 위험을 전제로 하기 때문에 초기에 굳이 더 많은 보험료를 지불할 필요가 없기 때문이다.

연말정산에 해야 할

—

또 다른 것들

해마다 가을이 지나면서 언론이나 인터넷에는 연말정산 잘하는 방법에 대한 정보가 쏟아지기 시작한다. 세법은 매년 개정되기 때문에 기삿거리는 언제나 많은 셈이다. 절세를 하고 그것을 통해 세금을 환급받는 것은 매우 중요하다. 이에 대한 방법은 국세청이 매년 책 한 권 분량의 매뉴얼로 안내를 하므로 그것을 참고하는 것이 가장 좋을 것이다.

하지만 많은 사람들이 서류를 챙기고 무언가를 준비하라고 해서 준비를 하지만 정작 본인이 무엇을 왜 하는지 모르고 다만 환급받을 세금 액수에만 관심을 갖는 경우가 허다하다. 소득과 세금에 대한 뼈대는 항상 동일하다. 이것을 이해하면 세부 항목들의 개정이 그리 복잡하지도 않고 생활 속에서 절세하는 방법을 쉽게 터득할 수 있게 된다. 그런데 그게 전부가 아니다. 일단 기본적인 개념부터 이해하자.

원천징수, 그리고 연말정산은 도대체 무슨 의미일까?

소득이 있는 곳에는 세금이 있다. 소득이 발생되면 납세 의무자가된다. 만약 근로자가 급여를 받을 때마다 다음달 10일까지 꼬박꼬박세금을 내야 한다면 어떨까? 첫 번째는 매우 번거로울 것이다. 두 번째는 내는 것이 매번 아까울 것이다. 세 번째는 세금을 많이 낸다는 생각 때문에 조세 저항이 커질 것이다.

국가 입장에서는 어떨까? 세금이 제때 잘 안 걷힐 것이다. 세법을개정하려고 할 때마다 눈치를 더 봐야 할 것이다. 그래서 회사가 근로자에게 급여를 주는 그 처음에 소득세를 떼고 지급한 다음 회사가 근로자 대신 세금을 납부해주게 했는데 이것이 원천징수다.

2015년에 은행에 1억원을 예금하면 1년간의 이자로 150만원을주는데 이것도 이자 소득이므로 예금주가 납세 의무를 지게 된다. 그런데 위와 같은 여러 이유로 하여 150만원이라는 소득의 원천에 잘사는 사람이든 못사는 사람이든 그냥 15.4%를 떼고 126만 9천원을 지급하게 된다. 이것이 원천징수다. 그런데 1년간으로 보면 전체 소득에비해 원천적으로 징수한 세금이 더 많을 수도 있고 더 적을 수도 있다.이것을 정산하는 것을 연말정산이라 하고, 더 많이 징수한 것을 돌려주면 환급받았다 또는 '13월의 급여'라고 표현을 한다.

국가는 더 건강하고 좋은 사회를 위해 국가가 책임지지 못하는 것또는 '사람'으로서 응당해야 하는 것, 그래서 거기에 대해 개인이 부담해야 하는 비용 등을 소득에서 빼주거나, 산출된 세금에서 빼주거나하는 방식으로 세금 부담을 줄여주기도 한다. 이를 소득공제, 세액공제 등으로 이야기한다.

다음의 표는 세금 계산의 흐름도다. 이 구조만 이해하면 세금을 내는 것이 어떤 것에 대해서인지 쉽게 이해할 수 있다.

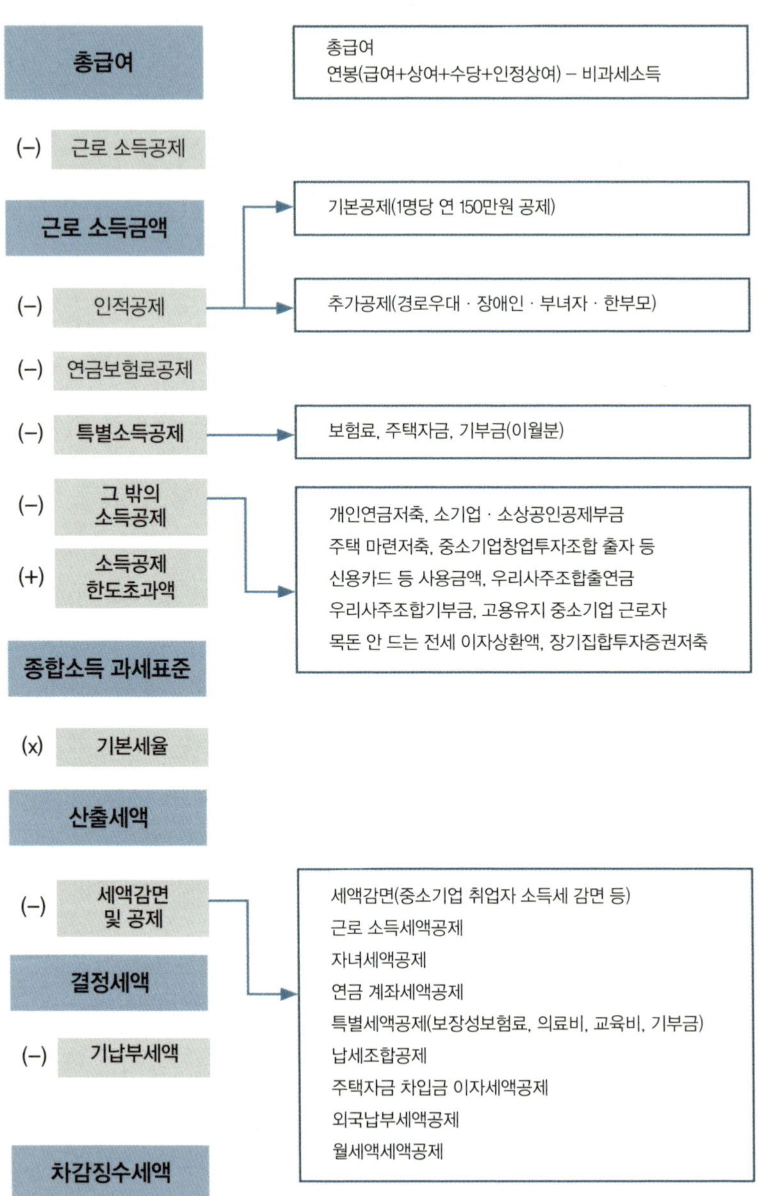

총급여
총급여
연봉(급여+상여+수당+인정상여) − 비과세소득

(−) 근로 소득공제

근로 소득금액
기본공제(1명당 연 150만원 공제)

(−) 인적공제
추가공제(경로우대 · 장애인 · 부녀자 · 한부모)

(−) 연금보험료공제

(−) 특별소득공제
보험료, 주택자금, 기부금(이월분)

(−) 그 밖의 소득공제
개인연금저축, 소기업 · 소상공인공제부금
주택 마련저축, 중소기업창업투자조합 출자 등
신용카드 등 사용금액, 우리사주조합출연금
우리사주조합기부금, 고용유지 중소기업 근로자
목돈 안 드는 전세 이자상환액, 장기집합투자증권저축

(+) 소득공제 한도초과액

종합소득 과세표준

(×) 기본세율

산출세액

(−) 세액감면 및 공제
세액감면(중소기업 취업자 소득세 감면 등)
근로 소득세액공제
자녀세액공제
연금 계좌세액공제
특별세액공제(보장성보험료, 의료비, 교육비, 기부금)
납세조합공제
주택자금 차입금 이자세액공제
외국납부세액공제
월세액세액공제

결정세액

(−) 기납부세액

차감징수세액

그런데 연말정산, 또는 5~6월 종합 소득 신고 과정은 이러한 세금 정산의 이벤트보다 훨씬 더 많은 의미가 있다.

소득 신고 서류는 본인의 재무적 프로필이다

소득공제 서류만 보지 말고 소득 신고서도 보라. 소득 신고 서류에는 '재'와 '산'이 기재된다. 지금까지 무엇을 이루었는지, 현재에는 무엇으로 살아가는지, 앞으로 무엇을 이룰 것인지를 가늠할 수 있다. 젊은 시기에는 특히 Income 부분에 대한 여백을 보며 많은 생각을 할 필요가 있다. 본인의 주소득원인 현재의 직업에 대하여, 더 집중할 것에 대하여, 혹은 다른 분야로 확장 발전시킬 것에 대하여, 그리고 또 다른 소득원을 창출할 수 있는 여러 가지 아이디어에 대해서 생각의 끈을 놓지 말아야 한다. 소득원은 복수일수록 안정적이고 바람직하다. 소득의 다각화를 위한 도전을 해야 한다. 임대 소득도 생기면 좋고, 이자 소득과 배당 소득이 생겨도 좋다. 강의나 저작권료에 의한 소득이 생겨도 좋다. 그것은 삶의 또 다른 동력이다. 그러한 노력 자체는 세금 환급의 부분보다 훨씬 많은 것으로 돌아올 것이다.

연간 예산과 결산 등 재무 모니터링의 계기다

연말정산 서류를 찬찬히 살펴보면 연간 가계의 총소득과 월간 생활비의 일부, 기타 놓치기 쉬운 지출이나 저축 등을 체크할 수 있다. 가계의 CEO라는 입장에서 연간 소득-지출-저축에 대한 구체적인 예결산을 하는 것이 연말정산의 의미다.

삶의 거울이다

주변을 되돌아보는 시간이 된다. 연말정산 때면 부양 가족 한 명당 환급되는 세금으로 계산하기 십상이다. 부모님과 배우자의 부모님에 대해 서류로만 챙기고 있지는 않은지도 생각해볼 일이다. 또한 종교 단체 외에 기부금 내역에는 아무것도 없지는 않은지도 돌아봐야 한다. 소득의 많고 적음과 무관하게 기부하는 습관을 갖도록 하자. 물질적 부자가 되기 이전에 부자의 마음 그릇부터 갖추는 것이 필요하다.

소득공제, 세액공제 항목은 국가가 인정하는 미래의 리스크 존이다.

소득공제와 세액공제 항목은 국가의 보장 시스템만으로는 해결할 수 없는 부분에 대한 약간의 인사치레다. 그중 미래지향적인 것은 연금에 대한 세액공제이다. 즉 노후는 그만큼 취약할 수 있으니 개인들이 알아서 최대한 준비하라는 메시지다. 따라서 세금 환급 차원을 넘어서 스스로 안전망을 만든다는 관점에서 적극적으로 준비해가는 것이 필요하다.

소득공제: 소득에서 제외시켜주는 금액이다. 인적 공제는 대표적 소득공제 항목이다. 70세 이상인 어머니를 모시고 있다면 기본공제 150만원에 추가로 100만원, 즉 250만원을 소득에서 공제해준다. 만약 소득세율이 15% 구간에 있는 사람은 주민세를 포함하여 41만원의 세금이 줄어들 것이고, 세율이 38% 구간에 있는 고소득자는 약 105만원의 세금을 줄일 수 있다. 따라서 소득공제는 소득이 높을수록 그 효과가 커지게 된다.

세액공제: 소득에서 소득공제를 한 다음 과세 대상의 소득에 대해 소득세율을 적용한다. 여기에서 산출한 세금을 산출 세액이라 한다. 이것이 내야 할 세금은 아니다. 일부 세금을 빼주는 과정이 아직 있기 때문이다. 이것을 세액공제라 한다. 연금 저축을 연간 400만원 납입했다면 여기의 12%, 즉 48만원(주민세 포함 52만 8천원)을 세금에서 빼주게 된다. 이 금액은 고소득자든 저소득자든 동일하다. 따라서 세액공제는 소득이 낮을수록 그 체감되는 효과가 크다 할 수 있다.

※ 단, 2015년부터는 총급여 5,500만원 또는 종합 소득금액 4천만원 이하의 경우 연금 저축 납입액에 대해 15%까지 세액공제하는 것으로 개정되었다.

재테크하지 말고

—

재무설계하라

돛단배가 멀리 있는 섬을 향해 항해를 시작할 때 두 가지 요소가 필요하다. 하나는 돛이며 또 하나는 바람이다. 둘 중 하나만 선택해야 한다면 무엇을 택할것인가. 바람 없이 돛으로만 갈 수 있을까? 역풍이 분다면 순항은 가능할 것인가? 아니면 돛이 없이 바람의 힘만으로 갈 수는 있을까? 이에 대해 탈무드는 다음과 같이 답을 한다.

'돛의 방향만 정립된다면 역풍에서도 배는 섬을 향한다.'

인생이라는 긴 여정엔 역풍도 있고 풍랑도 많을 것이다. 이때 필요한 것이 돛의 방향이며 키의 방향이다. 방향. 그것은 곧 삶의 목적의식을 의미한다. 그것은 삶이라는 바다 한가운데에서 우리로 하여금 표류하지 않게 하는 동력이다.

수익률에만 초점이 맞추어진 재테크라는 용어는 이제 지양하는 것이 좋다. 그 대신 인생 전체를 놓고 계획하여 용도와 목적에 맞게, 투자 성향에 적합하게, 투자 기간에 맞게 자산을 운용하는 체계적인 재무설계로 패러다임을 전환하는 것이 바람직하다. 재테크에서 재무설계의 시대로 패러다임이 바뀌게 된 이유는 세 가지다.

첫째, 자원이 한정되어 있기 때문이다. '인간의 무한한 욕망에 비해 그것을 충족시킬 자원은 부족하다.' 초등학교 4년 사회 교과서 '가정의 경제생활' 편에 나오는 희소성의 원리에 대한 설명이다. 남녀노소, 소득과 자산의 차이와 별개로 대부분 본인의 계획과 꿈, 하고 싶은 것, 해야 하는 것에 비해 그 재원도 부족하고, 시간도 부족하고, 능력도 부족한 게 현실이다.

둘째, 경제활동 기간이 짧아졌기 때문이다. 노후생활은 길어졌는데, 정년의 단축과 상시적인 구조조정 등 고용의 불안정성에 의해 소득기간은 짧아지고 그 지속성도 불확실해 짐으로써 소득 기간과 지출 기간의 물리적인 균형이 이미 깨져버렸다.

셋째, 설상가상으로 자산의 운용 환경이 열악해졌기 때문이다. 금리는 낮고, 투자의 불확실성이 매우 고조되어 있다. 환경이 열악해질수록 계획의 중요성은 더욱 커지게 된다.

우리는 실력도 부족하고, 체력도 부족한데 이미 인생이라는 축구 경기장의 한가운데에 서 있다. 월드컵도 4년마다 반복되고, 프리미어 리그도 시즌마다 반복되어 패배하더라도 다시 이길 기회가 있지만, 인생의 경기는 전반, 후반 단 한 번뿐이다. 우리는 반드시 이 게임을 끝까지 즐길 수 있어야만 한다. 이기는 게임을 위해 무엇이 필요할까?

군대 축구와 프리미어 리그의 결정적 차이는 무엇일까? 군대 축구는 이기기 위해 몰려다닌다. 때로는 혼나지 않으려고 사력을 다한다. 처절하고, 많이 다친다. 반면 현대 축구는 시스템이다. 수비와 미드필더와 공격진이 자신의 역할에 충실하고 동시에 유기적인 팀워크를 이룬다. 이러한 시스템은 체력이 한정되고, 실력이 한정되더라도 합리적인 전략전술을 가능하게 하므로 이기는 게임의 전제가 된다. '재'와 '산'에도 이러한 역할 분담이 필요하다. 수익률이나 유행에 따라 자산이 몰려다니고 심각하게 다치는 것이 아니라, 필요한 시점, 필요한 계획을 위해 한정된 자원이지만 시스템적으로, 유기적으로 편성된다면 좀 더 이길 수 있는 게임을 할 수 있을 것이다.

목적의식. 이것이 재테크와 재무설계를 구분하게 한다. 그리고 이것은 지속적이고 일관성 있는 행동의 근거가 되며, 풍랑이 이는 바다에서 벗어나게 하는 힘이다. 우리가 저축을 하거나 투자를 하는 것은 불필요한 소비를 제거하는 것이다. 미래에 해야 할 소비를 현재로 앞당기지 않는 것이다. 그러면 필요한 소비는 무엇이고 그 소비의 시점은 언제인가? 미래 가치로 얼마가 필요한가? 그 소비는 나에게 왜 중요한가? 그것을 어떻게 실현해가야 행복한가? 이러한 물음에 답하는 것이 결국 우리가 재무활동을 하는 모든 이유이기도 하며 그것을 재무목표라고 한다. 이 질문을 회피하며 사는 것은 건축설계도 없이 빌딩을 짓는 것과 같다. 빌딩은 부실해지며, 비용은 더욱 많이 소요되고, 건물은 아름답지 못하며, 건축주는 항상 불안해한다. 목적이 없으면 땀 흘려 모은 돈은 목적하지 않은 곳에 반드시 쓰여지게 된다.

재무설계는 돛단배의 방향키다. 나침반이며 항로다. 축구의 전략전술이다. 건축물의 설계도다. 인생의 로드맵이다. 나는 재무상담의 현장에서 재무설계의 마법과 같은 힘을 늘 체험하고 있다. 남자든 여자든, 나이가 많든 적든, 소득이 많든 적든, 경제활동과 재무활동을 하는 모든 사람들에게 재무설계는 매우 유용하다. 경제활동을 재무설계 활동으로 발전시키는 순간 한 가정에 재무적 시스템이 구축되고, 그것을 통해 더 많은 욕망과 계획을 이루어갈 수 있기 때문이다.

재무설계의 프로세스를 요약하면 앞에서 이야기한 'Plan-Do-

See'의 과정이다. '계획'을 세우는 단계는 가계 구성원들의 라이프 사이클과 타임 스케줄에 따라 필요한 돈과 조달 방법을 세우는 것이다. 이 목적에 따라 소득과 자산이 배치되고 편성되는 것이 '실행'의 단계다. 그리고 이에 대한 정기 점검과 보완의 과정이 '모니터링' 단계다. 이중 가장 중요한 단계가 모니터링이다. 이는 시간의 흐름에 따라 변하는 니드와 목표를 지속적으로 점검하고 보완해가는 프로세스, 즉 재무설계 그 자체라 할 수 있기 때문이다. 모니터링의 구체적인 활동은 다양한 재무적 의사결정, 포트폴리오의 관리, 경제 및 재무교육 등으로 이루어진다. 항해를 시작한 돛단배는 거대한 조류의 흐름과 거센 바람에 떠밀려 수시로 항로를 이탈할 것이다. 그러나 항해를 위한 로드맵과 매뉴얼이 있는 한, 다시 항로로 돌아오고 결국 꿈에도 그리던 섬에 안착하게 될 것이다. 이것이 모니터링의 힘이다.

시간이 지나면서 재무설계 프로세스를 통해 얻을 수 있는 이점(Benefit)은 대략 세 가지다.

1. 소득원의 지속 가능한 발전을 위해 본업 및 자기계발에 더욱 집중할 수 있다.
2. 계획적인 삶, 합리적 재무관리를 통해 동일한 재원, 동일한 소득으로 더 많은 재무활동을 할 수 있다. 이것은 삶의 질을 향상시키고 여유를 가져오게 된다.
3. 자산이 금리와 물가 상승률 이상의 합리적 수익률로 안정되게 증가해갈 것이다.

지금 당장 재무설계를 하라.

경제를 아는 사람과
—
경제를 모르는 사람

자동차를 타는데 멀미하지 않는 가장 좋은 방법이 무엇일까? 직접 운전하는 것이다. 도로의 흐름과 노면을 드라이버의 관점에서 파악하고, 차와 몸의 리듬을 일치시키기 때문이다.

경제가 바뀌면 역사도 바뀐다. 정치와, 사회, 문화, 종교, 관념 등 모든 것이 바뀐다. 그래서 마르크스는 경제를 하부 구조로, 정치, 사회, 문화, 종교, 관념 등을 상부 구조로 구분하고 하부 구조가 상부 구조를 결정한다고 했다. 경제를 이해한다는 것은 그것을 근간으로 하는 정치와 사회, 역사와 문화, 철학 등 세상의 흐름을 이해하는 것과 동일하다. 그래서 경제를 안다는 것은 단순히 먹고살고 돈 더 버는 문제가 아니라 세상을 좀 더 주도적으로 살아감에 있어 매우 중요하다. 세상살이에서 멀미하지 않는 방법이다.

부자들은 대부분 경제에 관심이 많다. 연세 많고 전업주부인 분들도 최소한 경제신문의 주요 기사들은 늘 파악하고 있었으며 그에 따라 금리와 물가 상승율과 환율, 주가지수의 동향 정도는 놓치지 않았다. 마치 훌륭한 농부가 계절의 변화와 절기를 알고, 바람의 움직임과 땅의 변화를 읽듯이 부자들은 세상의 돌아가는 이치와 미세한 변화의 움직임에도 깊은 관심을 보인다. 부자라서 관심을 갖게 되는 것이 아니라 그것을 알아왔기 때문에 재산을 모으고, 또 재산을 지켜온 것이다. 내가 본 부자들의 눈빛은 탐욕이 아니라 언제나 지혜와 호기심으로 반짝였다.

앞에서 경제순환주기가 점점 짧아지고 진폭이 커진다고 했다. 경제 주기가 한 번 순환할 때마다 가진 것을 '털리는' 사람들이 있다. 순환주기가 잦아지고 진폭이 커진다는 것은 털리는 횟수가 많아지고, 더 많이 털리게 된다는 것을 의미한다. 그들의 대부분은 결실의 계절 뒤에 낙엽이 지고 찬바람이 부는 계절이 온다는 것을 모르는 사람들이다. 얼어붙은 땅에서 여린 새싹이 움틀 수 있다는 것을 모르는 사람들이다. 세상을 주도적으로 사는 것은 둘째 치고, 갖고 있는 것조차 털리지 않기 위해서라도 우리는 경제를 읽어야 한다.

흔하게 접할 수 있는 경제신문을 펼쳐보자. 마치 세상의 요지경같이 많은 것이 담긴다. 서민 가계의 이슈가 무엇인지를 알게 된다. 부자들의 관심사도 눈치챌 수 있다. 기업들의 흥망 과정이 스틸 사진처럼 담긴다. 정부의 태도와 선택을 보고 한숨을 쉬기도 하고 기회를 엿보기도 한다. 국가 간의 힘겨루기도 보여진다. 스마트 머니*의 향방도 포착될 수 있다.

요지경 속에 얽히고설킨 현상들에서 흐름을 파악해내는 것은 매

---

* 스마트 머니(Smart Money): 고수익을 위해 시장의 변화에 따라 빠르게 움직이는 자금. 빠른 정보와 판단으로 한발 앞선 투자를 한다는 점에서 '똑똑한 돈'으로 불린다.

우 중요하다. 모든 현상이 단편적인 파편으로 부서져 있는 것이 아니라 촘촘한 그물망처럼 연결되어 있는데, 그 사이에는 굵은 중심 끈들이 있다. 그 중심 끈들은 오랫동안 변하지 않는 트렌드이기도 하고 패러다임이기도 하고 이론이기도 하며 원칙이기도 하다. 이 원리들을 발견해가면서 세상에 대한 관점도 달리하게 된다. 게으르고 무능해서 가난해지는 것이 아니라는 것도, 탐욕스럽고 부정해서 부자가 되는 것이 아니라는 것도 알게 된다. 세상의 많은 것이 좋고 나쁨으로 나뉘기보다는 사실은 대부분 중립적인 가치로 이루어지는데 거기에서 각 주체들의 태도에 따라 좋아지기도 하고 나빠지기도 한다는 것을 알게 된다.

내비게이션이 없던 시절이 있었다. 그때 교통방송은 목적지까지 얼마나 걸릴까 또는 어느 길을 선택할 것인가를 결정하게 해 주는 유일한 정보 채널이었다. 삶의 운전대를 잡은 이상, 경제신문 또는 경제기사나 경제TV와 의도적으로 친해져야 하는 이유는 이와 같다. 다만 그에 담긴 정보들 자체가 내비게이션이 되지는 못한다. 각 정보가 해석되어 다시 정제되는 과정을 거쳐야 하기 때문이다. 이렇게 정제된 정보나 지식이 지혜가 된다. 그리고 경제와 세상에 대한 인사이트가 만들어진다.

그런데 주류 언론의 정보를 해석하는 데에는 주의가 필요하다. 일단 언론은 침소봉대의 본능이 있다. 기삿거리를 만들어 팔아야 하기 때문이다. 그들의 관점엔 이데올로기가 있다. 기업이기 때문에 밥그릇을 추구한다. 광고주 눈치를 보고, 때로는 독자들의 구미에 맞게 양념을 한다. 주류 언론의 경우 미디어를 독점하면서 수시로 여론을 조작하기도 한다. 그래서 경제신문을 읽을 때에도 그들을 믿지 않는 것에서 출발한다. 끊임없이 의문을 품고 끊임없이 질문을 해야 한다. 때로는 거꾸로 해석해야 할 필요도 있다. 이미 아는 사실이지만 주식시장 또는 펀드 등 금융상품에 대한 기사에 대해서는 종종 그 반대로 행동해야 할 때가 많다. 부동산 기사에 대해서는 더더욱 주의해야 한다. 그들의 가장 큰 광고주가 건설업체들이기 때문이다.

하지만 이러한 문제에도 불구하고 기본적으로 경제지 하나쯤은 구독을 하는 것이 좋다. 거기에는 진흙 속에 묻힌 수많은 진주들이 여전히 많다. 경제기사에 아직 익숙하지 않다면 다음과 같이 친해지자.

- 헤드라인부터 시작한다. 당분간은 각 섹션별 헤드라인만 훑어보아도 된다.
- 흐름만 느끼다가 아는 분야는 조금 더 읽어본다. 경제 이슈가 무엇인지 감 잡는 것이 중요하다.
- 1면의 대문 기사, 그리고 2~4면의 연관 분석 기사는 좀 더 눈여겨본다. 중요한 것이 많기 때문이다.
- 국제 포럼 등의 기사와 인터뷰는 가능하면 챙겨 읽는다.
- 미국과 중국의 경제 정책 변화는 곧 글로벌 키워드다.
- 전문 용어는 무시하고 읽는다. 반복적인 용어나 최근 키워드는 포털 검색으로 이해한다.
- 경제 지표의 숫자는 무시하고 읽는다. 느낌으로만 파악해도 된다.
- 금리, 물가, 주가지수, 환율, 원자재의 추이는 기본 체크 사항이다.
- 칼럼과 사설은 가능하면 나중에 읽는다.
- 논조에 동의하지 말고 끊임없이 반문한다.
- 경제는 정치, 사회, 문화, 기술의 집약이다. 지표로만 이해될 수 없으므로 다른 영역과 연계하여 사고하는 습관을 기른다.

경제 기사로부터 익숙해지면 현상, 즉 팩트로부터 본질을 통찰하는 노력을 해야 한다.

첫째, 팩트에는 반드시 이유가 있다. 그 이유가 무엇인지를 생각하고 확인한다.

둘째, 정부의 금리 정책, 예산 정책, 세금 정책, 산업정책에 대해 끊임없이 질문해야 한다.

셋째, 각 경제 주체들의 경제적 선택에 대한 전과 후를 비교하고 다른 대안은 없는지 생각해본다.

넷째, 메가트렌드 관련 기사는 무조건 읽고 질문에 질문을 더한다.

다섯째, 경제 이슈에서 인문학적 사고 또는 자신의 경험, 자신의 업무 등을 연계한다.

예를 들어보자. '이대로 가면 세수 펑크. 복지 예산 줄여야'라는 헤드라인이 있다. 아마도 이러한 타이틀은 저성장 고령화 시대의 영원한 이슈로 반복될 것이다. 아무튼 신문은 세수가 줄고 있으니 공짜로 퍼주는 복지 예산을 줄여 균형을 맞추자는 것이다. 경제에 대한 통찰은 이러한 주장을 그대로 받아들이는 것이 아니라 또 다른 의문과 대안을 생각해 보는 데에서 생긴다.

- 세수는 왜 줄어들고 있을까?
- 세금을 내는 사람들과 기업에 무슨 일이 있는 걸까?
- 복지 예산을 줄이면 어떤 영향이 있을까?
- 저소득층과 빈곤층이 더 늘어나면 어떤 일들이 생길까?
- 과연 그것이 궁극의 해결 방안일까?
- 경제가 더 어려워지고 세수가 더 줄어들게 되지는 않을까?

- 부족한 세수를 더 늘리려면 어떤 방법이 있을까?
- 담뱃세 올리면 누가 힘들어질까?
- 법인세는 왜 정상화시키지 않을까?
- 정부의 모순된 입장은 없는가?

이렇게 꼬리에 꼬리를 무는 생각은 결국 그물망같이 연계된 경제 현상들에서 굵은 중심 끈을 찾아가게 만들어준다. 그리고 경제의 파도에 휩쓸리지 않는 묵직한 닻을 제공해준다.

부자들의 생각

내가 만나는 부자들은 대부분 자신의 본업으로부터 부자가 되었고, 전문직에 종사하고 여전히 소득이 높다. 부자들이 많다면 많고 적다면 적은데 그중에서도 특정 직업군, 또 그중 일부의 사람들만을 만나고 있으므로 내가 느낀 부자들이 한국 사회의 보편 타당한 부자의 모습은 아닐 수 있다. 그러나 그것과 무관하게 나 역시 그들로부터 배우고 그들을 닮아가려 하는 바, 철학과 가치관, 히스토리 등은 논외로 하고 전문직에 종사하는 부자들의 특징과 가치관 등을 간략히 소개한다.

첫인상

그들의 표정은 언제나 밝다. 행동은 활기차고 대화는 위트 있다. 경험적으로 부자들은 예의가 더 바르고 인격적인 편이다. 나이가 아무리 많아도, 아무리 오랜 시간을 만나와도 자식뻘 되는 나에게 항상 존대를 유지한다. 어느 정도의 긴장이 필요한 관계이기 때문일지는 모른다. 그러나 그것은 습관에서 비롯되는 것이라 생각한다. 그들은 상대를 존중할 줄 알고 상대의 말을 진지하게 경청한다. 반론이 있어도 말을 자르는 법이 없다. 경청은 곧 인격이다. 그리고 정보에 대해 열린 마인드다. 미네르바의 지혜는 그녀의 부엉이가 전해오는 갖가지 정보로부터 비롯될 것이다. 그렇다면 경청은 인격을 넘어 부자들의 지혜의 원천인지도 모른다.

공통적으로 특이한 점이 있다. 부부 중 자산을 주로 관리하는 사람은 글씨가 반듯하다는 것이다. 그 글씨로 자산 목록을 수시로 정리한다. 미팅의 내용이나 정보에 대한 메모도 매우 꼼꼼하다. 이러한 공통점은 유난히 흥미로운데 그때마다 '철학과 마음과 태도뿐 아니라 글씨까지도 반듯해야겠구나'하는 생각이 든다.

일상

부자들은 경제 기사를 일상적으로 본다. 70~80세가 넘어도 경제 지표와 경기 변화에 관심이 많다. 자신의 자산에 어떠한 영향을 미칠까 하는 부분도 있겠지만 그것 자체를 흥미 있어 하기 때문이다. 경제에 대한 통찰력이 높기 때문에 비즈니스에 대한 감각이 높고, 금융 지식 수준이 높다.

생활 수준이 높으므로 건강 관리는 매우 철저한 편이다. 출근이 빠르고, 늘 부지런하고 열정적이다. 일상적인 건강 관리에 활동력도 많아 살찔 틈이 없어 보인다. 문화 예술과 여행에 대한 활동이 당연히 많으므로 이야깃거리가 많다. 그것을 부부가 같이 즐기는 경향이 높다. 지적 호기심이 많아 메모도 습관화되어 있다.

약속 관념이 매우 철저하다. 그들은 시간당 부가가치가 매우 높다. 따라서 일상의 스케줄 관리를 잘하고 있으며 약속을 매우 잘 지킨다.

만약 스케줄 조정이 필요하면 대부분 1~2주 이전에 미리 양해를 구하는 것이 규칙처럼 되어 있다.

재무활동

전문직 부자들의 저축율은 매우 높다. 소득이 높으므로 절대적 소비 수준이 충족되면 무분별한 소비를 하지 않기 때문이다. 저축율 40~60%는 일반적이다.

생각보다 명품에 대한 태도가 조심스러우며 대중교통 이용도 자주 한다. 숫자에 대한 감각이 뛰어나 상품 구입에 있어서의 의사결정이 더 정확하다. 부채로부터 자유롭고 체크카드보다는 신용카드를 주로 활용하는데 할인 및 포인트, 기타 부가 혜택을 중시하는 편이다.

그들은 각종 행정 문서를 구비하고 다시 금융기관을 방문하여 입출금을 하거나, 새로운 금융상품을 가입하거나 변경하거나 하는 등의 번거로움을 그다지 귀찮아하지 않는다. 때로는 평일 휴가를 내어 방문하여 정보를 습득하고 업무를 처리하는 경우도 많다.

자산의 수익률보다는 본업을 통한 증식이 훨씬 빠르다는 것을 알고 있으므로 부자들이 안정지향적인 자산관리를 하는 것은 맞다. 그럼에도 불구하고 중위험 중수익에 대한 투자도 잊지 않는다. 자산으로부터 임대 소득, 이자 및 배당 소득, 연금 소득 등 소득원을 다양하게 구축하는 데 대해 관심이 많다. 따라서 금융 리스트엔 은행, 증권사, 보험회사의 다양한 상품들이 두루두루 편입되게 된다. 그래서 부자들의 자산 항목을 받아서 리스트업을 하면 금융상품만 수십 개가 되는 경우가 있다. 놀라운 것은 그 모든 내역에 대해 매우 정확하게 파악하고 있다는 것이다. 아는 것만 구입하고, 정확하게 의사결정하며, 계획된 상태에서 돈이 들어오고 나간다는 것을 의미한다. 부자일수록 허투루 투자하는 경우나 새는 자금이 없다.

수익률보다 절세에 대한 관심도 당연히 크다. 자산이 다음 세대로 이전되는 과정에서 두 가지 고민이 과제가 된다. 하나는 자녀들에게 자산 이전이 독이 되면 안 된다는 것이다. 자녀들이 부모의 재산을 기반으로 더 많은 것을 이루고 더 많은 기여를 하고 좋은 가문을 유지시켜갈 것에 대한 솔루션의 문제다. 또 하나는 자산의 많은 부분이 상속세와 증여세로 떼어진다는 것에 대한 고통이다.

그들은 일반인들에 비해 자녀들의 재무교육에 대한 관심이 높다. 부자 3대 못 가는 이유를 잘 알기 때문이다. 그래서 자녀들이 스스로의 재무활동을 합리적으로 할 뿐 아니라 물려받은 자산도 잘 관리할 수 있는 훈련과 교육의 장을 요청하기도 한다.

꿈

그들은 경제적으로 자유롭고, 전문적인 일에 종사하는 경우 나이에 상관없이 항상 꿈과 비전을 가질 수 있다는 것을 보여준다. 부자들과 상담을 하면서 꿈과 계획에 대해 인터뷰를 하다 보면 세 가지 공통점이 발견된다.

첫째는 본업의 발전을 통해 자신의 사업장이 최종적으로 사회적 이익과 맞닿기를 바라는 비전이 있다. 이러한 점은 현재의 일에 더욱 집중하고 연구 개발에 투자하는 동기로 작용한다. 둘째는 현재에도 이미 기부와 봉사활동에 적극적이며, 셋째는 자산의 일부로 장학 재단 등 공익 재단을 설립하거나 출연할 구체적인 계획을 갖고 있다는 것이다.

부자들은 그 정도를 나누어도 여전히 많은 것을 갖고 있지 않느냐, 늘 빠듯한 사람들이야 마음은 있어도 어렵지 않느냐는 항변도 있을 수 있다. 그러나 실상은 빠듯하면서도 불필요한 지출은 하며, 그 불필요한 지출 대신 생활에 아무 지장도 주지 않는 수준의 작은 기부조차 못하는 경우가 대부분이다. 사회적 이익을 향한 꿈, 그리고 현재 할 수 있는 기부는 부자가 되어서야 시작되는 것은 아니다.

부자들 개개인의 성격은 좋을 수도 나쁠 수도 있다. 그러나 그들의 삶에 대한 태도, 일에 대한 태도, 돈에 대한 태도, 사회에 대한 태도 등은 배우고 닮아야 할 부분이 매우 많다. 어쩌면 그것이 부자가 되는 가장 빠른 길일지도 모른다.

경주 최 부잣집

육훈(六訓)을 생각하다

경주 최 부자 가문은 만석의 부를 10대에 걸쳐 300년간 지켜왔다. 부의 차이는 있겠으나 메디치 가문은 200년을 유지했고 로스차일드 가문도 300년을 오지 못했으니 부자 3대 못 가는 세상에 매우 드문 일이라 하겠다.

세계적으로 훌륭한 가정은 참으로 많다. 그러나 대를 이어 가풍을 유지해간 훌륭한 가문은 많지 않다. 세계적으로 유명한 가문도 많다. 그러나 오랫동안 존경받는 가문은 많지 않다. 경주 최 부자 가문은 세계의 유명 가문들처럼 권력과 결탁하거나 스스로 권력을 탐하려 하지 않았고, 각종 음모와 전쟁을 꾀하지도 않았다. 부를 확장하기 위해 왕족과 결혼하거나, 혹은 부의 유출이 두려워 가문 내에서만 결혼하는 일도 없었다.

천년제국 고대 로마는 탁월한 지도자의 연속적인 힘이 아니라 시스템과 매뉴얼에 의해 경영되었다. 매년 집정관이 바뀌어도 규정된 매뉴얼과 시스템이 있으므로 흔들리지 않았고, 무적 로마군단, 타국과의 동맹 또는 통치, 세금 등 모든 것이 이것에 의해 운영되고 유지되었다. 매뉴얼은 법이 되었고, 이것이 곧 세계 법률의 근간이 되었다.

최 부자 가문에는 유훈(遺訓)이 많다. 역사가 길기 때문에 유훈이 많아진 것이 아니라 유훈이 있었기 때문에 가문과 부가 유지되었다고 보아야 한다. 그것은 가문의 경영 매뉴얼이자 시스템인 셈이다. 육연(六然)은 어떠한 상황에 처했을 때의 대응 방법을 제시한 매뉴얼이며, 가거십훈(家居十訓)은 가정에서의 지켜야 할 도리에 대한 매뉴얼이다. 최 부잣집의 육훈(六訓)은 가장 널리 알려져 있는데 거기에는 모두가 바라는, 가장 멋지고 훌륭한 부자의 모습이 담겨 있기 때문일 것이다. 더 놀라운 것은 가주 최진립으로부터 모든 재산을 독립자금과 대학설립을 위해 환원한 마지막 부자 최준에 이르기까지 그 유훈을 그대로 지켜왔다는 것이다. 이러한 가문이 우리나라에 있다는 사실은 참으로 자랑할 만하며 뿌듯하다. 최 부잣집 육훈은 우리에게 많은 지혜와 교훈을 준다. 그 하나하나의 의미를 생각해보고 멋진 부자의 모습을 꿈꾸는 것도 매우 즐거운 일일 것이다.

1. 과거를 보되 진사 이상 벼슬하지 마라

진사 시험은 양반 입문의 자격시험이다. 합격하기가 쉽지 않으나 진사는 벼슬이 아니다. 양반은 유지하되 권세의 자리는 칼날과도 같으니 멀리하라는 것이다. 부와 권력을 동시에 탐하지 못하게 했다. 그러나 학문은 해야 한다. 그래야 가문도, 부도 유지할 수 있기 때문이다.

2. 만석 이상 재산은 사회에 환원하라

필요 이상의 재산은 갖지 말라는 것이다. 이익의 환원은 최 부자 가문에 더 많은 부를 가져왔다. 소작료가 1년에 만석 이상 넘으면 소작료 비율이 낮아졌다. 최 부잣집의 토지가 늘어날수록 소작인들이 내야 하는 소작료는 줄어드는 것이다. 농민들은 이웃에서 땅을 판다고 하면 최 부잣집에서 매입할 수 있도록 적극적으로 도왔다. 이것은 약탈적 시스템에 비해 이익을 공유하는 것이 부를 더욱 극대화하고 장기화한다는 것을 보여준다.

3. 흉년에 땅을 늘리지 마라

어려운 시기에는 수많은 사연들이 생긴다. 그 시기에 나오는 매물에도 사연이 있기는 매한가지다. 흉년에 나오는 매물은 헐값이다. 살 때는 파는 사람의 입장에서, 팔 때는 사는 사람의 입장에서 수긍할 수 있는 적정 가격으로 거래하라고 가르친다. 가문의 부를 만석에 이르게 한 최국선은 어려움으로 인해 돈을 빌려간 사람들의 담보물 중 토지나 집문서는 다시 돌려주고, 다른 보증서는 모두 태워버리기도 했다. 갚을 수 있는 사람이면 담보가 없어도 갚을 것이고, 못 갚을 사람이면 있어도 못 갚을 거란 말을 덧붙였다. 한국판 '롤링 주빌리' 운동인 것이다.

4. 과객에게 후하게 대접하라

과객에 대한 대접은 두 가지 측면으로 보아야 한다. 먼저 평판을 좋게 유지하라는 것이다. 과객은 신분은 천차만별이나 모두 세상의 말을 전하는 사람들이다. 좋은 평판과 명성은 가문을 유지하는 데 필요한 인적 네트워크의 핵심이다. 또 하나는 그들이 가져오는 정보를 소중히 했다는 것이다. 최 부잣집 양식의 약 20%가 과객을 먹이고 재우는 데 소요되었다고 하니, 한편으로 보면 최 부잣집에 도달하는 정보의 양 또한 당시로서는 막대했으리라 짐작된다. 여행객으로부터 세상을 통찰할 수 있었을 것이다.

5. 사방 백리 이내에 굶어 죽는 이가 없게 하라

사방 백리라면 어느 정도일까? 서울 시청을 기준으로 하면 동으로는 양평, 서로는 인천과 김포, 남으로는 오산, 북으로는 동두천에 이르는 지역이다. 조선시대의 인구가 지금보다 아무리 적다 하더라도 구제와 긍휼에 대한 정신과 기백은 정말 광대하다 할 수 있다. 흉년뿐만 아니라 춘궁기 때마다 최 부잣집 곳간은 어김없이 열렸다. 중산층이 무너지고 가난한 사람이 더 가난해지는 부의 양극화가 심화되면, 결국 부자들의 부도 유지될 수 있는 기반이 없어지게 된다. 지나친 양극화는 공멸의 경제를 가져온다. 공동체를 중시하고 부를 공유하고자 했던 최 부자 가문의 유지는 지금의 대한민국에 의미하는 바가 매우 크다. 노블레스 오블리주는 단순한 사회적 책임이 아니라 건강한 경제 순환을 위한 동력으로 작용하기도 한다.

6. 시집 온 며느리는 3년간 무명 옷을 입어라

예나 지금이나 결국 부의 원리는 근검절약으로부터 시작된다. 최국선의 훈육은 부가 어디로부터 비롯되는지를 너무도 분명하게 보여주고 있다.

이재(理財)의 원리는 들어올 것을 헤아려 나갈 것을 정하는 것 즉, 양입위출(量入爲出)이 기본이다. 무릇 재물이란 한도가 있고 쓰기는 끝이 없으니 미리 들어올 것을 알아서 거기에 맞춰 쓰지 않으면 나중에는 견디지 못하고 자녀의 교육도 혼인도 시키지 못하여 가난한 사람이 되는 이가 많으니 두려운 일이다. 까닭없는 일에는 터럭 끝만큼도 허비하지 말고… 마땅히 쓸 데는 아끼지 말라. 항상 여유를 두어 질병에 약값을 하거나 초상에 부조를 하거나 빚을 갚거나 곤란함이 없게 하고…. 가정을 일으키는 방법은 절약하여 쓰는 것밖에 없느니라.

『경주 최 부잣집 300년 부의 비밀』 전진문 저.

한국 최고의 가문 매뉴얼 어디에도 재(財)를 위한 테크닉은 없다. 권력과 학문에 대한 태도, 이익의 사회적 공유, 사회적 가치에 부합되는 비즈니스, 평판과 정보 마인드, 노블레스 오블리주, 근검절약 등 오히려 우둔하고 답답한 원칙만이 있는 것이다. 그러나 이것을 통해 그 가문은 부를 더 확장시켰고, 더 오랫동안 누릴 수 있었으며, 마지막까지 최선을 다해 환원할 수 있었다. 300년간 왕이 바뀌고, 외적의 침략도 있었고, 당파도 갈렸으며, 민란과 정변, 혁명도 있었고, 식민지배도 있었으며, 광복과 전쟁과 쿠데타도 있었다.그 세월의 수많은 칼날을 피해올 수 있었던 것도 사회적 가치와 일치하는 부의 철학, 그것의 매뉴얼로서의 유훈 때문이다.

페이스북의 창업자 마크 주커버그가 갓 태어난 딸에게 편지를 썼다.

다른 부모들과 마찬가지로 우리는 네가 지금보다 더 나은 세상에서 자라기를 바란다. 세상을 더 좋을 곳으로 만들기 위해 노력할게. 너를 사랑하기도 하지만 다음 세대의 모든 아이들에게 도덕적인 책임감을 느낀다.

그리고 자신의 페이스북 주식의 99%를 기부하겠다고 약속했다. 그 돈은 약 52조에 해당된다. 워렌 버핏과 빌 게이츠도 이미 오래전에 사실상 전 재산의 환원을 약속했고, 애플의 CEO 팀 쿡도 전 재산 기부에 동참하기로 했다.

한국 대기업 부자들에게서 이러한 모습을 기대하는 것은 무리인 듯하다. 다만 경주 최 부잣집의 철학과 정신을 닮은 작은 부자들이라도 많아지기를 소망한다. 그것이 사회의 지도철학에 조금의 변화라도 줄 수 있기를, 우울한 미래에 작은 희망과 동력이 될 수 있기를 꿈꾼다.

다른 부자

2016년 1월 25일 초판 1쇄 발행

지은이 | 박영균
펴낸이 | 이동은

편집 | 박현주

펴낸곳 | 버튼북스
출판등록 | 2015년 5월 28일(제2015-000040호)

주소 | 서울시 동작구 현충로 151, 109-201
전화 | 02-6052-2144
팩스 | 02-6052-2214

ⓒ 박영균, 2016
ISBN 979-11-955738-5-1   13320